道不远人

老子思想的为政之德与为事之道

高长峰◎著

中国经济出版社
CHINA ECONOMIC PUBLISHING HOUSE
北京

图书在版编目（CIP）数据

道不远人：老子思想的为政之德与为事之道/高长峰著．--北京：中国经济出版社，2021. 3

ISBN 978-7-5136-6424-0

Ⅰ．①道… Ⅱ．①高… Ⅲ．①老子-哲学思想-研究 Ⅳ．①B223. 15

中国版本图书馆 CIP 数据核字（2021）第 034984 号

责任编辑　叶亲忠
责任印制　马小宾
封面设计　久品轩

出版发行　中国经济出版社
印 刷 者　北京艾普海德印刷有限公司
经 销 者　各地新华书店
开　　本　710mm×1000mm　1/16
印　　张　17. 25
字　　数　290 千字
版　　次　2021 年 3 月第 1 版
印　　次　2021 年 3 月第 1 次
定　　价　68. 00 元
广告经营许可证　京西工商广字第 8179 号

中国经济出版社　**网址** www. economyph. com **社址** 北京市东城区安定门外大街 58 号 **邮编** 100011
本版图书如存在印装质量问题，请与本社销售中心联系调换（联系电话：010-57512564）

前言
preface

老子生活在春秋末期，《史记·老子韩非列传第三》记载："老子者，楚苦县（今河南鹿邑县）厉乡曲仁里人也。姓李氏，名耳，字伯阳，谥曰聃。周守藏室之史也。"老子的事迹大多已不能确定，后世将李耳、老莱子与太史儋并列，称老子寿至一百六十余岁或二百余岁，这当然不可能，但老子长寿是可以肯定的。《史记》云："盖老子百六十余岁，或言二百余岁，以其修道而养寿也。"司马迁只是把老子活了"百六十余岁，或言二百余岁"当作传说记下来了，并未肯定其真实性。老子著书《道德经》上下篇五千余言八十一章。关于老子的考证，观点众多，因为本书着重于解读老子的思想，因此，对老子其人其事，不做深入探究。在这里所引用的《道德经》的文本，是通行本《道德经》。

本书以为政之德和为事之道为统领，打破《道德经》原有篇章结构，深度剖析老子思想为政之德的底线思维、反己思维、否定思维，重新解构老子思想为事之道的矛盾思维、逆向思维、柔性思维，以板块形式来介绍老子的思想，以不同的方位视角呈现给读者。

老子思想的价值在历史的长河中不断被实践和检验，有强大的生命力，成为中华思想宝库中的瑰宝。本书在解读、介绍老子思想的过程中，侧重老子思想的实践、应用价值，因此特别注重历史思维。本书参照杨万里《诚斋易传》的模式，引用大量历史典故，参阅了《说苑》《新序》《淮南子》《吕氏春秋》《晏子春秋》《史记》等著作，使这些历史故事的寓意与老子思想交相辉映，将思想性、文化性、现实性与趣味性统一起来，体现了本书的一个特点。

老子的思想不是孤立的，在先秦是道家思想之源、诸子百家之一，汉初成为一时显学，魏晋之后又与儒家、释家相互颉颃，至唐宋为皇家所尊崇，后成为陆王心学重要源泉。因此，在解读老子思想的时候，本书首先将老子思想与道家其他代表——庄子、列子的思想进行了融会贯通。在很多方面，是老子讲其然，庄子、列子讲其所以然。比如，老子讲“国之利器不可以示人”，庄子解释：“彼圣人者，国之利器也。”再比如，老子讲“绝圣弃智，民利百倍”，庄子解释：“世俗之所谓知者，有不为大盗积者乎？所谓圣者，有不为大盗守者乎？”并用田氏代齐的故事来加以说明，非常鲜活。同时，在很多地方本书还将老子思想与儒家、释家、周易、墨家等进行比较，比如，关于“何以报怨”，道、儒主张不同，老子主张“报怨以德”，孔子主张“以直报怨”——“何以报德？以直报怨，以德报德”。这是道家的深沉与儒家的率真的生动对比。在老子看来，以德报德和以德报怨是一致的，因为一切皆是自然，既无怨德，也无人我，而儒家则不然。再如，老子讲：“天之道，损有余而补不足。”《周易·谦》：“君子以裒多益寡，称物平施。”两者内涵是相通的。通过这些对比，让读者全方位透视老子的思想，同时有助于弘扬中国传统文化。

老子思想自产生以来，引起了世人的广泛关注，学习、解释老子思想的人历朝历代都层出不穷，其中许多非常有见地的解释、注释，是对老子思想的发扬，著名的有韩非子、王弼、河上公、严遵、苏辙、高诱、萧天石等，尤其是王弼、河上公、苏辙等的解释更为深刻，本书对这些解释博采众长、细心筛选、参照使用，让读者多视角理解道家思想。比如对“多藏必厚亡”的解释，河上公注：“生多藏于府库，死多藏于丘墓。生有功劫之忧，死有掘冢探柩之患。”王弼解释：“甚爱不与物通，多藏不与物散。”这些解释都非常精彩。在引用过程中，本书对王弼与河上公的解释进行了翻译，这在以往书籍中是没有的，也是本书特色之一。在翻译中，力求简明、符合原著本意。

“道”是道家思想的核心，为了能够让读者对“道”有深层次理解，本书单独用一章来解说“道”，并与诸子之道做比较，增加了立体感。

本书中很多观点是我在多年授课中的思索与心得，虽经两年精心打磨，但受眼界与认识等因素影响，疏漏之处在所难免，敬请广大读者批评指正。谢谢包容！

高长峰
2020 年 9 月 26 日

目录
contents

第一章

01

释道

第一节 诸子之道

研究老子思想，首要问题是弄清楚什么是“道”。

关于什么是“道”，中国古代各种思想流派都从不同的角度阐述了自己的主张，在这里仅就具有代表性的观点做一介绍和比较。

一、《周易》之道

《周易》之道可称为阴阳之道。《周易》被称为“群经之首”，在《周易·系辞》中对“道”的界定是这样的：“一阴一阳之谓道，继之者善也，成之者性也。仁者见之谓之仁，知者见之谓之知。”《周易》认为，一阴一阳的相生相灭的矛盾变化就叫作道，承继天的这一法则就是善，人遵循天道而成就事业就是性。仁者看到天道法则称之为“仁”，智者看到天道法则称之为“智”。《周易》的卦象和其中蕴含的道理就是通过阴阳变化来体现的，所以《周易》之道一言以蔽之就是“一阴一阳之谓道”。《周易》所言“《易》有太极，是生两仪，两仪生四象，四象生八卦”，与老子所言“道生一，一生二，二生三，三生万物”，从本质上讲是一致的，“太极”与“道”，可以说是“同出而异名”。

二、儒家之道

儒家之道的内涵较为复杂，《论语》中“道”字出现六十七次，包括多种含义。比如，《学而第一》第二章：有子曰：“其为人也孝弟，而好犯上者，鲜矣；不好犯上，而好作乱者，未之有也。君子务本，本立而道生。孝弟也者，其为仁之本与?”在这里有子将孝悌作为“仁”之本，“仁”立而“道”生，将“仁”作为“道”的核心。第十一章：“三年无改于父之道，可谓孝矣。”这里的“道”可理解为原则。再如，《里仁第四》第十五章：孔子问曾参“吾道一以贯之”，曾参认为是“忠恕”——“夫子之道，忠恕而已矣”。荀子（《荀子·儒效》）认为：“道者，非天之道，非地之道，人之所以道也，君子之所道也。”这是说到了儒家之道的本质——人之道，诸如“士志于道”“朝闻道，夕死可矣”“人能弘道，非道弘人”等，讲的都是“人之道”。在政治方面，儒家之“道”出于“人之道”，又补充“人之道”。比如，《卫灵公第十五》第七章：“邦有道则仕，邦无道则可卷而怀之。”这里的“道”可以理解为政治清明。《礼记·礼运篇》中有：“大道之行也，天下为公。”这是儒家思想的政治理想，就是大同社会，并且有具体的指标：“选贤与能，讲信修睦。故人不独亲其亲，不独子其子，使老有所终，壮有所用，幼有所长，鳏、寡、孤、独、废疾者皆有所养，男有分，女有归……”这是儒家的理想社会、政治上的“道”。

三、兵家之道

兵家之道是“兵无常形，以诈诡为道”。《孙子兵法》中有“兵者，诡道也”“攻其无备，出其不意”的思想。同时，兵家之道也认识到战争是政治的延续，所以《孙子兵法》也有“不战而屈人之兵，善之善者也”“上兵伐谋，其次伐交，其次伐兵，其下攻城”的思想。因此，兵家之道是服务政治的诡谲之道。

四、法家之道

法家之道可以叫作刑名之道，主张实行严刑峻法，法律面前一律平等。《管子·法法》云：“不法法则事毋常，法不法则令不行。”这是说，不推行法令，事情就没有规则；法令不依法实行，法令就不能落实。《韩非子》云：“所谓一刑者，刑无等级，自卿相、将军以至大夫、庶人有不从王令犯国禁乱上制者，罪死不赦。”《商君书·赏刑》云：“有功于前，有败于后，不为损刑。有善于前，有过于后，不为亏法。”这些论述集中反映了法家的刑名之道。

五、墨家之道

墨家之道可以称作兼爱之道。墨子针对儒家“老吾老以及人之老，幼吾幼以及人之幼”的主张，提出爱无差别等级，不分厚薄亲疏。墨子以兼爱为其社会伦理思想的核心，提倡“兼以易别”，反对儒家所强调的“爱有差等”

的观点。他提出“兼相爱，交相利”。《墨子·兼爱中》言：“视人之国，若视其国；视人之家，若视其家；视人之身，若视其身。是故诸侯相爱，则不野战；家主相爱，则不相篡；人与人相爱，则不相贼；君臣相爱，则惠忠；父子相爱，则慈孝；兄弟相爱，则和调。天下之人皆相爱，强不执弱，众不劫寡，富不侮贫，贵不敖贱，诈不欺愚。凡天下祸篡怨恨，可使毋起者，以相爱生也。是以仁者誉之。”墨子把兼爱与实现人们物质利益方面的平等互利相联系，表现出对功利的重视，但明显超出现实，过于理想化。这是墨家的兼爱之道。

第二节 老子之道

比较诸子之道后，我们可以把老子之道概括为自然之道，这是本书要研究的核心之道。《道德经》前面三十七章主要论述“道”，其中有六章从宏观、内涵、属性、特征、宇宙本原、存在运行、外在表现和作用等方面解释“道”，分别是第一章、第四章、第十四章、第二十一章、第二十五章和第三十四章。为求完整性，也把与解释“道”密切相联的第六章和第三十二章部分内容，在此一并加以解读。

一、体道第一

《道德经》第一章是从总体上体悟、认知“道”。老子提出了一系列的概念：常道、常名、有、无、始、母、有欲、无欲、玄等。

《道德经》第一章：“道可道，非常道；名可名，非常名。无名，天地之始；有名，万物之母。故常无欲，以观其妙；常有欲，以观其徼。此两者，同出而异名，同谓之玄。玄之又玄，众妙之门。”

“道可道”，河上公注：“谓经术政教之道也。”这说的是第一个“道”字，是概念，意思是可以言传之道，是经术政教这些属于细枝末节的指导具体事务的方法。

“非常道”，河上公注：“非自然长生之道也。常道当以无为养神，无事安民，含光藏辉，灭迹匿端，不可称道。”这是说可言传之道不是自然之道、不是长生之道。常道应当以无为来养其神、以无事来安其民，敛藏光辉，隐匿形迹，难以评价。也就是说，自然长生之道是不可以言喻的。

“名可名”，河上公注：“谓富贵尊荣，高世之名也。”意思是可以称道之名是富贵尊荣这些世俗认为高贵的名声。这些名声可观、可感，是世俗之名，为世俗之人所津津乐道。

“非常名”，河上公注：“非自然常在之名也。常名当如婴儿之未言，鸡子之未分，明珠在蚌中，美玉处石间，内虽昭昭，外如愚顽。”这是说富贵尊荣这些世俗认为的高贵之名，不是自然永恒之名。常名应当是如婴儿尚不会说话，鸡蛋还未孵化，珍珠在贝壳中，美玉在顽石中，虽内心分明，外部却好似愚昧顽固。河上公以一系列的比喻，来说明常名质朴纯粹，没有任何修饰，虽不引人注目，但本质纯厚、美在其中。

王弼对此的解释是：“可道之道，可名之名，指事造形，非其常也。故不可道，不可名也。”这是说可以言传之道、可以称道之名，是形而下的具体事物，并不是一般规律。所以常道不可言传、常名不可称道。

这还不够，老子对“道”做了进一步的阐释：“无名，天地之始；有名，万物之母。故常无欲，以观其妙；常有欲，以观其徼。此两者，同出而异名，同谓之玄。玄之又玄，众妙之门。”

“无名，天地之始；有名，万物之母”，河上公认为，无名指的是道，道无形，因此不可以名状；有名指的是天地，天地有形位——立天之道曰阴曰阳，立地之道曰柔曰刚，立人之道曰仁曰义，“三才”都是可以名状的。无名是天地的本始，是混沌未开，阴阳未判；有名是天生地化，混沌已开，阴阳剖判。继之以天地含气生万物，万物不断生长、分化，不断产生新物，这样，具体之名就层出不穷。

“故常无欲，以观其妙”，王弼认为，妙是微小之极，“万物始于微而后成，始于无而后生”，万物之妙不是随随便便就能看到的，只有保持内心无欲空虚、持静守中，才可以观察到万物刚刚萌发的奥妙。

“常有欲，以观其所徼”，河上公注：“徼，归也。常有欲之人，可以观世俗之所归趣也。”这是说通过人的欲望，能够观察世俗之人的旨趣，即追求。王弼注：“徼，归终也。凡有之为利，必以无为用；欲之所本，适道而后济。故常有欲，可以观其终物之徼也。”王弼解释得更为清晰，他认为，归终就是归根结底、根源之意。凡事有之以为利，必以无之以为用（《道德经》第十一章详解）；要回归根本，必遵循道而后能够达到。通过人的欲望，就能够观察到他最终的动机和根源。河上公的“观世俗之所归趣”与王弼的“观其终物之徼”，从本质上讲是一致的，皆为人的欲望与追求。

“两者同出而异名，同谓之玄。玄之又玄，众妙之门。”河上公注：“两者，谓有欲无欲也。同出者，同出人心也。而异名者，所名各异也。名无欲者长存，名有欲者亡身也。玄，天也。言有欲之人与无欲之人，同受气于天也。天中复有天也。禀气有厚薄，得中和滋液则生贤圣，得错乱污辱则生贪淫也。能知天中复有天，禀气有厚薄，除情去欲守中和，是谓知道要之门户也。”这是说，有欲与无欲同出于人心，但名称不同，无欲者会长存，有欲者将亡身。玄就是天，有欲之人与无欲之人都获得天的精气，天外还有天，天赋气性有厚有薄，受到中和汁液的滋养就能生出圣贤，受到错乱玷污就会生出贪淫。能知道天外有天，天赋气性有厚有薄，除去情欲，执守中和，这就称得上是找到了“道”的要领和入“道”途径了。王弼认为，“两者”指的是“始”与“母”，即无名与有名，同出指的是同出于玄，异名是指在首称作“始”，在终称作“母”。“始”与“母”的创生者是难以命名的，所以称作“玄”，“玄”又不止一“玄”，所以叫“玄之又玄”，众妙皆从它而出，所以叫“众妙之门”。关于“两者”的解释，河、王意见不同，河上公认为是有欲与无欲，王弼认为是始与母，差异较大。苏辙对此的解释是：“自其无名，形而为天地，天地位而名始立矣。自其有名，播而为万物，万物育而名不可胜载矣。故无名者道之体，而有名者道之用也。圣人体道以为天下用，入于众有而常无，将以观其妙也；体其至无而常有，将以观其徼也。若夫行于其徼而不知其妙，则粗而不神矣。留于其妙而不知其徼，则精而不遍矣。以形而言有无，则信两矣。安知无运而为有，有复而为无，未尝不一哉。其名虽异，其本则一，知本之一也，则玄矣。凡远而无所至极者，其色又玄，故老子常以玄寄极也。玄之又玄，众妙之门。言玄则至矣，然犹有玄之心在焉。玄之又玄则尽矣，不可以有加矣，众妙之所从出也。”大意是说，从无名生而为天地，天地定位，名就建立了。自有天地之后，万物滋生，万物滋生则其名数不胜数。因此，无名是道的本体，有名是道的运用。圣人体察到道通行于天下，能够入于“众有”之中，“众有”却感受不到它，这就可以观察“众有”的奥妙；能够体会它不存在却又无处不在，就可以用来观察世俗之人的追求。如果只停留于世俗之乐而不知其中的奥妙，就会陷入粗鄙而失去灵性。如果只知其中奥妙而不知世俗之乐，就会陷入精致而流于一端。如果只以形质去谈论“有”“无”，那么“有”“无”就分裂为二了。怎么就不知道“无”化而为“有”，“有”又变而为“无”

呢？“有”“无”未尝不是一体。“有”与“无”虽然名号不同，但从根本上讲是一体，知道了它们根本是一体，就知道这个一体就是“玄”。凡是远而无际的，它的颜色更加深远幽冥，所以老子经常以“玄”称极远。“玄之又玄，众妙之门”，是说玄是极点，但仍然有一个中心在那里。玄之又玄就是到了尽头，不可以再往前了，众妙就是从那里出来的。

“道可道，非常道”蕴含着极其深奥的智慧，需要我们细细品味，这个智慧传递出这样的信息：“道”是可以知道的，但不一定是你所知道的那个道理，也就是道可道，但非尔所闻之道。通过这一章，我们能从总体上去认识“道”，道不是一个简单问题、小问题，而是人生、社会乃至宇宙的大问题和根本问题。“道”既是物质世界的实体即宇宙本体，又是物质世界或现实事物运动变化的普遍规律。“道”既是有，又是无，既有形，又无形，既是虚，又是实；道之常有常无包含着“有无相生”和“有之以为利，无之以为用”的智慧。有名无名、有欲无欲、“同出而异名”，是天人合一、和合生物的理念，是矛盾对立统一的整体。

二、无源第四

无源就是道之源头，从源头解释“道”的内涵。老子认为，道是虚体，无形象，但创造宇宙天地万物自然的是道，而不是天帝。老子从物质方面揭示了道的属性。在这里，老子承接第一章“道”的无形，进一步解释，道虽无形，但并不是空无所有，所发挥的作用也是不可限量的。

《道德经》第四章：“道冲，而用之或不盈。渊兮，似万物之宗。……吾不知谁之子，象帝之先。”

“道冲，而用之或不盈。渊兮，似万物之宗。”河上公注：“冲，中也。道匿名藏誉，其用在中。或，常也。道常谦虚，不盈满。道渊深不可知也，似为万物之宗祖。”河上公认为，道藏匿名誉，用的是中道，谦虚而不满盈，深不可知，像是万物的创始。王弼注：“夫执一家之量者，不能全家；执一国之量者，不能成国；穷力举重，不能为用。故人虽知万物治也，治而不以二仪之道，则不能赡也。地虽形魄，不法于天，则不能全其宁；天虽精象，不法于道，则不能保其精。冲而用之，用乃不能穷；满以造实，实来则溢。故冲而用之，又复不盈，其为无穷亦已极矣。形虽大，不能累其体；事虽殷，不能充其量。万物舍此而求主，主其安在乎？不亦渊兮似万物之宗乎？”王弼认为，只有经营一家的容量，是不能够保全一家的；只有经略一国的容量，是不能够成就一个国家的。用尽力气举重物，是举不起来的。因此人们虽然知道要让万物安定，但治理时不以阴阳之道，同样不能维持。大地虽然有精神依附，但不效法天道，就无法保全它的安宁；上天虽然有精气依附，但不效法道，就不能保全它的精气。以中而用，其用不穷；满盈充实，必然溢出。所以以中用之，又不满盈，它的功用必然无穷无尽。形态虽大，但不能累及自身；事情虽然繁杂，但不能达到它最大的限量。万物如果舍弃道而去另寻宗祖，那宗祖在哪里呢？这不就是说道深不可测而为万物之宗祖吗？苏辙《老子解》说："夫道冲然至无耳，然以之适众有，虽天地之大，山河之广，无所不遍，以其无形，故似不盈者。渊兮深眇，吾知其为万物宗也，而不敢正言之，故曰似万物之宗。"意为道用中道以至于让人感受不到它的存在，但它能够顺应万物，天地虽大、山河虽广，道无所不在，因为它无形，所以好似永不盈满。它深不可测，我因此知道它是万物创始，但不敢直说，所以说"似万物之宗"。三人解释详略不同，以王弼最尽纵横捭阖之能，从家国治理、天地运行来阐释道的功能，既深入浅出，又入情入理。从根本来看，三者观点基本一致，都认为道之所以为道，是因为能够执守中和，不满盈、深不可测，故而能成为"万物之宗。"

"吾不知谁之子，象帝之先。"河上公注："老子言：我不知道所从生。道自在天帝之前，此言道乃先天地生也，至今在者，以能安静湛然不劳烦，欲使人修身法道。"这是说，道从何而生不知道，但肯定是在天地之前就存在，之所以能够存在至今，是因为它能够安静淡泊不劳累麻烦，这是希望人修身之时能效法于道。王弼注："地守其形，德不能过其载；天慊其象，德不能过其覆。天地莫能及之，不亦似帝之先乎？帝，天帝也。"这是说，地守护自身的形态，地的德不会超过它所承载的范围；天自足于自己的形状，天的德不会超过它所覆盖的范围。天地都不能及于道，这不正是说明"道"似在天帝之前吗？苏辙《老子解》说："道虽常存，终莫得而名之，然亦不可谓无也，故曰此岂帝之先耶。帝先矣而又先于帝，则莫或先之者矣。"苏辙认为，道虽然长期存在，却始终没有名，但也不能称它为"无"，所以说是在天帝之前。天帝的存在已经很早了，但道又在天帝之前，所以没有什么能在道之前。三者之中，苏辙之解最为通透。

在这一章，老子着重说明的是道体的虚状，虽然其形虚无，却取用不竭，并非无所拥有，它含藏着无尽的创造因子，因而它的作用是不穷竭的。推而广之，可以体察宇宙之无限，盈虚之有数，万物之生生不息皆有其根据，可谓深远。因此道是万事万物的宗主，支配着宇宙天地万事万物，是宇宙天地万物存在、发展和变化必然依赖的力量。

三、成象第六

在这一章，老子创造了“谷神”这个概念，用“谷”喻“道”之状，用“神”譬“道”之化，说明“道”的深邃悠远与变化无穷，是对“道”的特征的进一步阐发。同时，他还用“玄牝之门”来形容“道”为万物所由生，并且用之不尽。

第六章：“谷神不死，是谓玄牝。玄牝之门，是谓天地根。绵绵若存，用之不勤。”

王弼注：“谷神，谷中央无谷也。无形无影，无逆无违，处卑不动，守静不衰，谷以之成而不见其形，此至物也。处卑而不可得而名，故谓天地之根，绵绵若存，用之不勤。门，玄牝之所由也。本其所由，与极同体，故谓天地之根也。欲言存邪，则不见其形；欲言亡邪，万物以之生，故绵绵若存也。无物不成，用而不劳也，故曰用而不勤也。”王弼是说，谷神，意为山谷中间是空无的。无影无迹，没有违逆，在卑下泰然处之，处安静守而不衰，谷以空无而成却见不到它的形状，这是物的最高境界（也就是“道”）。处于卑位却无法知道它的名，所以叫作化生天地的根源，好像绵绵不绝地存在着，它的功用也永远使用不尽。门，是说玄牝（天地）的由来。（道）植根于本原，与太极同根，所以叫作天地的根本。如果说道是存在的，但却看不见它的形体；如果说道是不存在的，万物却都要遵循它的规律生长，所以说它绵绵不绝地存在着。没有东西不生成，发挥作用又不劳烦，所以说它的功用无穷无尽。河上公的解释与王弼大相径庭，河上公注：“谷，养也。人能养神则不死也。神，谓五脏之神也。肝藏魂，肺藏魄，心藏神，肾藏精，脾藏志，五藏尽伤，则五神去矣。言不死之有，在于玄牝。玄，天也，于人为鼻。牝，地也，于人为口。天食人以五气，从鼻入藏于心。五气清微，为精、神、聪、明、音声五性。”河上公完全从人体角度来解释，他认为，谷就是养的意思。人能养护精神就不会死。神，就是五脏之神，肝藏魂，肺藏魄，心藏神，肾藏精，脾藏志，如果五脏俱伤，那么五神就离开了。说不死的原因在于玄牝。玄就是天，在人身为鼻；牝就是地，在人身为口。天用五气养人，从鼻入藏于心。五气清淡微妙，为精、神、聪、明、音声五性。同时，河上公还认为，鼻为玄、口为牝。在“谷神”这一问题的认识上，王弼思维更为开阔。苏辙《老子解》是这样解释的：“谷至虚而犹有形，谷神则虚而无形也。虚而无形，尚无有生，安有死邪？谓之谷神，言其德也；谓之玄牝，言其功也。牝生万物，而谓之玄焉，言见其生之而不见其所以生也。玄牝之门，言万物自是出也。天地根，言天地自是生也。绵绵，微而不绝也。若存，存而不可见也。能如是，虽终日用之而不劳矣。”这是说，山谷虽然是空虚的，但还是有形体的，而谷神则是虚无没有形体的。虚无没有形体，生尚且都没有，哪里还有死呢？将道称为谷神，是用来形容它的德行；管它叫玄牝，是说它的功绩。牝能生成万物，所以称作玄，是说虽然看见它生成的万物，却不知道它是如何生成的。玄牝之门，是说万物是由这里生出的。天地根，是说天地由此生成。绵绵，是形容微弱却绵延不绝。若存，是说道存在但是不能被看见。如果能够这样，那么道就能一直发挥作用却不会有任何劳烦。

合三人之见，王弼的解释最符合原著本意，河上公是大用于小、以小窥大，也是一家之言。苏辙近乎王弼之见，但文辞更为雄美，分别解释了“谷”、“谷神”、谷神之德、谷神之功、玄牝之门等，更加形象地解释了这些极其晦涩的名词，而它们与道息息相关，因此苏辙的解释更有助于我们理解“道”的特征。

本章老子继续阐明“道”的特征，虽然着墨不多，但极其形象，将“道”比喻为“谷”“神”“玄牝之门”，说明“道”的作用无穷无尽，以时间而言，历久不衰，天长地久；以空间而言，道无处不在，万物皆道。

四、赞玄第十四

河上公将这一章称作“赞玄”，是对“道”的赞叹。前面几章（第一章、第四章、第六章）中，老子陆续讲了道的内涵，它既是物质世界的实体，即宇宙本体；又是物质世界或现实事物运动变化的普遍规律。这两者实质上是相互联系的。在本章，老子则述道“体”，讲述道的性质，运用道的规律。道有其自身的运动变化规律，掌握了这种规律，也就能够弄通世间万事万物的根本。

第十四章：“视之不见名曰夷，听之不闻名曰希，搏之不得名曰微。此三者，不可致诘，故混而为一。其上不皦，其下不昧，绳绳不可名，复归于无物。是谓无状之状，无物之象，是谓惚恍。迎之不见其首，随之不见其后。执古之道，以御今之有。能知古始，是谓道纪。”

“视之不见名曰夷，听之不闻名曰希，搏之不得名曰微。此三者，不可致诘，故混而为一。”河上公注：“无色曰夷，无声曰希，无形曰微。三者，谓夷、希、微也。不可致诘者，夫无色、无声、无形，口不能言，书不能传，当受之以静，求之以神，不可诘问而得之。混，合也。故合于三名之而为一。”这是说，无色、无声、无形是不能言喻的，是不能诘问而得的，三者合而为一，就是道。王弼注：“无状无象，无声无响，故能无所不通，无所不往。不得而知，更以我耳目体不知为名，故不可致诘，混而为一也。”意思是道无形状、无声响，所以能无不畅通、无不到达，不能够感知，硬要以耳目来体察它的名是不能够实现的，所以不能够诘问而得，三者合而为一。苏辙《老子解》云：“所谓一者，性也。三者，性之用也。人始有性而已，及其与物构，然后分裂四出，为视为听为触，日用而不知反其本，非复混而为一，则日远矣。”苏辙是说，一就是本性，视、听、搏三者就是本性的功用。人最初只有本性，等到与万物结合，就分裂为多端，包括视、听、触。百姓每天都在使用本性但却不知回归本性，就不能够回归于道，并且一天天远离。通过三者解释，我们可以明了夷、希、微是什么，它们与道之间的关系是什么。河上公与王弼单就夷、希、微本身做解释，而苏辙是以人性释之，人性为一，以视、听、搏与万物接触，触万物后当返归本真，也就是人性，但很多人却走上歧途。苏辙这种认知是极其深刻的，更能让我们从感性方面去理解河、王解释，进而读懂老子之道。

“其上不皦，其下不昧，绳绳不可名，复归于无物。”河上公注：“言一在天上，不皦皦光明；言一在天下，不昧昧有所暗冥。绳绳者，动行无穷级也。不可名者，非一色也，不可以青黄白黑别；非一声也，不可以宫商角征羽听；非一形也，不可以长短大小度之也。物，质也。复当归之于无质。”大意是说，道在天之上，我们不见其光明；道在天之下，我们不觉其暗昧。大道动行无极，既非一色，又非一声，也非一形，故不可名状，最终回归于无质的状态。苏辙《老子解》云：“物之有形者，皆丽于阴阳，故上皦下昧，不可逃也。道虽在上而不皦，虽在下而不昧，不可以形数推也。绳绳，运而不绝也。人见其运而不绝，则以为有物矣，不知其卒归于无也。”这是说万物之所以有形，是因为它们都依附于阴阳，因此上面光明而下面暗昧，这是无法逃脱的自然现象。道则不同，虽处上不见其光明，虽处下不觉其暗昧，是不能用形质来推测的。绳绳就是运行不止的意思，人们看到道运行不止，以为是有物质的存在，却不知道它是没有本体的。二人解释观点基本一致，将这段经的每一个字都作了详细解释，也极通俗易懂，让我们能深刻体会大道无形。

“是谓无状之状，无物之象，是谓恍惚。迎之不见其首，随之不见其后。”河上公注：“言一无形状，而能为万物作形状也。一无物质，而为万物设形象也。一，忽忽恍恍者，若存若亡，不可见之也。一无端末，不可预待也。除情去欲，一自归之也。言一无影迹，不可得而看。”意思是，道没有形状却能赋予万物形状，没有本体却能赋予万物形象，它若存若亡不可见。道没有终始，无法预知；没有踪迹，无法得见。王弼注：“欲言无邪，而物由以成；欲言有邪，而不见其形。故曰无状之状，无物之象也。”意思是，要说它是“无”吧，可万物由它生成；要说它是“有”吧，却看不见它的形态。所以叫“无状之状，无物之象”。相较而言，河注晦涩，王注易懂，将“无状之状，无象之象”数语道尽，一目了然。苏辙《老子解》云：“状，其着也。象，其微也。无状之状，无象之象，皆非无也。有无不可名，故谓之惚恍。道无所不在，故无前后可见。”苏辙的理解是：状，是说“道”的显著方面；象，是说“道”的细微方面。无状之状，无象之象，都不是“无”的意思。有与无是不可以名状的，所以称之为“惚恍”。这一段是说“道”介于有无之间，无处不在，没有前后之别。这是对前面论述的总结。

“执古之道，以御今之有。能知古始，是谓道纪。”这四个短句具有总结和指导行动的意义。河上公注：“执古之道，以御今之有，圣人执守古道，生一以御物，知今当有一也。能知古始，是谓道纪。人能知上古本始有一，是谓知道纲纪也。”意为圣人执守古道，用“道”来驾驭万物，知晓当今也是由道而来。人能够知道上古之时就有道的存在，才真正称得上懂得要领。苏辙《老子解》云：“古者，物之所从生也。有者物之今，则无者物之古也。执其所从生，则进退疾徐在我矣。”这是说，“古”是万物的由来，“有”是万物生生不息发展到今天的结果，“无”是万物的起始。只有执守万物产生的本原，那么进退缓急尽在掌握之中。“执古之道，以御今之有。能知古始，是谓道纪。”这句话是说，只有懂得根本，才能动行有据、进退自如。

在本章，老子对“道”进行了全方位的赞美：说它“视而不见”“听之不闻”“搏之不得”，又“不可致诘”“混而为一”，上不皦、下不昧，还有“无状之状”“无物之象”“迎之不见其首，随之不见其后”。通过这些赞美，让我们从有无、三（夷、希、微）一（道）、皦昧、前后等多视角，从本原上去认识道。

五、虚心第二十一

这一章是从虚心向道的角度，进一步解释“道”、赞美“道”。这是继“道”是宇宙的本原、“道”是“无状之状，无物之象，是谓惚恍”的无质观点之后，从本体论提出“道”的物质组成，即“道”由极其微小的物质所组成，虽然看不见，无形无象，但确实存在，并为万物所由生。老子在本章还提出“德”的内容是由“道”决定的这一观点。

第二十一章：“孔德之容，惟道是从。道之为物，惟恍惟惚。惚兮恍兮，其中有象；恍兮惚兮，其中有物。窈兮冥兮，其中有精；其精甚真，其中有信。自今及古，其名不去，以阅众甫。吾何以知众甫之状哉？以此。”

“孔德之容，惟道是从。”河上公注：“孔，大也。有大德之人无所不容，能受垢浊，处谦卑也。唯，独也。大德之人，不随世俗所行，独从于道也。”意思是有大德之人能够无所不容，不随世俗而行，唯独尊崇于道。王弼见解与河上公有所不同：“孔，空也。唯以空为德，然后乃能动作从道。”王弼将“孔”解释为“空”的意思，认为只有内心虚空、有容量，行动才能够遵循于道。苏辙《老子解》认为：“道无形也，及其运而为德，则有容矣，故德者道之见也。自是推之，则众有之容，皆道之见于物者也。”这是说大道没有形态，当它运行之后表现为德，就有了形态，所以说德是道的外在表现形式。以此推论，万物所拥有的各种形态，都是道在物上的具体体现。苏辙继承了韩非子的观点，即“德者，道之功也”。河上公和苏辙的解释更能为我们所接受，尤其是苏辙的解释，更为恰切。王弼之解可供参照。

“道之为物，惟恍惟惚。惚兮恍兮，其中有象；恍兮惚兮，其中有物。窈兮冥兮，其中有精；其精甚真，其中有信。”河上公注：“道之于万物，独恍忽往来，而无所定也。道唯惚恍无形之中，独为万物法象。道唯恍忽，其中有一，经营生化，因气立质。道唯窈冥无形，其中有精实，神明相薄，阴阳交会也。言道精气神妙甚真，非有饰也。道匿功藏名，其信在中也。”这是说，道在万物之中恍惚往来，没有定所。道只有恍惚无形，才能创生万物；道只有恍惚无形，才能根据万物特点，赋予其形态。道只有深邃无形，其中有精实，神明相合，阴阳才能够交会；道的精气神妙真切而无虚饰，且道藏匿功名，信实自在其中。王弼注：“恍惚，无形不系之叹。以无形始物，不系成物，万物以始以成，而不知其所以然。故曰恍兮惚兮，其中有物；惚兮恍兮，其中有象也。窈冥，深远之叹。深远不可得而见，然而万物由之。其可得见，以定其真。故曰窈兮冥兮，其中有精也。信，信验也。物反窈冥，则真精之极得，万物之性定。故曰其精甚真，其中有信也。”大意是，恍惚就是对没有形态无所联结的感慨。道用无形创始万物，以无所联结成就万物，而万物却不知道自己为什么会是这样，所以说“恍兮惚兮，其中有物；惚兮恍兮，其中有象”。窈冥是对深远的感慨。道深远不可见，但万物由它产生。道又可得而见，用以确定它的真实，所以说“窈兮冥兮，其中有精”。信就是凭证，万物回归窈冥之中，就能体悟到真精极点，知道万物的本性，所以说“其精甚真，其中有信”。苏辙《老子解》云：“方有无之未定，惚恍而不可见。及夫有无之交，则见其窈冥深眇，虽未成形，而精存乎其中矣。物至于成形，则真伪杂矣。方其有精，不容伪也。真伪既杂，自一而为二，自二而为三，纷然错出，不可复信矣。方其有精，不吾欺也。”意思是，有无尚未稳定之时，它是恍恍惚惚不能看见的。等到有无相交时，就看到了它的窈冥深邃，虽然未见其形态，但精气亦在其中。等到物成形之后，就真伪相杂了，正当它有精气的时候，是不容虚伪的。真伪相杂之后，就由一变为二，由二变为三，往后就不断产生新的事物，这样信也就不复存在。所以正当它有精气的时候，才不会欺骗我们。河、王二注相对生涩，需要仔细品味。独苏辙见解深入浅出，让人豁然开朗，尤其是对真伪的产生的解析，可谓一语即拨云见日。

“自今及古，其名不去，以阅众甫。吾何以知众甫之状哉？以此。”河上公注：“自，从也。自古至今，道常在不去。阅，禀也。甫，始也。言道禀与，万物始生，从道受气。吾何以知万物从道受气？此，今也。以今万物皆得道精气而生，动作起居，非道不然。”大意是，从古至今，道一直长存不去，万物从道受气，其禀性由道而生。我是怎么知道万物从道受气的呢？就是从这里。世间万物都是得到“道”的精气而生，一举一动不遵循道是不行的。王弼注：“至真之极，不可得名，无名则是其名也，自古及今，无不由此而成。故曰自古及今，其名不去也。众甫，物之始也。以无名说万物始也。”王弼认为，至真之极是不能名状的，无名就是它的名，从古至今，一切由无名生成。众甫就是万物之始，这是说万物由无名而来。王弼的观点延续了第一章的观点——“无名，天地之始。”无名就是“道”。苏辙的观点略有不同。苏辙《老子解》云：“古今虽异，而道则不去，故以不去名之。唯未尝去，故能以阅众有之变也。甫，美也，虽万物之美，不免于变也。圣人之所以知万物之所以然者，以能体道而不去故也。”这是说古今虽然不同，但道没有消失，所以不再命名。正因为道没有消失，故而能够观察万物的变化。“甫”是美的意思，万物虽美，但也难免发生变化。圣人之所以能够知道万物为什么会这样，是因为能够体悟道而不离开道。在这里，最关键的是在“阅”“甫”的解释上，苏辙异于河、王，虽有其道理，但不似老子本意。

《庄子·大宗师》有一段对“道”的描述，与本章极为相近：“夫道，有情有信，无为无形；可传而不可受，可得而不可见；自本自根，未有天地，自古以固存；神鬼神帝，生天生地；在太极之先而不为高，在六极之下而不为深，先天地生而不为久，长于上古而不为老。”这可以说是庄子对本章的注释。

在本章，老子惊叹于道之恍惚、道之窈冥、道之有象、道之有物、道之有精、道之有信，并说德由此生，进一步解释“道”的形态。

六、象元第二十五

在这一章，老子讲了“道”存在和运行的状态，包括“混成”“先天地生”“寂寥”“独立不改”“周行不殆”“逝”“远”“反”等。

第二十五章：“有物混成，先天地生。寂兮寥兮，独立而不改，周行而不殆，可以为天地母。吾不知其名，字之曰道，强为之名曰大。大曰逝，逝曰远，远曰反。故道大，天大，地大，王亦大。域中有四大，而王居其一焉。人法地，地法天，天法道，道法自然。”

“有物混成，先天地生。寂兮寥兮，独立而不改，周行而不殆，可以为天地母。”河上公注：“谓道无形，混沌而成万物，乃在天地之前。寂者无音声，寥者空无形，独立者无匹双，不改者化有常。道通行天地，无所不入，在阳不焦，托荫不腐，无不贯穿，而不危怠也。道育养万物精气，如母之养子。”意思是，道本无形，是混沌状态却能生成万物，在天地之前就存在。在这里，河上公非常精准地解释了“寂”“寥”“独立”“不改”的内涵，进一步揭示，道无声无形，独立存在，无论怎么变化都遵循规律。道通行于天地之间，无所不入，在阳不会焦糊，处阴不会腐烂，贯穿一切而不会有危险，如母亲养育子女一样养育万物精气。王弼注：“混然不可得而知，而万物由之以成，故曰混成也。不知其谁之子，故先天地生。寂寥，无形体也。无物之匹，故曰独立也。返化终始，不失其常，故曰不改也。周行无所不至而免殆，能生全大形也，故可以为天下母也。”大意是“道”浑然一体不能知晓，但万物由它得以生成，所以叫“混成”。不知道它是谁的孩子，因为它在天地之前就存在。寂寥是说它没有形体，独立是说它没有同伴，无论怎么变化不违背规律，所以叫“不改”。循环往复无所不至而免于灾祸，能够很好地保存自己，所以可以称作天下的创始。河、王解释大致相同，但河上公更突出了“道”的无形，王弼则注重“道”的不可知。苏辙《老子解》云：“夫道，非清非浊，非高非下，非去非来，非善非恶，混然而成体，其于人为性，故曰有物混成。此未有知其生者，盖湛然常存，而天地生于其中耳。寂兮无声，寥兮无形，独立无匹而未尝变，行于群有而未尝殆，俯以化育万物，则皆其母矣。”意思是道不清不浊、不高不下、不去不来、不善不恶，浑然一体，在人身上表现为人的本性，所以说“有物混成”。没有人知道它什么时候出生，安然长存，而天地由它创生。它无声无形，独立存在而没有什么变化，周行于万物而没有什么危险，俯身化育万物，成为万物之母。苏辙晚于河、王800多年，儒、释、道思想已经相互颉颃激荡，所以在解释的时候能够融会贯通，他比河、王更进一步，将人性融入道——其于人为性，更好地将天地人融为一体。

“吾不知其名，字之曰道，强为之名曰大。大曰逝，逝曰远，远曰反。”河上公注：“我不见道之形容，不知当何以名之，见万物皆从道所生，故字之曰道。不知其名，强曰大者，高而无上，罗而无外，无不包容，故曰大也。其为大，非若天常在上，非若地常在下，乃复逝去，无常处所也。言远者，穷乎无穷，布气天地，无所不通也。言其远不越绝，乃复反在人身也。”意思是我看不见道的容貌，不知用什么给它命名，发现万物都是由道产生，因此给它取字叫“道”（注释：古人有名有字。名一般指人的姓名或单指名。古代婴儿出生三个月时由父母命名，供长辈呼唤。字是男子20岁（成人）举行加冠礼时取字，女子15岁许嫁时举行笄礼取字。一般来说，名是留着自称的，对人称自己的名，是一种谦虚与礼貌；同样地，称谓对方时，便以称字而为礼貌）。不知它的名，勉强叫它“大”，是因为它至高无上，包罗一切，无所不容，所以叫它“大”。作为“大”来讲，并非像天常在上，也不像地常在下，而是又消逝，没有固定之处。说它“远”，是说它达到无穷，充塞天地，无所不在。说它“远”又不脱离万物，是因为最终还要返回到人身上。王弼注：“名以定形，混成无形，不可得而定，故曰不知其名也。夫名以定形，字以称可言。道取于无物而不由也，是混成之中，可言之称最大也。吾所以字之曰道者，取其可言之称最大也。责其字定之所由，则系于大。夫有系则必有分，有分则失其极矣，故曰强为之名曰大。逝，行也，不守一大体而已，周行无所不至，故曰逝也。远，极也，周无所不穷极，不偏于一逝，故曰远也。不随于所适，其体独立，故曰反也。”意为名是用来确定形态的，道混杂而成，没有形态，所以不能确定其名。如果说名是用来确定形态的，那么字就是能够表达名的内涵的。道生于无并且不依赖于物，是混杂而成，因此它的内涵可以说是最大的了。我之所以把它的字叫作“道”，就是因为它的内涵是最大的。如果通过它的字来确定道所从来，那么它只与“大”相关联。有关联就必有区分，有区分则“字”就会失掉“名”的精髓，所以“强为之名曰大”。逝就是运行的意思，道不会固守一体，运行不息，无所不至，所以称作“逝”。远就是尽头，周行无所不至，不只到达一个地方，所以叫作“远”。道不会顺从所到之处，本身独立，所以叫作“反”。王弼与河上公都极力解释“有物混成，先天地生”的“物”是什么，将其称作“道”仍不能穷尽此物的内涵，故而在解释“名”的时候颇费周章。在这里我们要特别关注，这个“物”为什么“字之曰道，强为之名曰大”，王弼讲得非常好：把这个“物”叫作“道”能够体现出它的内涵，但仍不足以道出其精髓，没有语言文字可以概括它，能够勉强概括的就是“大”。所以这个“物”太玄奥了。苏辙《老子解》云：“道本无名，圣人见万物之无不由也，故字之曰道。见万物之莫能加也，故强为之名曰大。然其实则无得而称之也。”这是说道本来没有名，圣人发现万物没有不是由道产生的，所以给它取了个字叫作“道”。发现万物没有能够超过它的，所以勉强给它取名叫作“大”。但实际上没有哪个称谓能够称呼它。这与河、王的解释有差距，算是一种较为浅显的解释。

“故道大，天大，地大，王亦大。域中有四大，而王居其一焉。”

河上公注：“道大者，包罗天地，无所不容也。天大者，无所不盖也。地大者，无所不载也。王大者，无所不制也。八极之内有四大，王居其一也。”意思是，道大，是因为它包罗天地，无不容纳；天大，是因为它无不覆盖；地大，是因为它无不承载；王大，是因为它无不制约。八方（**注释：指东、西、南、北、东南、西南、西北、东北，泛指周围各地**）极远之域内有四大，王是其中之一。王弼注：“天地之性人为贵，而王是人之主也，虽不职大，亦复为大，与三匹，故曰王亦大也。四大，道、天、地、王也。凡物有称有名，则非其极也。言道则有所由，有所由然后谓之为道。然则是道称中之大也，不若无称之大也。无称不可得而名，曰域也，道、天、地、王皆在乎无称之内，故曰域中有四大者也。处人主之大也。”意思是天地之间的本性是以人为贵，而王又是众人君主，权限虽然不大（与道天地相比），但也算是大，与道、天、地相并列，所以说王亦大。四大，就是道、天、地、王。万物都有称谓、有名，但这都不是最高境界。谈及“道”则讲它是有所由来的，有所由来才能称之为“道”，“道”是所有称谓中最高的了，但还不如没有称谓高。没有称谓就不能够命名，所以称“域”。道、天、地、王都在没有称谓范围之内，所以称作“域中有四大”。河上公从道无不包、天无不覆、地无不载、王无不制说明它们为什么称“大”。王弼的解释除此之外，更注重的是“大无所称”——真正的“大”是无法称谓的，而道、天、地、王在此范围，所以更为深刻。苏辙《老子解》云："由道言之，则虽天地与王，皆不足大也。然世之人习知三者之大，而不信道之大也。"这是说，从"道"的角度来看，即使是天、地、王，都不足以称"大"。但世人都熟知天、地、王是大的，却不信道是大的。苏辙认为，天、地、王都不足以与道匹配，但世人却不信，这与"圣人被褐怀玉"颇有相似之处。

"人法地，地法天，天法道，道法自然。"河上公注："人当法地安静和柔也，种之得五谷，掘之得甘泉，劳而不怨也，有功而不置也。天湛泊不动，施而不求报，生长万物，无所收取。道清静不言，阴行精气，万物自成也。道性自然，无所法也。"意思是人应当效法大地安静柔和，耕种就能收获五谷，挖掘就能获得甘泉，大地辛劳而没有抱怨，有功也不显露。天淡泊不动，施与而不求回报，生长万物而无索取。道清静无语，私下运行精气，让万物自然生长。道的本性就是自然，没有什么去效法的。王弼注："法谓法则也。人不违地，乃得全安，法地也。地不违天，乃得全载，法天也。天不违道，乃得全覆，法道也。道不违自然，乃得其性。法自然者，在方而法方，在圆而法圆，于自然无所违也。自然者，无称之言，穷极之辞也。用智不及无知，而形魄不及精象，精象不及无形，有仪不及无仪，故转相法也。道顺自然，天故资焉；天法于道，地故则焉；地法于天，人故象焉。所以为主，其一之者，主也。"意思是：法就是法则。人不与地相违背，就会获得安全，这是效法地。地不与天相违背，就能够无所不载，这是效法天。天不与道相违背，就能够无所不覆，这是效法道。道不违背自然，就是遵循了它的本性。所谓的效法自然，即是在方就效法方，在圆就效法圆，顺其自然而无所违逆。自然，就是没有称谓它的语言、形容它的言辞。运用智慧不如一无所知，躯体不如精实法象，精实法象不如没有形体，有准则不如无准则，所以转而相互效法。道顺其自然，天因此会借助于它；天效法于道，地因此会效法它；地效法于天，人因此取象于它。道之所以能成为主宰，是因为它能统一万物，所以成为主宰。从这里可以看出，河上公的关注点是地、天、道、自然被效法的原因；王弼的关注点是效法之后的益处以及怎么效法。二人的解释合在一起堪称完美。苏辙《老子解》云："人不若地，地不若天，天不若道，道不若自然。然使人一日复性，则此三者人皆足以尽之矣。"意思是人不如地，地不如天，天不如道，道不如自然。假使人一旦回归本性，那么道、天、地三者的内涵就能够理解了。苏辙认为，人性与道、天、地之性是一致的，这一解释也很深刻。

本章篇目为"象元"，也就是道的本原。"道"在天地之前就存在，但并没有超越时空；虽然没有具体固定的形象，但能变化成为天地间有具体形象的万物。“道”之所以能够长存，为天地万物所效法，根本原因在于道法自然，这也是“象元”的根本。

七、圣德第三十二

“圣德”为至高无上之德。本章主要讲“道”的根本属性，“道”与“名”的关系，以及“道”在天下的应用。

第三十二章（节选）：“道常无名，朴虽小，天下莫能臣也。侯王若能守之，万物将自宾。”

“道常无名，朴虽小，天下莫能臣也。”河上公注：“道能阴能阳，能弛能张，能存能亡，故无常名也。道朴虽小，微妙无形，天下不敢有臣使道者也。”这比较好理解，就是道能阴能阳，能弛能张，能存能亡，因此没有通常名称。道朴虽然很小，深奥玄妙没有形态，天下没有敢于役使道的人。王弼注：“道无形不系，常不可名，以无名为常，故曰道常无名也。朴之为物，以无为心也，亦无名，故将得道莫若守朴。夫智者可以能臣也，勇者可以武使也，巧者可以事役也，力者可以重任也，朴之物，愦然不偏，近于无有，故曰莫能臣也。”意思是道没有形态，不系于物，常不可以命名，把无名当作常，所以说道常无名。“朴”作为物，以“无”为内在，也没有名，所以，要想得道，没有什么比得上执守纯朴。对于有智慧的人，可以用其才来臣服他，对于勇敢的人，可以逞其武来驱使他，对于技术高明的人，可以任其事来支使他，对于有力量的人，可以负其重来任用他。朴作为物，昏昏然无所偏离，近似于无有，所以说不能臣服它。王弼用了各种人作对比，讲了道朴不能被臣服的原因，是对河上公的补充。苏辙《老子解》云：“朴，性也。道常无名，则性亦不可名矣。故其为物，舒之无所不在，而敛之不盈毫末，此所以虽小而不可臣也。”朴就是性。道常无名，那么性也不可以命名。因此它作为物来讲，放之无所不在，收起不满毫末，这就是朴虽小而不可役使它的原因。苏辙之解将“朴”释为“性”，比河上公更为形象，犹如庄子所言“其大无外，其小无内”。

“侯王若能守之，万物将自宾。”河上公注：“侯王若能守道无为，万物将自宾服，从于德也。”意思是侯王如果能遵循道而无为，万物将自动宾服，服从于德。王弼注：“抱朴为无，不以物累其真，不以欲害其神，则物自宾而道自得也。”意思是抱持纯朴为无为之事，不以外物拖累本真，不以欲望伤害精神，那么万物自然宾服，而道自然也会得到。苏辙《老子解》云：“故匹夫之贱守之，则尘垢秕糠足以陶铸尧舜；而侯王之尊不能守，则万物不宾矣。”意思是低贱普通之人如果能够遵道而行，即便是尘垢糟粕，也能造就出尧舜来；即使以侯王之尊，如果不能遵道而行，天下万物也不会宾服他。河、王解释了侯王守道万物自宾的原因；苏辙则视角独特，从正反两面说明守道的重要性。

在这一章，我们看到“道”最大的特点是无名和朴，这是继二十五章“寂寥、独立、大、逝、远、反”之后，进一步明确“道”的本质和现象、形式和内容之间的辩证关系。

八、任成第三十四

“任成”就是任其自然。这一章说明“道”的外在表现和作用。“道”虽生长、养育万物，使万物各得所需，但它又不主宰万物，完全顺其自然。在这一章，老子继续阐发第三十二章所讲的道理，讲“道”可名为“小”，也可名为“大”。

第三十四章：“大道泛兮，其可左右。万物恃之以生而不辞，功成而不有。衣养万物而不为主，常无欲，可名于小；万物归焉而不为主，可名为大。以其终不自为大，故能成其大。”

“大道泛兮，其可左右。”这是关于“道”的存在形式或是外在表现的论断。河上公注：“言道泛泛，若浮若沉，若有若无，视之不见，说之难殊。道可左可右，无所不宜。”意思是大道无所不在，若沉若浮，似有似无，看却看不见，非常难形容。道可以左也可以右，没有不能适应的。王弼注：“言道泛滥，无所不适，可左右上下周旋，而用则无所不至也。”意思是大道广泛流行，无所不在，可以上下左右无不环绕，它的功用随处可见。苏辙《老子解》：“汎兮无可无不可，故左右上下周旋无不至也。”意思是广泛存在就说明大道无可无不可，所以上下左右环绕无所不至。在这一点上，三人的解释基本一致，没有出奇之处。比较而言，庄子讲得更为形象。《庄子·外篇·知北游》云：“东郭子问于庄子曰：‘所谓道，恶乎在?’庄子曰：‘无所不在。’东郭子曰：‘期而后可。’庄子曰：‘在蝼蚁。’曰：‘何其下邪?’曰：‘在稊稗。’曰：‘何其愈下邪?’曰：‘在瓦甓。’曰：‘何其愈甚邪?’曰：‘在屎溺。’东郭子不应。”这大意是说，东郭子问庄子，我们所说的道，到底在什么地方？庄子说，无所不在。东郭子说，说得形象一点。庄子说，在蝼蚁身上。东郭子说，怎么如此卑下？庄子说，在稗草上面。东郭子说，怎么更卑下？庄子说，在砖瓦里。东郭子说，怎么又更卑下？庄子说，在粪便中。东郭子无语了。这段对话是关于道无所不在最为生动形象的描述。

“万物恃之以生而不辞，功成而不有。衣养万物而不为主。”这是讲“道”的功用。河上公注：“恃，待也。万物皆待道而生，道不辞谢而逆止也。有道不名，其有功也。道虽爱养万物，不如人主有所放取。”意思是万物依靠道而产生，道不推辞、阻止万物。万物之中皆有道的存在但却不名道，道对万物皆有功劳。道虽然爱护、养育万物，但却不似君主会有所取舍（毕竟君主有个人好恶，难以做到一视同仁）。苏辙《老子解》云：“世有生物而不辞者，必将名之以为己有。世有避物而不有者，必将辞物而不生。生而不辞，成而不有者，唯道而已。”意思是世间有生养外物而不推辞的人，一定会将生养之名归于自己。世间有回避外物而不想据为己有的人，一定会推辞不去生养它。生养万物而不推辞，成就万物而不据为己有的，只有道而已。相较而言，苏辙之解更为精辟。河上公工于书面解释，让我们体会经之本意，而苏辙则从人的角度，运用正反两面对比，说明道的无私。

“常无欲，可名于小；万物归焉而不为主，可名为大。”河上公注：“道匿德藏名，怕然无为，似若微小也。万物皆归道受气，道非如人主，有所禁止也。万物横来横去，使名自在，故可名于大也。”意思是道隐匿德行、掩藏名誉，心怀恐惧、顺其自然，让人感觉似乎很小。万物虽然都是由道给予精气，但道又不似君主，对万物有所禁止。万物来去自由，用名无拘无束，所以可以称它是“大”。王弼注：“万物皆由道而生，既生而不知其所由，故天下常无欲之时，万物各得其所，若道无施于物，故名于小矣。万物皆归之以生，而力使不知其所由，此不为小，故复可名于大矣。”意思是万物都是由“道”而生，“道”生万物却不知晓其所由来，因此当天下万物遵从于道没有欲望的时候，万物各得其所，就好像道没有施惠于万物一样，所以说可以称它是“小”。万物皆归于道而产生，但尽力不让他们知道其所由来，这不能叫作“小”，所以可以称它为“大”。通过河、王解释，结合第五十一章“长之育之，亭之毒之，养之覆之。生而不有，为而不恃，长而不宰”，就能够进一步理解“道”之无私。

“以其终不自为大，故能成其大。”河上公注：“圣人法道匿德藏名，不为满大。圣人以身师导，不言而化，万事修治，故能成其大。”意思是圣人效法道隐匿德行、掩藏名誉，不自满自大。圣人以身作则，不言而教，万事井井有条，所以能够成就“大”。王弼用了老子的原话来解释：“为大于其细，图难于其易。”苏辙则从逆向思维解释：“大而有为大之心，则小矣。”处大而有居大的心思，就“小”了。因此为大难成其大，不为大终成其大。

通过以上介绍，我们对“道”有了较为全面的认识，它是有，也是无，是有形，也是无形，是本体、是创始、是规律，它无处不在，但又看不见、摸不着，主宰万物、施利于万物，但万物却感受不到它的存在，它生生不息，既不知其源头，又没有尽头，而万物必须依赖于它。

第三节 体悟老子之道

老子之道，微妙玄通，非普通人所能体悟。道的好处、道的作用又无所不在。这在《道德经》第三十九章、第四十一章、第六十二章有比较集中的论述。

关于对道的态度的这一论断，集中体现在第四十一章。

“上士闻道，勤而行之；中士闻道，若存若亡；下士闻道，大笑之，不笑，不足以为道。”意思是上士听了道，便努力去实行；中士听了道，将信将疑；下士听了道，哈哈大笑，不笑，那就不是道了。

“上士闻道，勤而行之”，河上公注：“上士闻道，自勤苦竭力而行之。”意思是上士闻道，自动勤苦尽力去践行。王弼注：“有志也。”意为上士有志于道。

“中士闻道，若存若亡”，河上公注：“中士闻道，治身以长存，治国以太平，欣然而存之。退见财色荣誉，惑于情欲，而复亡之也。”意思是中士闻道，以之治身则能保长存，以之治国则保太平，因此高兴地将其保存。但私下见到财色荣誉，又会被情欲所迷惑，而又将道丢失掉。

“下士闻道，大笑之，不笑，不足以为道”，河上公注：“下士贪狠多欲，见道柔弱，谓之恐惧；见道质朴，谓之鄙陋，故大笑之。不为下士所笑，不足以名为道。”意思是下士贪婪凶狠多欲，见到“道”柔弱，认为“道”恐惧；看到“道”朴实，认为“道”粗陋，所以嘲笑“道”。不被下士所嘲笑，就不足以称之为“道”。这说明“下士”只见现象不见本质，还要盯住一些表面现象来嘲笑道，但道是不在乎被浅薄之人嘲笑的。

关于这一论断，苏辙的观点值得借鉴。他在《老子解》中说：“道非形，不可见。非声，不可闻。不先知万物之妄，廓然无蔽，卓然有见，未免于不信也。故下士闻道，以为荒唐谬悠而笑之。中士闻道，与之存亡出没而疑之。惟了然见之者，然后勤行服膺而不怠。孔子曰：语之而不惰者，其回也？与斯所谓上士也哉。”意思是道无形，不能够被看见；道无声，也不能够听见。事先并不知道万物存有荒诞，但见表面空旷无所遮蔽，一切尽在眼底，如此容易感知未免有所不信。因此下士闻道，认为“道”荒诞无稽而嘲笑它。中士闻道，对道有时理解、有时迷惑而怀疑“道”。只有深刻理解“道”的人，才会牢记于心、勤奋践行而不懈怠。孔子曾说：“告之以道而能够勤奋实践的人，恐怕只有颜回吧？他就是所说的上士吧。”

在《论语·为政第二》中有一章，子曰：“吾与回言终日，不违，如愚。退而省其私，亦足以发。回也不愚。”孔子是说，我整天给颜回讲学，他从来不提反对意见和疑问，好像很愚笨。等他退下之后，我考察他私下的言论，发现他对我所讲授的内容有所发挥，可见颜回其实并不愚笨。颜回就是老子所说的“上士”，并且还是“大智若愚”。“上士”明道，没有疑问，所以不必提问题；“下士”昧道，一无所知，所以不会提问题。从表面看，“上士”与“下士”是一样的，都不提出问题，因此说大智若愚，但其本质是完全不同的。只有“中士”，对道似懂非懂、时劝时衰，所以能够提出问题。

也就是说，对“道”的态度，不同修为的人是不一样的。

关于“道”的好处和作用，第三十九章、第六十二章都有论述。

《道德经》第三十九章：“昔之得一者：天得一以清，地得一以宁，神得一以灵，谷得一以盈，万物得一以生，侯王得一以为天下贞。其致之，天无以清，将恐裂；地无以宁，将恐发；神无以灵，将恐歇；谷无以盈，将恐竭；万物无以生，将恐灭；侯王无以贵高，将恐蹶。”意思是，凡是能够同道保持一致的：天得到了道就能清明，地得到了道就能宁静，神得到了道就能灵验，河谷得到了道就能充盈，万物得到了道就能生长，侯王得到了道就能成为天下的首领。如果偏离道，天得不到清明，恐怕要崩裂；地得不到安宁，恐怕要毁掉；神不能保持灵性，恐怕要绝灭；河谷不能保持满盈，恐怕要干涸；万物不能保持生长，恐怕要毁灭；侯王不能保持高贵的地位，恐怕要倾覆。

在本章，老子用了很大篇幅从正反两面来论证道的作用。

“昔之得一者”，河上公注：“昔，往也。一，无为，道之子也。”意思是，“昔”是以往的意思。“一”是指无为，是道产生的，道生一。王弼注：“昔，始也。一，数之始而物之极也。各是一物之生，所以为主也。物皆各得此一以成，既成而舍以居成，居成则失其母。故皆裂发歇竭灭蹶也。”意思是，“昔”就是初始的意思。“一”是数序的开始、事物的终极与根本。万物皆是由一而生，所以“一”能够主宰万物。万物同“道”保持一致而能够有成，有成之后又舍弃“道”徒居于成，徒居于成就会失去“道”，所以就会崩裂、毁掉、绝灭、干涸、毁灭、倾覆。

“天得一以清”，河上公注：“言天得一故能垂象清明。”

“地得一以宁”，河上公注：“言地得一故能安静不动摇。”

“神得一以灵”，河上公注：“言神得一故能变化无形。”

“谷得一以盈”，河上公注：“言谷得一故能盈满而不绝也。”

“万物得一以生”，河上公注：“言万物皆须道以生成也。”

“侯王得一以为天下贞”，河上公注：“言侯王得一故能为天下平正。”

此一节，河上公注较为浅显，在此不做翻译、不做解释。苏辙在此问题上认识独到，他在《老子解》中云：“一，道也。物之所以得为物者，皆道也。天下之人，见物而忘道。天知其清而已，地知其宁而已，神知其灵而已，谷知其盈而已，万物知其生而已，侯王知其为天下贞而已。不知其所以得此者，皆道存焉耳。”意思是，一就是道。万物之所以能够成为万物，都是由道而生。但天下之人，眼中只有物，却忘记道的存在。天仅知道其清明，地仅知道其宁静，神仅知道其灵性，谷仅知道其满盈，万物仅知道其生长，侯王仅知道其为天下首领。他们都不知道自己为什么能够得到这些，这都是因为“道”的存在。由此可见，清、宁、灵、盈、生、天下贞都是因道而来、顺道而生。

“天无以清，将恐裂”，河上公注：“言天当有阴阳弛张，昼夜更用，不可但欲清明无已时，将恐分裂不为天。”意思是天应当阴阳变化、张弛有度、昼夜更替，不能够只想清明无休止，这样天恐怕要分裂，天将不天。王弼注：“用一以致清耳，非用清以清也。守一则清不失，用清则恐裂也。故为功之母，不可舍也。是以皆无用其功，恐丧其本也。”意思是因为遵循道而达到清明，不是用清明而清明。遵循道清明就不会失去，以清而清就会造成分裂。成就功业之道，是不能够舍弃的。因此不重视道的功能，恐怕就会丧失根本。天之清明，表现在既有阴晴圆缺，又有春夏秋冬；既张弛有度，又昼夜更替；既有和风细雨，又有飘风骤雨。而不是一味乾坤朗朗、日月烛照。这一切都是由道而生，由道主宰，是道之功劳。

“地无以宁，将恐发”，河上公注：“言地当有高下刚柔，节气五行，不可但欲安静无已时，将恐发泄不为地。”意思是地应当有高低之分、软硬之别，要有节气、五行之属，不能够一味安静而无休止，这样地恐怕要废掉，地将不地。这是说，地如果遵循道，就会有高原、山地、丘陵、平原、盆地、沼泽、沙漠，会有江、河、湖、海、洋，会有水、金、火、木、土，等等，大地会按道的规律运行，不会是静止状态。

“神无以灵，将恐歇”，河上公注：“言神当有王相囚死休废，不可但欲灵变无已时，将恐虚歇不为神。”意思是神应当具有旺、相、休、囚、死、废功能（注释：旺、相、休、囚、死：在五行学说中，五行有旺、相、休、囚、死五个状态，而且和四季密切相关。在春、夏、秋、冬四个季节里，每个季节都有一个五行处于“旺”，一个五行处于“相”，一个五行处于“休”，一个五行处于“囚”，一个五行处于“死”的状态。这是描述五行在四季状态的一个概念。旺、相、休、囚、死五个状态之间是相互关联的），不能够一味追求灵性而无休止，这样神恐怕要绝灭，神将不神。也就是说，神也要遵循道的要求，不能有求必应而违背规律，否则，神也终将失去灵性。

“谷无以盈，将恐竭”，河上公注：“言谷当有盈缩虚实，不可但欲盈满无已时，将恐枯竭不为谷。”意思是川谷应当有伸缩虚实进退的余地，不能够一味追求满盈而无休止，这样川谷恐怕要枯竭，谷将不谷。这告诉我们，川谷留有余地才能够容纳更多。如果川谷满盈，违背道的要求，就会水壅而溃，伤人必多，贻害无穷。

“万物无以生，将恐灭”，河上公注：“言万物当随时生死，不可但欲长生无已时，将恐灭亡不为物。”意思是万物每时每刻都有生有死，不能一味追求长生而无休止，这样万物恐怕会灭亡而将不会存续。这是说，万物有生有死，新陈代谢，生生不息。如果只有生没有死，那么必然违背规律，不符合道的要求，万物必将失去活力，就会突然间集体消失，从而灭绝，越是处于生物链顶端越危险。

“侯王无以贵高，将恐蹶”，河上公注：“言侯王当屈已以下人，汲汲求贤，不可但欲贵高于人无已时，将恐颠蹶失其位。”意思是侯王应当委屈自已虚心处下，急迫寻求贤人，不能够一味追求高贵于人而无休止，这样侯王恐怕会被颠覆而失去王位。这与老子主张的“欲上人，必以言下之；欲先人，必以身后之”相契合。

对于这一节，苏辙在《老子解》中云：“天不得一未遽裂也，地不得一未遽发也，神不得一未遽歇也，谷不得一未遽竭也，万物不得一未遽灭也，侯王不得一未遽蹶也，然其极必至于此耳。”意思是说天不得一未必会马上破裂，地不得一未必会马上毁掉，神不得一未必会马上绝灭，谷不得一未必会马上枯竭，万物不得一未必会马上毁灭，侯王不得一未必会马上被颠覆，但到了极点必定会有这些结果。苏辙认为，天、地、神、谷、万物、侯王等如果不得一，并不必然裂、废、歇、竭、灭、蹶，但如果不及时制止、重归于道，则必然裂、废、歇、竭、灭、蹶。这应该说是对河上公注的有益补充，也有助于我们理解老子的这一论断。

如果说第三十九章是从宇宙万物方面讲“道”的作用，那么第六十二章则是从立身、处世方面宣扬“道”的作用与好处。

《道德经》第六十二章：“道者，万物之奥，善人之宝，不善人之所保。美言可以市尊，美行可以加人。人之不善，何弃之有？故立天子，置三公，虽有拱璧以先驷马，不如坐进此道。古之所以贵此道者何？不曰以求得，有罪以免邪？故为天下贵。”意思是“道”是万物的主宰，是善良之人的法宝，也是不善之人借以安身的保障。美的言辞可以换来别人的尊重；高尚的行为可以居人之上。即使不善之人，怎么可以随便抛弃？所以在天子即位、三公就任之时，即使有拱璧在先、驷马在后的重礼，也不如坐而把“道”进献给他们。自古以来，人们尊贵此“道”的原因是什么呢？不就是因为依靠它就能有求能得、有罪能免吗？所以“道”被天下人所重视。

“道者，万物之奥”，河上公注：“奥，藏也。道为万物之藏，无所不容也。”河上公认为，奥是藏的意思。道为万物藏身之所，无所不容。王弼注：“奥，犹暖也，可得庇荫之辞。”王弼则认为，奥其实是暖，可以解释为荫庇之意。两者解释大致相同，无论是藏，还是荫庇，“道”都是保护、包容万物，从而为万物之主。

“善人之宝”，河上公注：“善人以道为身宝，不敢违也。”意思是善人以“道”为治身之宝，不敢有所违逆。王弼注：“宝以为用也。”意思是以“道”为宝并加以利用。这是说善人以“道”持身。

“不善人之所保”，河上公注：“道者，不善人之所保倚也。遭患逢急，犹知自悔卑下。”意思是，道是不善之人的保障和倚靠。当他们遭逢祸患和危急时，能够悔过谦下顺应于道。王弼注：“保以全也。”这是说，不善之人如果能遵循道，就能以道保全自身。

“美言可以市尊，美行可以加人”，河上公注：“美言者独可于市耳。夫市交易而退，不相宜善言美语，求者欲疾得，卖者欲疾售也。加，别也。人有尊贵之行，可以别异于凡人，未足以尊道。”意思是美言是用来单独出卖的。市场交易完成后人们就一拍两散，不适于讲善言美语，因为买者想快点买入，卖者急于出手。人有尊贵品行，可以用来与普通之人区别，但还不足以用来尊道。王弼注："言道无所不先，物无有贵于此也。虽有珍宝璧马，无以匹之。美言之，则可以夺众货之贾，故曰美言可以市也。尊行之，则千里之外应之，故曰可以加于人也。"意思是道处在万物之前，万物没有比道更尊贵的了。虽有珍珠、璧玉、宝马，都无法与道相比。美言称道，可以夺走众多货物的买家，所以说美言是可以买卖的。尊崇实行道，即便千里之外也会有人呼应，所以说尊行可以居于人上。河、王虽都认为美言可以买卖，但河注将美言独立出来，而王注则将美言与重货并列；河注认为尊行是别于普通人的标志，而王注则认为尊行是高于普通人的标志。二人解释略有不同，王注更好。这里我们需要注意的是，在第八十一章，老子说"信言不美，美言不信"，这两处提及的"美言"，含义应当相同，但针对的情况有所不同，从老子思想本原来讲，还是偏向于摒弃"美言"的。

"人之不善，何弃之有?"河上公注："人虽不善，当以道化之。盖三皇之前，无有弃民，德化淳也。"意思是虽有不善之人，应当以道教化之。在伏羲、黄帝、神农之前，没有遗弃之民，是因为德行教化淳朴。王弼注："不善，当保道以免放。"意思是，对于不善之人应当保之以"道"，以免被放弃。按照河、王之注，这一论断又与老子的"常善救人，故无弃人""常善救物，故无弃物""圣人用之则为官长"相通。因此，在这里老子消弭了善与不善之间严格的界限，可以使奇复为正、妖复为善。

"故立天子，置三公"，河上公注："欲使教化不善之人。"意思是立天子、置三公是要让他们教化不善之人。王弼注："言以尊行道也。"意思是天子、三公要尊崇、实行道。两者意思相近，这就是说，立天子、置三公是要让他们担负使命的，不是只让人供养、一味享受的。

"虽有拱璧以先驷马，不如坐进此道"，河上公注："虽有美璧先驷马而至，故不如坐进此道。"意思是虽然有美玉在驷马之前奉上，但不如以"道"进献。王弼注："此道上之所云也。言故立天子，置三公，尊其位，重其人，所以为道也。物无有贵于此者，故虽有拱抱宝璧以先驷马而进之，不如坐而进此道也。"意思是立天子、置三公，尊崇他们的地位、重视他们这些人，是要让他们实行"道"。万物没有比道更尊贵的了，所以虽然有两臂合抱之玉先于驷马而进献，不如坐而进献此道。在这里，再次强调了天子、三公的价值、职责所在，就是要实行"道"。这也是老子一以贯之的主张。

"古之所以贵此道者何？不曰以求得，有罪以免邪?"河上公注："古之所以贵此道者，不日日远行求索，近得之于身。有罪谓遭乱世，暗君妄行刑诛，修道则可以解死，免于众也。”意思是，古代人之所以以此道为贵，是因为不必天天到远处去求索，近取于身就可以得到。遭遇乱世之时，昏君胡乱使用刑罚杀戮，如果修道就可以缓解死亡威胁，免于与众人一起被杀害。河上公认为，有罪说的是生逢乱世，而不是自己犯罪。这里再次强调道的作用与好处，道就存于自身，要善于发现、修行，遵循道可以避祸。

“故为天下贵”，河上公注：“道德洞远，无不覆济，全身治国，恬然无为，故可为天下贵也。”意思是道之德行洞贯悠远，无不覆盖、无不帮助，可以保全自身、可以安邦定国，淡然无为，所以成为天下最尊贵者。王弼注：“以求则得求，以免则得免，无所而不施，故为天下贵也。”意思是以道有所求就可以求有所得，以道避祸就能够避祸，恩泽无所不及，所以成为天下最尊贵者。两者解释基本一致，讲的是“道”的好处。

对于本节，苏辙有独到见解，他在《老子解》中云：“凡物之见于外者，皆其门堂也。道之在物，譬如其奥，物皆有之，而人莫之见耳。夫惟贤者得而有之，故曰善人之宝。愚者虽不能有，然而非道则不能安也，故曰不善人之所保。盖道不远人，而人则远之。今诚有人美言之，则可以为市于世；尊行之，则可以加于人矣。朝为不义，而夕闻大道，妄尽而性复，虽欲指其不善，不可得也，而又安可弃之哉？立天子，置三公，将以道救人耳。虽有拱璧之贵，驷马之良而进之，不如进此道之多也。道本在我，人患不求，求则得之矣。道无功罪，人患不知，知则凡罪不能污也。”意思是万物外在所显露的，都是表面现象。道在万物之中，就如隐藏于物中，万物之中皆有道，只不过是人们见不到它罢了。只有贤者能够得到并拥有道，所以说“道”是善人之宝。愚昧之人虽不能拥有“道”，但没有道他们就无法平安，所以说“道”是不善之人安身的保障。道并没有远离人，而是人远离道。现在如果真的有人以美言称道，就可以此买卖于世间；如果真的尊崇实行道，就可以居于别人之上。早晨做下不义之事，到了晚上领悟了大道，荒诞尽去而本性回归，虽然想指出他的不善，但已经找不到了，为什么要抛弃他呢？立天子、置三公，是要他们以道救人。虽有两臂合抱之玉的贵物和四马之车的精良进献，不如进此道珍贵。道本来就在自己身上，人们的问题在于不寻求，寻求就能得到。道没有功罪，人们的问题是不懂得道，懂得了道，任何灾祸都不能加害他。这一段对道的作用的阐述可谓淋漓尽致，将河、王之注基本廓清，又多有补充，让我们更全面理解道的作用与好处。

以上所言，是对老子之道的剖析与体悟，领会了这些，会有助于理解老子思想的为政之德与为事之道。

第二章

02

老子思想与为政之德

《汉书·艺文志·诸子略》中记载，汉人班固在考察诸子各派源流时指出："道家者流，盖出于史官。历记成败、存亡、祸福、古今之道。然后知秉要执本，清虚以自守，卑弱以自持，君人南面之术也。"这是说，道家思想总结成败、存亡、祸福、古今之道的落脚点，在于修德，即秉要执本、清虚以自守、卑弱以自持，并且这是君人面南之术——做君主治理天下的良方。

鲁迅评价老子："老子之辈，盖其枭雄。老子书五千语，要在不撄人心；以不撄人心故，则必先自致槁木之心，立无为之治；以无为之为化社会，而世即于太平。其术善也。"

老子之德，主要体现在为政之德。为政之德的总纲领，就是慈、俭和不敢为天下先。在老子《道德经》的第六十七章有："我有三宝，持而保之：一曰慈，二曰俭，三曰不敢为天下先。"慈就是仁慈，俭就是俭约，不敢为天下先就是不敢为人先。我们讲老子思想的为政之德，就是以这三个方面为主线来展开的。

第一节／仁慈之心——为政之德的底线思维

仁慈之心，就是《道德经》的第六十七章所说的"一曰慈"，老子对此做了解释："慈故能勇……夫慈，以战则胜，以守则固。天将救之，以慈卫之。"意思是，有了仁慈，所以能勇武……仁慈，用来征战就能胜利，用来守卫就能稳固。天要帮助谁，就用仁慈来保护他。

"慈"和"俭"都是从正面提出的命题，但其背后的因素极其重要。在现实社会中，权与势是密切联系在一起的，不管权大权小，有权便意味着有势——"一朝权在手，便把令来行"，所以孟子有这样的论断："劳心者治人，劳力者治于人；治于人者食人，治人者食于人。天下之通义也。"在当权者看来，自己手中的权就是资源和资本，所以对权要常保不失。为达此目的，很多当权者严禁别人反对自己，让别人听话，顺我者昌、逆我者亡，爱憎分明，甚至是不择手段。但是老子看得很透，当权者的这种想法是不会得到拥护，也不会持久的，老子认为，当权者站在高处，要有大爱之心，要有慈悲心肠，叫以德报怨。道家跟儒家不一样，儒家也讲仁者爱人，孔子主张以直报怨，就是别人做了什么让我们怨恨的事情，当事人应当以客观的态度去给予他相应处理，即以正直的态度对待伤害自己的人。但是老子不允许，所有为政者要以德报怨，如果是以直报怨就没有慈悲心肠，这不符合君王的品格。为此，他提供了很多形象的比喻：比如“谷”，这个“谷”是指山谷，山谷跟水就有关系，地球71%是海洋，海洋下面都是山谷，而山谷是能够容纳水的，水是能够养育生命的。“虚怀若谷”这个成语就是老子的思想，是当领导的品格；“海纳百川”，没有容量怎能接纳百川呢？老子用“谷”和“水”象征“慈”，统治者要做到虚怀若谷，海纳百川，用了一些形象化词语，像地、山谷、江海等。

底线思维是以底线为导向的一种思维方法，是要“守乎其底而得乎其高”。在为政之德里，底线就是仁爱，没有对人民的爱，治国理政必然偏离正道。韩非在《韩非子·解老》篇中解释说：“爱子者慈于子，重生者慈于身，贵功者慈于事。慈母之于弱子也，务致其福，则事除其祸；事除其祸，则思虑熟；思虑熟，则得事理；得事理，则必成功；必成功，则其行之也不疑；不疑之谓勇。圣人之于万事也，尽如慈母之为弱子虑也，故见必行之道，则明，其从事亦不疑；不疑之谓勇。不疑生于慈，故曰：‘慈，故能勇。’”由此可见，底线不低，仁慈之心于事、于身、于家意义深远，推而广之，可以除祸、得理、成功，从而达到不疑而勇。

在“慈”的方面，老子着重强调了以下关键词：不恃、不宰、不欲盈、不自贵、勿矜、勿伐、不尚贤、不仁、不为、不为主、不见、无事、无身。这些关键词在《道德经》中有很多体现。

一、天行有常之道

这一命题体现了老子自然无为的思想，在老子《道德经》里就是第五章所讲的“天地不仁，以万物为刍狗”。

《道德经》第五章：“天地不仁，以万物为刍狗；圣人不仁，以百姓为刍狗。”意思是天地没有仁爱，对待万物就像对待刍狗一样，任凭万物自生自灭；圣人没有仁爱，对待百姓也像对待刍狗那样，任凭人们自作自息。

刍狗是用草扎成的狗，古代专用于祭祀之中，祭祀完毕，就把它扔掉或烧掉，刍狗经常用来比喻轻贱无用的东西。老子以刍狗为喻，来说明天地对万物、圣人对百姓都因不经意、不留心而任其自长自消，自生自灭。乍看起来，这似乎难以理解。

“天地不仁，以万物为刍狗”，河上公注：“天施地化，不以仁恩，任自然也。天地生万物，人最为贵。天地视之如刍草、狗畜，不责望其报也。”意思是，上天施与万物，大地生化万物，不用仁德恩惠，任万物自然生长。天地生养万物，人在万物中最为尊贵，但天地把万物——包括人在内——当作刍草、狗畜，一视同仁，不谋求回报。

王弼对此解释较为详细，王弼注：“天地任自然，无为无造，万物自相治理，故不仁也。仁者必造立施化，有恩有为。造立施化，则物失其真；有恩有为，则物不具存；物不具存，则不足以备载。天地不为兽生刍，而兽食刍；不为人生狗，而人食狗。无为于万物而万物各适其所用，则莫不赡矣。若慧（通惠）由己树，未足任也。”意思是，天地顺其自然，无所作为、无所造作，万物自然得到管理，所以没有偏爱。仁德之人一定会制订规则并实施教化，有恩德、有作为。制订规则并实施教化，万物就会失其本真；有恩德、有作为，则万物就不会俱在；万物不会俱在，天地就不能够完全覆载万物。天地不会专门为野兽生长刍草，而野兽能够以刍草为食；不会专门为人生长狗畜，而人能以狗畜为食。对万物无所作为而万物各得其所，没有得不到自己食物的。如果恩惠由天地自己树立，就不足以生化万物。王弼的这段解释，简言之就是人不要干预自然，自然本身就是一个完美的生态系统，有其自身规律，“物竞天择，适者生存”，过多的干预看似好心，实则办了坏事。

“圣人不仁，以百姓为刍狗”，河上公注：“圣人爱养万民，不以仁恩，法天地任自然。圣人视百姓如刍草、狗畜，不责望其礼意。”意思是圣人爱护养育万民，不用仁德恩惠，效法天地顺其自然。圣人将百姓视作刍草、狗畜，不谋求他们的回报。王弼注：“圣人与天地合其德，以百姓必刍狗也。”意思是圣人的德行与天地一样，那么必然会把百姓当作刍狗了。在这里，河上公与王弼表达的意思相近，圣人效法天地，治国理政也要道法自然，清静无为，以无事取天下。

我们把老子的原文结合河上公、王弼的注解，就会发现，这一思想的实质是“天地”和“圣人”奉行的都是无为，都不去做万物的主宰，万物、百姓的兴亡盛衰都任其自然。如王弼所说，天地并没有特地为食草动物生出草来，草自然就有，草食者择其能食者而食之；并没有为猛兽生出兔、鹿、麇、麃，它们自然就有，食肉者择其能食者而食之。如果有谁对天地间任何东西都无法食用，那么天地也不会为其特地生出适合于它的食物，而是任其自然消亡。天地对人亦是如此。最后的结果是天地万物各得其所。圣人与天地合其德，就是遵循了天地顺其自然的法则，不必施以仁爱，任其自然，最后就是“功成事遂，百姓皆谓我自然”。荀子类似的表述是：“天行有常，不为尧存，不为桀亡。”

苏辙对这一思想解释得更为生动。他在《老子解》中说：“天地无私，而听万物之自然，故万物自生自死：死非吾虐之，生非吾仁之也。譬如结刍以为狗，设之于祭祀，尽饰以奉之，夫岂爱之，时适然也。既事而弃之，行者践之，夫岂恶之，亦适然也。圣人之于民亦然，特无以害之，则民全其性，死生得丧，吾无与焉。虽未尝仁之，而仁亦大矣。”大意是说，天地无私，听任万物自然生长，因此万物自生自灭：其死非我虐待，其生非我仁慈。就如用草扎成狗，在祭祀的时候摆放，尽量装扮得漂亮再把它供上，这哪是爱它，是祭祀的时候就需要这样。祭祀之后将它抛弃，被路人践踏，这也不是厌恶它，用完之后就是这样。圣人对待百姓也是这样，就没有什么能够伤害他们，百姓自己懂得怎么保护自己，死生得失与我都没有关系。虽然没有施以仁爱，但这也是最大的仁爱了。

老子的这一思想对今天为政之德有着深刻的启示，这就是为政者要在其位、谋其政，树立正确的政绩与政德观，将个人与本地区、部门的发展融入国家、自然发展的大格局，以顺应时代和自然发展为目的，为国家发展提供强劲动力、为人民生活提供优质环境、服务。而所做的这一切，应以分内之事视之，而不应以功自居，不应以此去谋取青史留名、百姓歌颂。

苏轼评价韩愈是“文起八代之衰，道济天下之溺”。韩愈之所以比其他历代入潮官员值得称颂，不是因为其他官员毫无建树，而是韩愈在短短八个月的时间里，顺应历史潮流，弃个人切肤之痛于不顾，实实在在为民办实事：延师兴学、驱鳄除害、关心农桑、赎放奴婢等，言传身教，对潮汕的物质、精神文明的发展起到史无前例的拉动作用。唐代的潮州是一处相对荒凉偏僻的蛮烟瘴地，是惩罚罪臣的流放场所。五十一岁的韩愈因谏迎佛骨被贬为潮州刺史，这是其一生中最大的政治挫折。按照当时的人均寿命来说，五十一岁已经离死不远了，再加上一路山水跋涉，这时的韩愈已然心力交瘁，差不多走到了人生的终点。政治前途眼看已成泡影，挫折带来的家庭不幸，也一齐降临到这个已知天命的封建官员身上，在这样一种凄凉的心境下，再加上这样一个远离京师的荒蛮之地，却没有摧毁他。他到任后即以振兴文教为首务，化腐朽为神奇，在潮州八个月间，开启了边远州郡的一代文风，开创了潮汕文明不老的传说。有人说潮州姓韩，正如曲阜姓孔。在潮州，山叫韩山，江为韩江，就连历史最为悠久的韩山师范学院也是“韩”字打头。

韩愈在《左迁至蓝关示侄孙湘》中说：“欲为圣朝除弊事，肯将衰朽惜残年。”他在潮州的一切作为，是将个人生死荣辱置之度外，不计历史评价、不望百姓赞美，只是实实在在为百姓做事，影响了其身后潮汕千年文化，促进了潮汕爱国爱家、勤劳善良、艰苦奋斗的淳朴民风的形成，受到历代的景仰和后世的标榜，以至潮州的山和江易姓为韩。

天行有常之道给我们以深刻启示，为政者要在其位、谋其政，树立正确的政绩、政德观，遵循社会发展规律，不标新立异，不要凭主观好恶处理政事，将一切工作视为分内之事，全心全意为人民服务。这样，人民自然会怀念他、爱戴他。

二、涤除玄览之道

这一命题是老子的修身功夫，核心在于清除心中的杂念。

《道德经》第十章：“载营魄抱一，能无离乎？专气致柔，能婴儿乎？涤除玄览，能无疵乎？爱民治国，能无为乎？天门开阖，能为雌乎？明白四达，能无知乎？”意思是精神和身体合一，能不分离吗？凝聚精神以致柔和温顺，能像婴儿一样吗？清除杂念以保持内心的清明，能没有毛病吗？爱民治国，能遵行自然无为吗？感官与外界的互动变化，能守柔雌吗？明白四达，能做到清静无为吗？

涤除玄览是本章众多修身之道中极其重要的一个方面。

“涤除玄览，能无疵乎？”河上公注：“当洗其心，使洁净也。心居玄冥之处，览知万事，故谓之玄览也。不淫邪也。”意思是应当洗涤心灵，使其洁净。心在深远幽寂之处，却能看到、感知万物，所以叫作玄览。无疵就是不淫乱邪恶。王弼注：“玄，物之极也。言能涤除邪饰，至于极览，能不以物介其明。疵之其神乎，则终与玄同也。”意思是玄就是万物尽头。这是说能够清除邪恶饰伪，看清远景，不会被外界之物遮挡视线。“疵”不也很神奇吗？最终必然会同于道。二人解释大致相同，但在“疵”上有所不同，河注以其为淫邪，王注视之与玄同。如果把苏辙解释加进来，会更明晰。苏辙《老子解》

云：“圣人外不为魄所载，内不为气所使，则其涤除尘垢尽矣。于是其神廓然，玄览万物，知其皆出于性，等观净秽，而无所瑕疵矣。”意思是圣人在外不会被魄所挟持，在内不会被精气所役使，就会把尘垢全部清除掉。于是心神空旷寂静，遍观万物，知道他们的所作所为都是出于本性，将洁净与污秽一视同仁，就不会去指摘他们的毛病了。由此看来，苏辙的解释最为明晰，王注与苏辙接近，其结果指向和光同尘。通过这些引证，我们基本能够理解“涤除玄览”的含义。

玄览亦称玄鉴，高亨正诂：“览、鉴，古通用。玄者形而上也，鉴者镜也。玄鉴者，内心之光明，为形而上之镜，能照察事物，故谓之玄鉴。”

玄览是内心之境，要想照察事物，必须经常洗涤，以免落上尘垢。《庄子·人间世》云：“瞻彼阕者，虚室生白，吉祥止止。”“虚室生白”即为心无杂念就会悟出道来，生出智慧，从而达到清澈明朗的境界，是道家修身的涤除玄览。神秀偈语云：“身是菩提树，心如明镜台。时时勤拂拭，勿使惹尘埃。”抛开神秀与慧能之“有我”“无我”，“时时勤拂拭，勿使惹尘埃”可以称得上是佛家修身的涤除玄览。《论语·学而》云：“曾子曰：‘吾日三省吾身，为人谋而不忠乎？与朋友交而不信乎？传不习乎？’”吾日三省吾身是对自己内心的严格拷问，是儒家修身的涤除玄览。

在“涤除玄览”过程中，需要两个方面的合力：一是自身努力，二是别人帮助。二者中自身努力占据主导地位，别人帮助起辅助作用，是锦上添花。如果自己不努力，别人帮得再多、再好，也是没有意义的，就如再好的衣服、再好的美食，把它放在你面前，你不穿、不吃，别人也是没有办法的。

齐景公贪图享乐，好色、好游、相信巫祝。有人认为齐景公是昏庸之主，但他却维持了近六十年的统治，并使齐国处于相对强势地位，原因何在？除了有一个杰出的政治家晏婴辅佐外，与其能够虚心受教、从谏如流也是息息相关的。所以齐景公并非昏庸之主。在《晏子春秋》中有一则《景公信用谗佞赏罚失中晏子谏》的故事。齐景公信任谄佞小人、赏赐无功之人、惩罚无罪之人，晏子就此对景公进行了劝谏，并告诉景公，最高明的君主也敌不过谄佞小人，因此，忠臣经常受到伤害。最后说：“我听说古代的士人，与君主相和就能得遇其主，不相和就不遇其主；相和就入仕，不相和就退避。我现在就请求逃离。”于是策马而出。景公派韩子休去追，并带话给晏子：“我没有仁德，不能顺从您的教诲，以至于到了这个地步。如果您弃国而去，那么我就跟在您的后边。”晏子于是返回国内。他的仆人问：“您走的时候非常快，现在返回来还是非常快，这是为什么呢?”晏子说：“这不是你所能知道的，国君的话已经到头了。”齐景公能够知道自己的错误，勇于承认自己的错误，并且降低身份求晏婴回来，说明他头脑清晰、懂得轻重，同时又能有过即改、主动向道。

“涤除玄览”需要有镜子，有人怕自己暗昧，主动给自己找镜子，唐太宗就是这样的人，他找的镜子就是魏徵。唐太宗毕竟是封建帝王，免不了贪图享乐、游弋畋猎。但他知道，这不是一个明君该做的事情。有一次，唐太宗得到一只鹞鹰，极其俊俏奇异，私底下架在手臂上玩耍，正赶上魏徵晋见，就把鹞鹰藏在怀里。魏徵知道他怀里藏着鹞鹰，就近前汇报工作，并讲古代帝王由于安逸享乐而亡国的故事，委婉劝谏太宗。说的时间很长，太宗担心鹞鹰被捂死，但素来又对魏徵有几分畏惧，只能听他讲完。魏徵讲起来没完没了，最终鹞鹰死于太宗怀中。虽然太宗心甚不快，但也懂得魏徵用意。这是君臣相和的楷模，更是主动镜鉴的典范。正因如此，在魏徵去世后，太宗说：“以铜为鉴，可正衣冠；以古为鉴，可知兴替；以人为鉴，可明得失。朕尝保此三鉴，内防己过。今魏徵逝，一鉴亡矣。”这段话，可以说是道出了唐太宗涤除玄览之三宝。

按王弼与苏辙的解释，涤除玄览最终要达到“能无疵”的境地，即“玄览万物，知其皆出于性，等观净秽，而无所瑕疵矣。”这是一个极高的境界，是“天地与我并生、万物与我为一”、是“天地一指、万物一马”，是等大小、齐是非，是和光同尘。终非常人所及矣。

三、厚德载物之道

厚德载物之道揭示的是唯道德高尚者能担大任，在老子这里就是《道德经》第二十五章的“人法地”。

《道德经》第二十五章：“人法地，地法天，天法道，道法自然。”意思是人取法地，地取法天，天取法“道”，大道以其自身为原则，纯性自然，自由不受约束。

“人法地”，河上公注：“人当法地安静柔和也，种之得五谷，掘之得甘泉，劳而不怨也，有功而不置也。”意思是，人应当效法地的安静柔和，在上面种植就会收获五谷，将地面掘开就会得到甘泉，它辛苦劳作却从无怨言，有功劳也不摆放出来。这是地的默默奉献不居功自恃之德。

“地法天”，河上公注：“天湛泊不动，施而不求报，生长万物，无所收取。”天淡泊不动，施利于万物却不求回报，使万物得以生长，却不索取任何东西。这是天的超然物外不求回报之德。

“天法道”，河上公注：“道清净不言，阴行精气，万物自成也。”意思是，大道清净无语，暗中运行精阳之气，让万物自然成长。这是道的清净无为，效法自然之德。

“道法自然”，河上公注：“道性自然，无所法也。”意思是道本来纯性自然，不需要效法什么。这是道的最高境界，纯性自然。

老子认为，之所以要“人法地，地法天”，是因为天地无私——“天无私以覆”“地无私以载”，作为执政者，不能只维护少数人的利益，要维护整体利益，不能因自私自利、互相争夺而相互残杀或残害百姓。

在这里，我们从为政之德的角度，着重谈“人法地”。

关于“地”的美德，在《周易·坤卦·彖辞》中讲得最为全面且文辞优美：“至哉坤元，万物资生，乃顺承天。坤厚载物，德合无疆。含弘光大，品物咸亨。”意思是，作为阴性至尊的大地太伟大了，它是万物依赖生长的土地，它顺应天的变化，帮助天共同完成它们的使命。大地深厚、承载万物，德行广大无边，胸怀广阔、恩泽无尽，万物都因地的博大而得以顺利生长。这是我们的祖先经过长期对大地的观察和体验所产生的对地的感悟，是怀有感恩、感激、歌颂情怀的，至今我们还常常把大地比作母亲，我们的祖先由此想到，执政者如果有大地一样的源泉与品德，天下不就太平和合了吗？

邓小平的一生，就是践行“人法地”的一生，他将前半生献给了中国人民的解放事业，将后半生献给了中国的社会主义现代化建设事业。1977 年 7 月 17 日，在决定恢复邓小平领导职务的党的十届三中全会上，邓小平表示：“出来工作，可以有两种态度，一个是做官，一个是做点工作。我想，谁叫你当共产党人呢，既然当了，就不能够做官，不能够有私心杂念，不能够有别的选择。”邓小平这段感人肺腑之言，是他真情的表白，也是他在家中对家人的要求。20 世纪 80 年代初，邓小平已是世界上最具有影响力的政治家之一，当英国培格曼出版公司准备出版他的文集并请他作序时，他满怀深情地写道：“我荣幸地以中华民族一员的资格，而成为世界公民。我是中国人民的儿子，我深情地爱着我的祖国和人民。”邓小平强烈的民族自尊心、自信心充溢在《序言》的字里行间。热爱人民，是邓小平一生最深厚的情感寄托。他从对人民的挚爱，延伸到对党、对祖国的挚爱。他说过：“我的生命是属于党、属于国家的。”这质朴的语言，集中表达了邓小平对党、对祖国、对人民的大爱。这种大爱，就是“坤厚载物，德合无疆，含弘光大，品物咸亨”时代风范。

“地道”是美德，美德只有落实才有意义，所以“地道”的施行要有足够的能力和恰当的方式。《周易·坤卦·文言》中还有一段话，讲的是“地道”的行为特点：“坤至柔而动也刚，至静而德方，后得主而有常，含万物而化光。坤道其顺乎！承天而时行。”意思是说，地道极为柔顺，动起来时却是刚健的，它极为娴静但品德方正，地道后于天道但运动具有规律性，它包容万物，其生化作用是广大的。地道多么柔顺啊！它顺承天道依照四时而运行。这就是说，地的法则，除了具有前面所讲的“承载万物，德行广大，恩泽无尽”的美德之外，其施行还要有足够的能力和恰当的方式，这就是“刚柔并济、品德方正、遵循规律”。刘晏是唐代著名经济改革家、理财家，他一生信奉道家思想。刘晏幼年时就才华横溢，号称神童，《三字经》有“唐刘晏，方七岁。举神童，作正字”之语。刘晏认为，住户和人口增加，赋税征收的范围就会自然拓宽，所以他管理财务，总把关心百姓疾苦放在前面，各道分别设置巡院的知院官，每过十天至一个月，必须记录所在州县的雨雪丰歉状况，上报转运使司。当知院官发现年景不能丰收的端倪，就要先行申明到某月需要免除若干赋税，到某月需要救济资助若干物资。到了预定的时间，刘晏不等州县申请，便上奏实施，解决百姓的急难，从来不曾错过时机。因此，百姓得以安居乐业，住户和人口逐渐增多。在刘晏任职的初期，钱财赋税每年收入不过四百万缗（古代计量单位，用于成串的铜钱，每串一千文），到他任职的后期，每年收入达到一千余万缗。在刘晏的身上，体现的就是既有“地道”之德，又有“地道”之能。

众所周知，天道刚健——天行健，这个“健”是引领之“健”，它会引领时代的发展。但光靠引领还远远不够，还需要紧紧跟随者，这就是地道、坤道。紧紧跟随不掉队也不是容易之事，同样需要刚健，如果说天道是引领之“健”，那么地道就是跟随之“健”。在长征过程中，众多的女红军战士巾帼不让须眉，在长征之初她们还很柔弱，但很快就跟上了大部队，虽然在长征过程中她们当中绝大多数人没有参加战斗，但在做宣传、搞鼓动、鼓舞士气方面做出了巨大贡献，是长征中一支不可或缺的力量。因此，领悟“地道”的真谛，真正能够做到也不是容易的事。“人法地”，不仅要法其“德”，更要法其“术”。

四、救人救物之道

这一命题是老子对待世人和万物的态度，这就是：“常善救人，故无弃人；常善救物，故无弃物。”

《道德经》第二十七章：“善行无辙迹；善言无瑕谪；善数不用筹策；善闭无关楗而不可开；善结无绳约而不可解。是以圣人常善救人，故无弃人；常善救物，故无弃物。”意思是，善于行走的人不会留下痕迹；善于言谈的人不会出现错误；善于计算的人用不着计算工具；善于关闭的人不用栓梢而使人不能打开；善于捆缚的人不用绳索而使人不能解开。因此，圣人经常挽救人，所以没有被遗弃的人；经常善于物尽其用，所以没有废弃的物品。

圣人的“常善救人”“常善救物”，源于他的“善行”“善言”“善数”“善闭”“善结”。“善行”就是顺乎自然而行，不用下堂，不必出门，所以无辙迹；“善言”就是择言而出，顺物之性，不把万物加以别析，所以无瑕谪；“善数”就是专一精思，所计之数不多，所以不用筹策；“善闭”就是善于以道闭情欲、守精神，使情欲打不开，这种关闭不是利用绳索等有形器具，而是道，所以不用关楗不可开；“善结”就是以道结心，因物自然，没有什么设施，所以不用绳约不可以解开。这五个方面，都是说不制订、不实施什么规范，顺应万物本性，不以形体概念来限制万物。依此而行，就是“常善救人”“常善救物”。

“圣人常善救人，故无弃人”，河上公注：“圣人所以常教人忠孝者，欲以救人性命。使贵贱各得其所也。”意思是圣人之所以经常以忠孝教人，是想救人性命，无弃人就是无论什么人，不分高低贵贱，各得其所。王弼注：“圣人不立形名以检于物，不造进向以殊弃不肖。辅万物之自然而不为始，故曰‘无弃人’也。”意思是圣人不利用实体与名称的关系来查验万物，不设定统一标准而放弃品行不好的人。用自然之道来帮助万物而不是去另行创新方式方法，所以说没有被遗弃的人。将二人注释相比较会发现，王注合于道家无为自然之本原，有老子情怀；而河注有儒家思想痕迹，主动有为，施以造作。因此，王注更符合老子思想。

“常善救物，故无弃物”，河上公注：“圣人所以教民顺四时以救万物之残伤。圣人不贱石而贵玉，视之如一。”意思是圣人用来教育民众的原理就是顺应四时，从而对他们的伤残进行救助。圣人并不以陋石为贱、不以美玉为贵，对它们一视同仁。所以万物皆为自然之物，本质上无高低贵贱之分，贱石贵玉是人为的价值取向，而对于其自然来讲，它们是没有区别的，只有以自然视之，才能视之如一。

在这一章里，老子首先讲了五个“善”，之后引出“圣人常善救人，故无弃人；常善救物，故无弃物”。结合河上公和王弼的注解，“善救人”与“善救物”在方法上最终仍然落脚于自然与无为，不人为设定标准、不厚此薄彼，这也是老子一以贯之的基本主张。

在为政之德方面，“圣人常善救人，故无弃人”今天仍然给我们以深刻的启示。

从“圣人常善救人，故无弃人”的理念来讲，党的十八大之后，我国进入全面小康决胜阶段。全面是核心要求，全国一盘棋，协调发展，不让任何一个领域滞后，不让任何一个人掉队，不让任何一个区域落下，努力缩小差距，实现共同富裕、全面小康。在实践中，我党不断深化认识，提出了“精准扶贫”“精准脱贫”“扶智与扶志相结合”“高质量完成脱贫攻坚目标”“巩固脱贫成果”等理念，确保到建党百年时全面建成小康社会并在此基础上继续发展。这就是新时代的“圣人常善救人”。让每一个人都能享受到改革开放带来的发展成果，这就是“发展为了人民、发展依靠人民、发展成果由人民共享”，从而达到“故无弃人”——确保小康路上没有人掉队。

从“圣人常善救人，故无弃人”的方法来讲，我们也需要借鉴老子的顺其自然与无为。就是在全面建成小康社会过程中，要因地制宜，不硬性划线，要尊重民众意愿，不要强行逼迫。比如有的人在山区里生活，物质条件不是太好，从政府或旁观者立场来看，这样的人确实贫困，是符合我们的易地搬迁要求的。但是从其本人意愿来讲，有的故土难离，并且也不以自己生活状况为苦，相反还乐在其中。在这种情况下，作为执政者要考虑到当事者的诉求，在尊重其意愿的基础上，给予其应有的关怀和帮助，这也体现了人本思想，否则就会出现好心办坏事的结果。在《庄子》中有这样一个故事：有只罕见的海鸟栖息在鲁国都城郊外。鲁侯认为它是神鸟，命人将它捉住，亲自在宗庙恭敬地大设酒宴迎接，并将它供养起来。为它演奏《九韶》之乐，拿太牢祭品给它吃，海鸟惊恐万状，一块肉也不敢吃，一杯水也不敢喝，三天后就死了。这是以养人的方式养鸟，就不是顺应自然。

“圣人常善救人，故无弃人”，既是一种理念，又是一种方法，需要在研究和实践中加深认识。

“常善救物，故无弃物”同样也不可忽视。在当今世界，随着人类文明不断发展，人类对自然的索取越来越多，野生动物的生存空间越来越受到排挤，生存压力越来越大，每年都有大量物种从地球上灭绝、消失。人是万物之灵，是生物链的最顶端，但也不能为所欲为，否则必然会受到自然的惩罚。现在人类越来越深刻地领悟到，人是自然的一部分，要与自然和谐相处，要统筹好山水林田湖草整个生态，还野生动物家园，所以保护生态、保护野生动物、救助濒危动物成为当前人类的一项重要工作。每一个物种都是地球的公民，不是可有可无的，救助它们是人类义不容辞的责任。认识到这一点，我们就会对老子的这一论断有新的认识，这就是“常无弃物，故善救物”，这样就会达到“常善救物，故无弃物”的目的。这应是一个启示吧。

五、不以兵强之道

“兵者不祥之器、战胜以丧礼处之、不以兵强天下”。这一论断是老子“天下有道，却走马以粪”的反对战争的思想的延续，反对以武力逞强于天下，从更深层面反对战争，认为战争是不得已的防卫战争。

《道德经》第三十一章：“夫兵者，不祥之器，物或恶之，故有道者不处。君子居则贵左，用兵则贵右。兵者不祥之器，非君子之器，不得已而用之，恬淡为上。胜而不美，而美之者，是乐杀人。夫乐杀人者，则不可得志于天下矣。吉事尚左，凶事尚右。偏将军居左，上将军居右，言以丧礼处之。杀人之众，以悲哀莅之，战胜以丧礼处之。”意思是兵器是不祥之物，人们都厌恶它，所以有“道”的人不使用它。君子平时居处就以左边为贵，而用兵打仗时就以右边为贵。兵器是不祥之物，不是君子所使用的东西，万不得已才使用它，最好淡然处之，胜利了也不要自鸣得意，如果自以为了不起，那就是喜欢杀人。凡是喜欢杀人的人，就不可能在天下实现他的志向。吉庆的事情以左边为上，凶丧的事情以右边为上。偏将军居于左边，上将军居于右边，这就是说要以丧礼仪式来处理用兵打仗的事情。战争中杀人众多，要用哀痛的心情参加，打了胜仗，也要以丧礼的仪式去处理。

《道德经》第三十章：“以道佐人主者，不以兵强天下。其事好还。师之所处，荆棘生焉。大军之后，必有凶年。”意思是依照“道”的原则辅佐君主的人，不以兵力逞强于天下。穷兵黩武这种事必然会得到报应。军队所驻扎过的地方，荆棘横生，大战之后，一定会出现荒年。

在这里，集中表达了老子对待战争和战争机器的态度：兵者不祥之器、战胜以丧礼处之、不以兵强天下。

“兵者不祥之器”，河上公注：“祥，善也。兵者惊精神，浊和气，不善人之器也，不当修饰之。”意思是，祥就是善的意思。兵器使精神惊慌，使和气混浊，是不善人的器具，不应当去修整装饰它。河上公进一步解释了为什么兵器是不祥之器，主要体现在对人精神的威吓和对和平的践踏。《新序》载，田赞穿儒服去拜见荆（楚）王，荆王问："先生衣服为什么这么差?"田赞回答："还有比这更差的衣服。"荆王问："能说一说吗?"田赞说："铠甲比儒服更差。"荆王问："为什么这么说?"田赞说："铠甲冬天穿寒冷，夏天穿又热，衣服没有比铠甲更差的了。我因为贫穷，所以穿不好的衣服。而大王作为万乘之主，财富无人能比，却喜欢让人穿铠甲，我私下认为这样不好。难道它符合道义吗？战争这种事，砍掉人的头颅，剖开人的肚皮，毁坏别人的城郭，拘禁别人的子女，其名声非常不好。难道它能让人尊贵吗？如果一个人谋划害别人，别人也会谋划害他；如果一个人谋划危及他人，那么别人也会谋划危及于他，以此获取尊贵实在使人不安。从这两方面讲我认为大王不应该这样做。"荆王无法回答。因此《春秋》说："善为国者不师。"说的就是这个道理。

战争意味着毁灭、意味着死亡、意味着人性的灭绝，人类历来痛恨战争，但战争与人类如影随形，挥之不去。"天时怼兮威灵怒，严杀尽兮弃原野""凭君莫话封侯事，一将功成万骨枯""少妇城南欲断肠，征人蓟北空回首""胡雁哀鸣夜夜飞，胡儿眼泪双双落"等，都是战争残酷的现实写照，也映衬了人们对战争的痛恨与无奈。但是，如何才能制止战争呢？如贾谊在《过秦论》中所言："收天下之兵，聚之咸阳，销锋镝，铸以为金人十二，以弱天下之民。"把兵器统统没收销毁，就能制止战争吗？显然不能。所以，这又涉及它的辩证方面，能战方能止战，敢战方能言和。兵者到底是不是不祥之器，要看操控在谁的手里，不能一概而论。操控在战争贩子的手里就是不祥之器；操控在爱好和平的人手里，就会成为维护和平的利器，是吉祥之器。因此，我们应该用辩证、发展的观点来对待老子的主张。

"战胜以丧礼处之"，这是对战争的态度。河上公注："古者战胜，将军居丧主礼之位，素服而哭之，明君子贵德而贱兵，不得已诛不祥，心不乐之，比于丧也。知后世用兵不已，故悲痛之。"意思是在古代战争胜利之后，将军居于主位按照礼仪守孝，穿素服为死难者痛哭，来表明君子重视德化而轻视战争，只有在万不得已的情况下才诛杀不善之人，心中不会高兴，就如遇到丧事一样。同时也预知到后世之人将战乱不断，所以为此感到悲痛。河上公认为老子之所以"战胜以丧礼处之"，是因为两点：一是贵德贱兵，战争是不得已的选择，即使战胜，也如遇到丧事；二是预知到未来社会也将是战祸连连，逃脱不了战争的命运，后世还要在战争中上演兴衰存亡的轮回，为后世人感到悲痛。老子反对侵犯别国的战争，赞成反对别国侵略的自卫战争，但是，即使战争胜利了，也不能当作功绩来庆祝，更不能因战胜反去侵占别国。战争意味着伤亡，在战争中没有打败敌人而自己毫发无损的战例，绝大多数战争获得胜利大小与付出生命的代价成正比。中国的抗日战争，是近代以来我国对外作战的第一次完胜，但我们付出了军民伤亡3500万的代价。“战胜以丧礼处之”，既是对死难者的缅怀，也是对后世人的激励。现在世界上大多数国家都有国家英雄纪念碑，就是要缅怀先烈、激励后人。

“不以兵强天下”，河上公注：“以道自佐之主，不以兵革，顺天任德，敌人自服。”意思是用大道辅助自己的君主，不靠兵器铠甲取胜，顺应天意、任用道德，敌人自然宾服。王弼注：“以道佐人主，尚不可以兵强于天下，况人主躬于道者乎?”意思是用大道辅佐君主，尚不可以凭借武力征服天下，何况是遵从于大道的君主呢！也就是说，用道辅佐君主是不可以用武力征服天下的，而君主本身如果就遵从大道的话，那他就更不可能以武力去征服天下了。为什么这么说呢？老子告诉我们：“师之所处，荆棘生焉。大军之后，必有凶年。”老子反对以武力逞强于天下，以武力示强是非常危险的，它激起了民愤，动摇了政权的基础。战国时期，魏国君主魏文侯问李克：“吴国灭亡的原因是什么?”李克回答：“是数战数胜。”文侯曰：“数战数胜，是国家之福，吴国却因此灭亡，是什么原因?”李克说：“多次征战百姓必然疲困，屡次胜利君主必然骄傲。以骄傲之主治理疲困之民，这就是它灭亡的原因。”李克讲了一个极其深刻的道理：喜好打仗、穷兵黩武的，没有不灭亡的。

抗日战争胜利后，蒋介石为了“四大家族”的利益，倒行逆施，激起人民反抗。在这种情况下，蒋介石没有安抚人民、让利于众，而是屡屡将枪口对准人民，以为凭借武力就可以制服人民。结果仅仅三年，就被共产党领导的人民军队打败，成为历史的反面教材。当今时代，和平与发展成为世界主题，随着发展中国家不断崛起和以中国为首的和平力量不断壮大，美国的霸权地位不断下降。但美国仍迷信武力，到处煽风点火，武力干涉别国内政，凡是美国军队所到之处，都是国家破败、民生凋敝、灾难不断、饿殍遍布，比如阿富汗、伊拉克、利比亚、叙利亚等，这不但激起越来越多国家的反抗，而且美国也逐渐难以承受战争的消耗，频频将“剪刀”挥向盟友，让它们出钱出兵，同盟关系也不断出现裂痕。美国“以兵强天下”的模式是不可持续的，其霸权的结束也是不可逆转的大势。

“兵者不祥之器”“战胜以丧礼处之”“不以兵强天下”，比较集中地体现了老子的战争观，时至今日，我们细细品来，仍具有很强的现实意义，但如前所述，需要辩证对待。

六、上德若谷之道

“上德若谷”之道所揭示的是，具有崇高道德的人胸怀如同山谷一样深广，可以容纳一切。

《道德经》第四十一章：“上德若谷，大白若辱，广德若不足。”意思是，崇高的德行好似深谷，最洁白的东西似乎含有污垢，广大的德行好像不足。

“上德若谷”，河上公注：“上德之人若深谷，不耻垢浊也。”意思是，崇高的道德好似深谷，不以身处垢渍为耻。王弼注：“不德其德，无所怀也。”意思是不将自己的美德视为美德，无须让别人感怀。河、王解释，一个着眼于静、一个着眼于动，就王弼主张而言，“上德若谷”与“上德不德”内涵相近，体现了道法自然。

“大白若辱”，河上公注：“大洁白之人，若污辱，不自彰显。”意思是最纯洁的人，好像有所污损，不彰显自己。王弼注：“知其白，守其黑，大白然后乃得。”意思是，知道什么是荣耀的，却甘于屈辱的地位，这样更能显出他的荣耀。在此，河注更能体现老子思想本意，王注对老子之语做解释，揭示了老子思想内在的相互印证。

“广德若不足”，河上公注：“德行广大之人，若愚顽不足也。”意思是，德行广大的人，好像愚昧顽固、心智不全。王弼注：“广德不盈，廓然无形，不可满也。”意思是，德行广大不会满盈，它广阔无边，不可能有满盈的时候。在此，核心概念是“不足”，河注理解为“有缺憾”，王注理解为“不满盈”，相较而言，河注更佳。

这一章里，老子列举了一系列对反的概念：上德若谷、大白若辱、广德若不足、建德若偷、质真若渝、大方无隅、大器晚成、大音希声、大象无形、道隐无名等，来说明越近于道，越是深沉，越是质朴。

在这里，我们解读“上德若谷”。

“上德若谷”的通解，是形容具有崇高道德的人胸怀如同山谷一样深广，可以容纳一切。现代学者马叙伦认为，“谷”就是“俗”的省略写法，“上德若谷”就是高上之德反如流俗，也就是“和光同尘”之义。讲得有一定道理，但在这里我们采用通解。

“上德若谷”，这一比喻蕴含着深刻的道理：大道行思，取则行远；上德若谷，不弃不休。高上之德犹如川谷，既有大山的气势，又有流水的深沉，既刚柔并济，又轻重相倚。心如太虚，量如天地，无所不容，无所不纳，既纳涓涓清泉，又容污秽浊流，清者保其清，浊者滤其浊。《道德经》第二十八章也有“知其荣，守其辱，为天下谷”这样的话。容纳的前提是有容量，上德之人会不断地对自己进行清零，去私、去欲、去妒，不让这些负能量占据自己的内心空间，这样才能容天下难容之事、难容之人。

由此可见，“上德若谷”首先体现在宽容上。宽容是为人处世的大智慧，是为政以德的重要方面。《菜根谭》云：“不责人小过，不发人隐私，不念人旧恶，三者可以养德，亦可以远害。”

《论语·公冶长第五·二十三》有云：子曰：“伯夷、叔齐不念旧恶，怨是用希。”意思是，孔子说：“伯夷、叔齐两个人不记人家过去的仇恨，（因此，别人对他们的）怨恨因此也就少了。”这讲的是什么呢？伯夷、叔齐是殷朝末年孤竹君的两个儿子。父亲死后，二人互相让位，都逃到周文王那里。文王去世后武王继之，后起兵伐纣，伯夷、叔齐认为这是以臣弑君，是不忠不孝的行为，曾加以拦阻，但未果。周灭商统一天下后，他们以吃周朝的粮食为耻，逃进深山中以野草充饥，最后饿死在首阳山下。孔子从伯夷、叔齐不记别人旧怨的角度，对他们加以称赞，因此别人也就不记他们的旧怨了。

上德之人不念旧恶，为政者要得到拥护，更需要不念旧恶。刘琨所作的《重赠卢谌》中有“小白相射钩”的诗句，说的是管仲最初辅佐公子纠时，在争夺君位的过程中，曾经箭创公子小白（齐桓公），但齐桓公不念一箭之仇，重用管仲为相，因此成就齐国的霸业。刘邦宽恕曾在战场上追杀他的原项氏猛将季布，并委以边防重任，使新兴的汉朝边疆，平添一道坚强的屏障；李世民宽恕并重用太子李建成的旧臣魏征，获得贞观之治的成就。

“上德若谷”之“德”还体现在泽被后世。古代蜀地非涝即旱，有“泽国”“赤盆”之称，四川人民世世代代同洪水作斗争。秦惠文王九年（公元前316年），秦国吞并蜀国。秦为了将蜀地建成其重要基地，决定彻底治理岷江水患，派精通治水的李冰任蜀守。李冰到蜀郡后，亲眼看到当地严重灾情，他没有把治理岷江水患作为政治任务，而是当作造福蜀地、泽被子孙的功德。到任不久，便开始着手进行大规模的治水工作。他和儿子完全不顾个人安危，多少次与死亡擦肩而过，经历了无数次的失败，完成了都江堰工程这一伟大壮举。都江堰的修成，不仅解决了岷江泛滥成灾的问题，而且从内江下来的水可以灌溉十几个县，灌溉面积达三百多万亩。从此，成都平原成为沃野千里的富庶之地。都江堰水利工程建成后，蜀地发生了天翻地覆的变化，千百年来危害人民的岷江水患被彻底根除。从此，蜀地“旱则引水浸润，雨则杜塞水门，故水旱从人，不知饥饿，则无荒年，天下谓之天府”。后世人们不断以各种方式祭祀李冰父子，不忘他们的恩泽。这是“上德若谷”的泽被后世之“德”。

总之，上上之德兼具宽容之德、不念旧恶、泽被后世等多个方面，为政以德必先胸襟开阔，正因如此，老子才会由衷发出感慨：“上德若谷!”

七、虚怀若谷之道

这一命题是对“旷兮其若谷”的凝练。这是接“上德若谷”继续讲“谷德”。“上德若谷”是说德之深厚、宽容；“旷兮其若谷”是用以形容善于行道之人心胸开阔、旷达，是其“微妙玄通，深不可识”的一个方面。

《道德经》第十五章：“古之善为士者，微妙玄通，深不可识。夫唯不可识，故强为之容：豫兮若冬涉川；犹兮若畏四邻；俨兮其若客；涣兮若冰之将释；敦兮其若朴；旷兮其若谷；混兮其若浊。”意思是，古时候善于行道的人，微妙通达，深刻玄远，不是一般人可以理解的。正因为不能认识他，所以只能勉强地形容他说：他小心谨慎啊，好像冬天踩着冰过河；他警觉戒备啊，好像防备着邻国的进攻；他恭敬郑重啊，好像要去赴宴做客；他行动洒脱啊，好像冰块缓缓消融；他纯朴厚道啊，好像没有经过加工的原料；他旷远豁达啊，好像深幽的山谷；他浑厚宽容，好像不清的浊水。

我国古代所谓的“士”，从其本原来讲，最初指的是贵族当中等级最低的阶层，后来又把没有做官的读书人叫作“士”。而老子在这里所讲的“士”，又超于其本原含义，是指专志道业的人，身心和谐自在，出世入世、内外兼通，才真正够资格当一个“士”，犹如孔子评价《周易》所言：“洁净精微，易之教也。”意思是不为淫道、精深微妙，是《周易》的教导。所以老子说：“古之善为士者，微妙玄通。”这是说善为士者无所不知，无所不晓。而且，“妙”的境界就是恰到好处，“圣人无死地，智者无困厄。”作为圣人，无论处在什么样的境地，也不会走上绝路。作为智者，根本不会受环境因素的困扰，他会借势而动，从重重困难中解脱出来。

老子在形容了“士”的小心谨慎、警觉戒备、恭敬郑重、行动洒脱、纯朴厚道之后，又说他旷远豁达和浑厚宽容。我们在这里解说他的旷远豁达——“旷兮其若谷”。

“旷兮其若谷”，河上公注：“旷者宽大。谷者空虚。不有德功名，无所不包也。”意思是旷是宽大，谷是空虚，因为不追求美德功名，所以无所不容。

苏辙《老子解》："虚而无所不受也。"二者解释基本相同。

如前所述，"旷兮其若谷"是比喻"士"的豁达、空灵。"善为士者"，心胸如同山谷一样，空间广大，不被拘束，他们不在意得失，将是非看得很淡，既能超越生死，又能超越是非，能够看穿人与自然、人与社会、人与人之间关系，做到随遇而安，能够接受各种境遇。心胸旷达的人，在顺境的时候不会得意忘形，在逆境的时候也不会自暴自弃，会把一切问题处理得井井有条。在群体之中，他会自然地成为众人的主心骨，成为可以依赖的人，既能受国之垢（承担一个国家的屈辱），也能受国不祥（承受一个国家的灾难）；既可为社稷主，亦可作天下王。

刘向《新序》中有这样一个故事：楚惠王吃凉菹菜（鱼腥草）发现有蚂蟥，于是就吞食了下去，之后腹部疼痛不已而不能吃东西。令尹进宫看到就问："大王怎么得了这个病?"楚惠王说："我吃凉菹菜发现里面有一只蚂蟥，想到如果责备厨师而不治他们罪的话，就破坏了法令而使自己权威建立不起来，这不是国家人民应该听到的；要责备厨师并治他们罪的话，那厨师和管膳食的人按法律都该处死，我又于心不忍。因此我害怕左右的人看见蚂蟥，就吞食了下去。"令尹听了离开座席再拜并祝贺惠王说："我听说天道没有亲疏，只帮助有德行的人。大王具有仁德，一定会得到上天的帮助。这病不会对您造成伤害。"当天晚上，惠王如厕，排出蚂蟥，同时他胃肠中的老毛病也都痊愈了。从科学角度看，蚂蟥确有治病功能，比如治疗中风、高血压、清瘀、闭经、跌打损伤等。楚惠王吞食蚂蟥，本来就没有危险，但当时人们囿于所见，并不知道，所以用上天所见所闻，必能明辨是非来解释。不可否认的是，楚惠王具有"旷兮其若谷"的情怀，泽及厨人。

柳亚子是著名民主人士。1949 年 3 月，中共七届二中全会后，中共中央要赴北平筹备建国大业，毛泽东电邀柳亚子共商建国大计。3 月 25 日，毛泽东抵达北平，柳亚子已于 3 月 18 日先期抵达。当天下午，毛泽东在西苑机场与柳亚子、郭沫若等各界代表及民主人士亲切会面，当晚，毛泽东在颐和园举行宴会，柳亚子在列。席间，毛泽东与大家谈笑风生，柳亚子亦是春风满怀，感慨良多。后柳亚子因故心生不快、满腹牢骚，写了一首《感事呈毛主席》，表达自己的"退隐"之意：安得南征驰捷报，分湖便是子陵滩。毛泽东看后，和了柳亚子一首诗，其中最著名的两句就是："牢骚太盛防肠断，风物长宜放眼量"。柳亚子因小事而忘大义，作为著名民主人士，其胸襟气度似难匹配。毛泽东以领袖气度开悟柳亚子"风物长宜放眼量"，这是极其生动的比喻，不要只看一时，要把眼光放远，把人生视野拓宽，这也是毛泽东的“旷兮其若谷”的情怀（出自《毛泽东诗词鉴赏》，田秉锷编著．上海三联书店）。

总之，“旷兮其若谷”是继“上德若谷”之后，对善为士者的高标准和严要求，是对善于行道之人心胸开阔、旷达的生动比喻。

八、包容善下之道

包容与“善下”之道，在《道德经》中就是第三十二章的“道之在天下，犹川谷之于江海”。

《道德经》第三十二章：“道常无名，朴虽小，天下莫能臣也。侯王若能守之，万物将自宾。天地相合，以降甘露，民莫之令而自均。始制有名，名亦既有，夫亦将知止，知止可以不殆。譬道之在天下，犹川谷之于江海。”意思是，“道”永远是没有常名的，道朴虽然很小，微妙无形，但天下没有谁能使它服从自己。侯王如果能够依照“道”的原则治理天下，百姓们将会自然地归从于他。天地间阴阳之气交合，就会降下甘露，不需要命令自然达到和谐。治理天下要有各种制度、各种名分，名分既然有了，就要有所制约，适可而止，知道制约、适可而止，就没有什么危险了。“道”运行于天下，就像一切河川溪水都归流于江海一样。

在这一章，老子在“道”的“谷德”的基础上，讲它的“江海”之德。首先，老子强调“道常无名”，也就是道无“常名”，河上公注：“道能阴能阳，能弛能张，能存能亡，故无常名也。”也就是说，“道”变化无穷，非止一端，是不能够用固定的名字来称谓的，意即并非道无名，而是因为它无法命名。一旦“道”有了固定的名字，就会有所指向，有所指向就有别于他物的特征，这样就无法张弛存亡，就不会始终如一、恒久不灭。因此，道朴虽小，天下没有谁敢去以臣下来支使它。王弼注：“夫智者可以能臣也，勇者可以武使也，巧者可以事役也，力者可以重任也，朴之为物，愦然不偏，近于无有，故曰莫能臣也。”意思是对于有智慧的人，可以用其才来臣服他，对于勇敢的人，可以逞其勇武来驱使他，对于技术高明的人，可以任其事来支使他，对于有力量的人，可以负其重来任用他，作为道朴来说，昏昏然无所偏倚，近似于无有，所以说不能臣服它。其次，老子阐明侯王要从“道常无名”中领悟出道理：如果能够遵循道，天下自然宾服；从天地阴阳协调生成甘露，悟出顺其自然就会不令而社会和谐。再次，老子揭示了有名、知止。名从哪来？当“道朴”没有散而为器具之时是无名的，但“朴”散能制成各种器具，散而制为器具，就开始有名了，比如说一棵树，其自然生长的状态就是“朴”，如果把树砍伐掉，做成各种器具——桌子、椅子、柜子、杯子等，就有了具体的名称。在这种情况下，圣人则成为官长，制其名，别其位，定其分，树其德，使其各有所守，各有所为，各有所行，各有所止，就不会有颠覆的危险。最后，老子将落脚点定在“道之在天下，犹川谷之于江海”。江海自然处下，而不是处上，它们无求于川谷，而川谷自然流而归于江海，这是因为江海善于处下。所以说，通晓大道的人，把善于处下作为上智。以下待人就会赢得人心，以下待国就会赢得国心，以下待天下就会赢得天下心。

江海之德是比“谷德”更高的德行，是百谷之王。《道德经》第六十六章说：“江海之所以能为百谷王者，以其善下之，故能为百谷王。”圣人由江海之德领悟到“是以圣人欲上民，必以言下之；欲先民，必以身后之。是以圣人处上而民不重，处前而民不害。是以天下乐推而不厌。以其不争，故天下莫能与之争。”这是说作为圣人，处尊位而能放低自己，处贵位而能谦卑自己，处上位而能下放自己，处前面而能后置自己；见到利益就给予别人，见到危害就留给自己；有功劳就给予别人，有过错就归于自己；有好处就给予别人，有坏处就留给自己；美德留给别人，罪过留给自己。这样的话天下人自然乐于推举他而不感到厌倦。因此，“禹汤罪己，其兴也勃焉；桀纣罪人，其亡也忽焉。”因为圣人在天下无所争、无所欲，所以天下也没有人能与之争。孔子说：“己所不欲，勿施于人。”天玄子说：“以己之所甚欲者，施之于人。”这就是江海之德，圣人由此领悟到，以谦退自处，以卑下自安，以清虚自守，以柔弱自持，以此来对待天下之事，谁又能与他相争呢？

春秋时期，晋人伐楚，距楚九十里仍然不止。大夫们说：“请击晋军。”楚庄王说：“先君在时，晋不伐楚，而我即位，晋却伐楚，是我的过错，怎么能让你们受辱呢？”大夫们说：“先君之时，晋不伐楚，等我们辅佐大王，晋却伐楚，是我们的罪过。请击晋军。”庄王俯身哭泣，然后起来拜谢诸位大夫。晋人听闻之后说：“君臣争相承担过错，并且君主如此屈身臣下，正所谓上下一心，三军同力，不能攻楚。”因此连夜撤军。孔子听闻这件事，说道：“楚庄王称霸是有原因的。能够屈身臣下，用一句话退敌之兵以安定社稷，他成就霸业不是应该的吗？”《诗经》上说：“柔远能迩，以定我王。”说的就是这个意思。

毛泽东《论反对日本帝国主义的策略》中有这么一段话：“我们说，长征是历史纪录上的第一次，长征是宣言书，长征是宣传队，长征是播种机。自从盘古开天地，三皇五帝到于今，历史上曾经有过我们这样的长征吗？……没有，从来没有的。长征又是宣传队。它向十一个省内大约两万万人民宣布，只有红军的道路，才是解放他们的道路。不因此一举，那么广大的民众怎会如此迅速地知道世界上还有红军这样一篇大道理呢？长征又是播种机。它散布了许多种子在十一个省内，发芽、长叶、开花、结果，将来是会有收获的。”

长征虽然是被迫的战略转移，但跋涉中锤炼了党和红军的意志品质，宣传了中国共产党的政治主张，让人民知道还有红军这样的大道理。长征让沿途百姓知道红军是人民的军队，甘当人民的公仆，为人民不惜任何牺牲，他们是这么说的，也是这么做的。特别是“彝海结盟”，它是中国共产党的民族政策在实践中的第一次体现和重大胜利，给史诗般的万里长征增添了光彩的一笔。在通过彝区的过程中，中国工农红军提出了“中国工农红军，解放弱小民族；一切彝汉平民，都是兄弟骨肉”“设立彝人政府，彝族管理彝族”等主张，为革命胜利后制定民族政策和民族区域自治制度打下了坚实的基础。

中国共产党始终不渝践行自己初心与使命的历程，就是甘做百谷之王，以言下民、以身后民的历程，也是马克思主义与中华优秀传统文化相融合的结果，所以人民才乐推而不厌。这也正是我们党传承至今的为政之德。因此，我们当代的实践也让老子的思想在21世纪的今天仍然焕发着强大的生机和活力。

九、谦卑善下之道

这一命题体现的是老子主张的君主要善于处下的思想。

《道德经》第四十二章：“道生一，一生二，二生三，三生万物。万物负阴而抱阳，冲气以为和。人之所恶，唯孤、寡、不谷，而王公以为称。故物或损之而益，或益之而损。”意思是，无极产生太极，太极生出阴阳两仪，阴阳两仪相交而产生万物。万物背负阴而怀抱阳，阴阳二气互相激荡而产成新的和谐体。人们最厌恶的就是“孤”“寡”“不谷”，但王公却用这些字眼儿来称呼自己。所以一切事物，如果减损它却反而得到增加；如果增加它却反而受到减损。

“人之所恶，唯孤、寡、不谷，而王公以为称”，河上公注：“孤寡不毂者，不祥之名，而王公以为称者，处谦卑，法空虚和柔。”意思是孤、寡、不毂，是不祥之名，但王公以此自称，是居处谦卑，效法空虚柔和之道。苏辙《老子解》从宏观层面来解释：“世之人不知万物之所自生，莫不贱寡小而贵众大。然王公之尊，而自称孤寡不谷，古之达者，盖已知之矣。”意思是世人不知道万物由来，没有不轻贱“寡小”而重视“众大”的。但王公虽处尊位，却自称孤、寡、不谷，古时候的通达之人，早已知道其中奥妙了。

在世俗社会中，人们普遍认为高是上位，低是下位；贵是上位，贱是下位。人们没有不喜欢上位而厌恶下位的，但老子与之相反，要君主善于处下，这是为什么呢？老子给出的答案是，“贵以贱为本，高以下为基”——贵要以贱为根本，高要以下为根基。“九层之台，起于垒土；合抱之木，生于毫末”，没有根基、没有初始，就没有后来的“高”与“贵”。比如在当今时代，芯片产业是基础产业，如果没有芯片产业的核心技术，再高端的电子产品也会受制于人，这个“高贵”是没有根基的，随时都会崩塌。孟子在《生于忧患，死于安乐》里说：“舜发于畎亩之中，傅说举于版筑之间，胶鬲举于鱼盐之中，管夷吾举于士，孙叔敖举于海，百里奚举于市。”从这里我们可以了解到，舜从田野耕作之中被起用，傅说从筑墙的劳作之中被起用，胶鬲从贩鱼卖盐中被起用，管夷吾被从狱官手里救出来并受到任用，孙叔敖从海滨隐居的地方被起用，百里奚被从奴隶市场里赎买回来并被起用。他们都没有显赫出身，但都贵为人杰，就是从低下、卑微处一点一滴努力而来。对于君主来讲，除了初创之君，与生俱来就处在高位，但仍要学会处下。我们都知道唐太宗开启了贞观之治，这与他善用人才、从善如流、谦虚自律有着莫大的关系。公元 648 年正月，唐太宗将他撰写的《帝范》十二篇颁赐给太子李治，并告诫说：“你应当以古代的圣哲贤王为师，不能效法我。因为取法乎上，仅得乎中；取法乎中，故为其下。我自从登基以来，所犯过失是很多的：锦绣珠玉不绝于前、宫室台榭屡有兴作、犬马鹰隼无远不致、行游四方供顿烦劳，所有这些，都是我所犯的最大过失，千万不要把我作榜样去效法。”由此可见，唐太宗始终保持冷静的头脑，不去看自己的成就、经常反省自己的过失，并且不怕把它晒出来。陆九渊这样评价唐太宗：“太宗富有天下，贵为天子，功业皆其所自致，而能俯首抑意，听拂逆之辞于畴昔所恶之臣。呜呼！此其所以致贞观之治，庶几于三代之王者乎？”意思是说，唐太宗富有天下，贵为天子，他的功业都是通过自己拼搏得来的，但却能放下身段、控制私欲，听从那些自己曾经厌恶大臣的逆耳忠言。这就是他能够成就贞观之治的原因，几乎与尧舜禹的功业可以相提并论了。所以唐太宗的秘诀还是要善于处下，成为百谷王。

但老子为什么要把“人之所恶，唯孤、寡、不谷，而王公以为称”，与“道生一，一生二，二生三，三生万物。万物负阴而抱阳，冲气以为和”以及“故物或损之而益，或益之而损”放在一起来讲呢？道本来无名，勉强取名叫作“一”，天地万物，都从“一”生，所以说“一生二，二生三，三生万物”。世间万物没有不背负阴而怀抱阳的，万物之所以能够生存下去，不会夭折，是因为万物各自都有一个恬淡虚静的身体，并且万物皆以恬淡虚静为根本。恬淡虚静是柔弱的，与其他东西不一样，好像没有用处，人们都厌恶它而不是接纳它，但却不知道“无用之用”才是真正的大用。“人之所恶，唯孤、寡、不谷”，就是承接前面所讲，由于道体恬淡虚静，从而成为天地万物根本，圣人以此来告诫人们应当以道体为怀，以谦卑来自处。孤，就是孤家；寡，就是寡人；不谷，就是不善的人。世俗之人所厌恶的，就是孤、寡、不谷，认为不好。但王公反以此来自称，就是把柔弱当成了天下的利器。孤、寡、不谷，都是贬损自己的言辞，但侯王如果不放低自己，天下也不会归附于他。所以尧舜拥有天下却不自居，直到今天仍为人们所称颂，恩泽流布无穷无尽，这就是贬损自己反而增益的道理，所以说“或损之而益”。像那桀纣用整个天下来供自己一人挥霍，凶残横暴，任意妄为，只知道有自己，不知道有别人，天下人都会背叛他，所以很难拥有天下，这就是增益自己反而减损的道理，所以说“或益之而损”。

由此可见，谦卑善下之道，不仅是一种美德，更是一种需要，尤其是对为政者而言。

十、物通物散之道

物通是说物的价值在于流通；物散是说财物应当散与众人。这一论断揭示的是得与失、爱与费之间的关系，在《道德经》中称为“甚爱必大费”。

《道德经》第四十四章：“名与身孰亲？身与货孰多？得与亡孰病？甚爱必大费；多藏必厚亡。故知足不辱，知止不殆，可以长久。”意思是，名声和身体相比哪一个更亲？身体和货利相比哪一个更应该重视？得到和失去相比哪一个更有害？过分爱名利就必定要付出更多的代价，过于积敛财富必定会招致更为惨重的损失。所以说，懂得满足就不会受到屈辱，懂得适可而止就不会遇见危险，这样才可以保持住长久的平安。

在这一连贯的思想里，我们着重解读“甚爱必大费”。河上公注：“甚爱色，费精神；甚爱财，遇祸患。所爱者少，所亡者多，故言大费。”意思是过分喜爱美色，就会损伤精神；过分喜爱财物，就会招致祸患。爱与费两者相比，所爱的是轻薄的，所失去的是贵重的，所以叫大费。因此，贪一时之得或局部之得而造成的长期或全局之失，在河上公看来叫作大费和厚亡，这是非常深刻的。王弼把“甚爱必大费；多藏必厚亡”放在一起解释，他说：“甚爱不与物通，多藏不与物散，求之者多，攻之者众，为物所病，故大费、厚亡也。”意思是，过分贪财就限制了物的流通，过多藏匿就不会散财与人，这样的话惦记他财物的人会很多，那么攻击他的人也一定更多，这是被外物拖累，所以叫作大费、厚亡。王弼更进一步，将甚爱与多藏同外界联系起来、将人与物的关系辩证对待，因过分贪心而被外物所伤、被外人所伤，最后人财俱亡者，不胜枚举。

《三国演义》中，董卓控制朝廷之后，倒行逆施，天怒人怨。王允定下连环计，用貂蝉离间董卓、吕布父子，假意将貂蝉许与吕布，后将其送与董卓。董卓自纳貂蝉后，为色所迷，长时间不出来理事。吕布心有不甘，屡次探视董卓，实为貂蝉而来。终于发生了吕布与貂蝉凤仪亭幽会之事。董卓大怒，要杀吕布，谋士李儒劝董卓效法楚庄王，将貂蝉赐予吕布。董卓思索一番之后答应，但见了貂蝉，又被貂蝉的楚楚可怜所迷住，遂将貂蝉留下。此后，带着貂蝉去往郿坞，整日寻欢作乐。就在此期间，吕布已被王允策反，以禅让皇位为诱饵骗董卓上朝。到了朝上，王允大呼：“反贼至此，武士何在?”两旁转出一百余人，持戟挺槊刺向董卓，董卓铠甲坚韧，只是伤了胳膊，大呼：“吾儿奉先何在?”吕布从车后厉声道：“有诏讨贼!”一戟直刺咽喉，杀了董卓。这是董卓倒行逆施的必然结局，但是直接杀死他的，是“甚爱”，具体就是“甚爱色”，不仅“费精神”，而且还“遇祸患”。这虽然是《三国演义》的情节，但所蕴含的道理是不容置疑的。

与之相反，楚庄王就将这类事处理得非常好。春秋时期，各个诸侯国战乱不断。一次，楚庄王依靠名将养由基平定叛乱后大宴群臣，宠姬嫔妃也都出席助兴。席间极尽欢乐，觥筹交错，直到黄昏仍未尽兴。楚王乃命点烛夜宴，还特别叫最宠爱的两位美人——许姬和麦姬——轮流向文臣武将们敬酒。忽然一阵疾风吹过，筵席上的蜡烛都被吹灭了。这时有个人拉住了许姬的手，拉扯中许姬撕断衣袖得以挣脱，并且扯下了那人帽子上的缨带。许姬回到楚庄王面前告状，让楚王点亮蜡烛后查看众人的帽缨，以便找出刚才无礼之人。楚庄王听完，却传令不要点燃蜡烛，大声说：“寡人今日设宴，与诸位务要尽欢而散。现请诸位都去掉帽缨，以便更加尽兴饮酒。”听楚庄王这样说，大家都把帽缨取下，这才点上蜡烛，君臣尽兴而散。席散回宫，许姬怪楚庄王不给她出气，楚庄王说：“此次君臣宴饮，意在狂欢尽兴，融洽君臣关系。酒后失态乃人之常情，若要究其责任，加以责罚，岂不大煞风景?”七年后，楚庄王伐郑。一名战将主动率领部下先行开路。这员战将所到之处拼力死战，大败敌军，直杀到郑国国都之前。战后楚庄王论功行赏，这员战将名叫唐狡，他表示不要赏赐，坦承七年前宴会上无礼之人就是自己，今日此举全为报七年前不究之恩。楚庄王非常感慨，就将许姬赐给了唐狡。这就是“绝缨宴”的故事。

老子认识到，君王往往爱憎分明，对反对者会置之于死地，对拥护者会加以宠信，这就会犯下大错，所以他说“甚爱必大费”。大费，就是浪费资源，浪费资本。作为执政者一定要爱上有慈，慈悲胸怀是爱的超越。爱的反义词就是恨，所以爱和恨是连在一起的，如果君王是爱恨分明的话，这个世界就不会太平，永远会有杀戮，永远会有生命的丧失。所以在被爱恨冲击的时候，要留有余地，三思老子的告诫：“甚爱必大费；多藏必厚亡。”

十一、安邦止战之道

老子反对侵犯别国的战争，认为这种战争发生的根源就在于发动战争国家君主的贪欲。《道德经》中“天下有道，却走马以粪”的论断，是老子认为理想的安定社会。

《道德经》第四十六章：“天下有道，却走马以粪。天下无道，戎马生于郊。祸莫大于不知足；咎莫大于欲得。故知足之足，常足矣。”意思是，天下太平，就会让奔跑的马停歇下来从事施肥工作。天下混乱，母马也要参战，在战场上生下马驹。最大的祸害是不知足，最大的过失是贪得的欲望。知道满足的这种满足，永远是满足的。

“天下有道，却走马以粪”，河上公注：“谓人主有道也。粪者，粪田也。兵甲不用，却走马，治农田。”意思是，天下有道是说君主治国有方。粪，就是给田地施肥。不再兴兵作战，战马退回耕种农田。王弼注：“天下有道，知足知止，无求于外，各修其内已而已，故却走马以治田粪也。”意思是天下太平，人们知道满足、知道适可而止，不会对别国有贪求，都各自修养内心而已，所以会把战马退回耕种田地。二者解释基本一致，天下安定，就无须战马。

“天下无道，戎马生于郊”，河上公注：“谓人主无道。战伐不止，戎马生于郊境之上，久不还也。”意思是天下无道是君主无道。这种情况下，战争不息，战马在国境产崽，长时间不能返国。王弼注：“贪欲无厌，不修其内，各求于外，故戎马生于郊也。”意思是，君主贪得无厌，都不致力于内在修养，而将矛盾向外部转移，造成战争，所以说“戎马生于郊”。河注揭示了“戎马生于郊”是由于战争不止；王注更进一步，揭示了战争不止的原因是君主贪而无厌且不反求诸己。两人解释相辅相成。

由此可见，老子是反对战争的，战争不仅给人类社会造成了伤害，也给所有战争的参与者造成了伤害，在这里特别提到了战马。在正常情况下，马产崽是在宁静祥和的环境中，但战争剥夺了马的正常生活，要把马驹产在战场上，小马驹从一出生就面临生死考验。只有息止战争，社会才会安定，才能“却走马，治农田”。

《韩非子·解老》对“天下有道，却走马以粪”做了更详尽的解释：有道君主，从外部看和相邻的敌国没有怨仇，从内部看对人民有恩德。和邻国没有怨仇，对待诸侯就会表现出有礼义；对人民有恩德，治理国家事务就会致力于根本。对待诸侯有礼义，战争就很少发生；治理国家事务致力于根本，过度的奢侈就会被制止。一般说来，马的主要用途是对外满足打仗需要，对内供给过度奢华的需要。有道的君主，对外很少用兵打仗，对内禁止过度的奢侈。君主不用马进行战争和追击败敌，民众不用马到处游荡运输货物，所积蓄起来的力量只用于农耕。积聚的力量用于农耕，必将从事施肥、灌溉。所以说：“天下有道，却走马以粪。”

通过上述解析，我们领悟到，百姓的身家性命取决于国家或君主的状况，国家或君主的存在也要依靠人民维护，两者互为根源、相互依存。如果国家清平、君主有道，那么就会四境安定，兵革不起，世俗敦厚，百姓各乐其业。如果天下混乱，君主无道，那么就会四方背叛，举兵相争，奸诈四起，戎马生于郊。

对老子的这一思想，尤其是在韩非子的解释中，我们会察觉到，它深深打上了农耕文明的烙印，对此我们也需要辩证来看。威天下不能以兵革之利，毕竟霸凌主义难以为继，不仅伤害别人，也会拖垮自己，所以说“国虽大，好战必亡”。但是完全“却走马以粪”是做不到的，树欲静而风不止，没有武备会让国家陷于危亡之境，这就是“天下虽平，忘战必危”。

“天下有道，却走马以粪”，是一种理想的政治愿景，是理想的目标。但我们要一分为二地去理解它，愿景固然很好，但不是这个世界的现实。在当今不平等的国际社会，还不能刀枪入库、马放南山，仍然需要枕戈待旦、严阵以待，因为在这个世界上贪求于外的国家还有很多。所以我们不但不能“却走马以粪”，还要真正为国家、为世界打造出一支正义之师、和平之师、威武之师，以维护天下正道。

十二、德善德信之道

老子认为，天无弃人、天无弃物，如何对待不善、不信之人，既是胸怀的问题，也是德行的问题，更是认识问题。这一命题在《道德经》中表述为“不善者，吾亦善之”“不信者，吾亦信之”。

《道德经》第四十九章：“圣人无常心，以百姓心为心。善者吾善之，不善者吾亦善之，德善。信者吾信之，不信者吾亦信之，德信。圣人在天下，歙歙为天下浑其心，百姓皆注其耳目，圣人皆孩之。”意思是，圣人是没有自己的私心的，以百姓的愿望为自己的愿望。对于善良的人，我善待于他；对于不善良的人，我也善待他，这样就可以使人人向善。对于守信的人，我信任他；对不守信的人，我也信任他，这样就可以使人人守信。有道圣人在其位，收敛自己的欲意，使天下的心思归于纯朴。百姓们都专注于自己的耳目聪明，有道之人使他们都回到婴孩般纯朴的状态。

“不善者吾亦善之”，河上公注：“百姓虽有不善者，圣人化之使善也。”意思是百姓中虽然有不善的人或行为，圣人教化他们使他们向善。“德善”，河上公注：“百姓德化，圣人为善。”意思是百姓为德所感化，圣人也成就了自己的善举。在河上公看来，“百姓德化，圣人为善”是老子“善之”的一体两面。因此老子说的圣人，就是一个理想的领导者、理想的君王。“善者吾善之”，很多人都能做到，但对于圣人来讲是远远不够的。所以老子特别强调的是后面的这句话：“不善者吾亦善之”——对方不善，我要用善心来对待他、改变他、感化他。齐桓公时，有一个人叫宁戚，想求见齐桓公，但他特别穷困，无法自行进见。于是为商队驾车来到齐国，暮宿于齐国外城之外。正赶上齐桓公到郊外迎客，晚上打开城门，侍从们高举火把，人数众多。宁戚正好在车下喂牛，望见桓公不禁悲从中来，于是敲击牛角，唱起了急促激昂的悲歌。桓公听到歌声，说道：“太神奇了！能唱这种歌的人一定不是等闲之辈。”于是命令把宁戚载回城。桓公回宫后，赐给宁戚衣冠并要召见他。宁戚拜见桓公，跟桓公谈了如何安邦治国；第二天又拜见，跟桓公谈了如何经营天下。桓公非常高兴，要任用宁戚。群臣争辩说：“宁戚是卫国人，卫国距离齐国只有五百里，不远，不如派人到卫国调查一下，如果真是贤人，再用他也不晚。”桓公曰：“不能这样。调查了，恐怕会知道他的小毛病，因为小毛病而放弃了大才，这是君主失掉天下人才的原因。况且人无完人，权衡之后用其长处就可以了。”于是就提拔重用宁戚，授以卿位。在这件事上，桓公做得非常高明，这也是他称霸天下的一个原因。在这个故事当中，齐桓公重用宁戚之大才，是“善者吾善之”；不欲知道宁戚小恶，是大行不顾细谨，包容小恶，是“不善者吾亦善之”。他最终成为春秋五霸之首，也印证了老子所说的“百姓德化，圣人为善”的论断。

对于这一点，在第六十二章云：“人之不善，何弃之有？”即使人做了不善之事，又何必抛弃他呢？苏辙对此解释说：“朝为不义，而夕闻大道，妄尽而性复，虽欲指其不善，不可得也，而又安可弃之哉？”这是极为透彻的分析。苏辙认为，一个人朝为不义之事，而夕闻大道之义，荒诞尽去恢复善性，即使想指出他的不善，已经找不到了，又怎么可以抛弃他呢？这也是对“善者吾善之”的一个注解。

“不信者吾亦信之”，河上公注：“百姓为不信，圣人化之使信也。”意思是，百姓中有不诚信的人或行为，圣人以教化使他们诚信。“德信”，河上公注：“百姓德化，圣人为信。”意思是百姓为德所感化，圣人也成就了自己的崇高信誉。同样，信者吾信之，大多数人都能做到，这是基本要求，没有什么特别之处，关键是能不能做到“不信者吾亦信之”。德信，德既是大德，又值得信赖，这样的执政者会真正得到下属和老百姓的信任和拥护，这个要求是很高的，所以作为执政者的品行和信誉度要超过普通人。春秋五霸之一的晋文公攻打原邑，与大夫们约定用五日拿下原邑。可是五日后原邑还是没有投降，晋文公下令撤军。军中有位官员说：“再用不了三天原邑就会投降，您不打算再等几天？”晋文公说：“得到原邑而失去信用，我不做这样的事。”原邑之人闻之，说：“有君主如此讲信义，不可不降。”于是投降。温邑之人听闻这件事，也请求归降晋国。所以就有了这样的美谈：“讨伐原而使温归降。”说的就是这件事。于是诸侯都归附晋国，之后晋国攻打曹国、讨伐卫国，主持了践土大会，在温邑会盟之后南下打败强楚，尊崇事奉周王室，晋文公遂成春秋五霸之一，与齐桓公功绩并列，其最初本源就是讨伐原邑时所建立起来的信用。这是“百姓德化，圣人为信”的生动写照。

“不善者吾亦善之；不信者吾亦信之”，将老子思想中的“天无弃人”“天无弃物”同“常善救人”“常善救物”贯通起来，是救人救物的具体措施，其逻辑关系可以表述为：因为天无弃人、天无弃物，所以要常善救人、常善救物；怎样救人救物？一个重要途径就是“不善者吾亦善之；不信者吾亦信之”。这也体现了知行合一、天人统一，因此具有重要理论价值和实践意义。

对于这一命题，还要将其与第十七章“信不足焉，有不信焉”相结合。

一个人诚信不足，人们也不会相信他，想“德善”“德信”更是无从谈起。只有自己诚信，才可以以“道”御天下。

十三、报怨以德之道

“报怨以德”这一命题体现了老子高明的处世立身智慧和国家治理认知。

《道德经》第六十三章：“为无为，事无事，味无味。大小多少，报怨以德。”意思是，以无为的态度去有所作为，以不滋事的方法去处理事物，以恬淡无味当作有味。以小为大，以少为多，用恩德来回报怨恨。

“为无为，事无事，味无味”，王弼注：“以无为为居，以不言为教，以恬淡为味，治之极也。”意思是，以无所作为为居处，以不言之教为教育方法，以清淡为美味，这是治理的最高境界。

“大小多少”，河上公注：“陈其戒令也。欲大反小，欲多反少，自然之道也。”意思是，发布禁令，想得到大却只收获小，想得到多却只收获少，这是自然之理。

“报怨以德”，河上公注：“修道行善，绝祸于未生也。”意思是修养道德，多行善事，祸患就会被杜绝在萌芽状态。王弼注：“小怨则不足以报，大怨则天下之所欲诛，顺天下之所同者，德也。”意思是小怨不足以报复，大怨则天下皆可得而诛之，顺应天下共同的意志，就是德。

通过河、王注释，我们可以对本章有一个较为清晰的认识。

为什么要“报怨以德”？河上公的理解是要修道行善，防患于未然。但在现实中，这种做法未免有以退让换平安之嫌，会让小人把宽容当作软弱，纵容小人的恶行，看似积极实则消极。王弼认为，小的怨恨没有报复的价值，大的怨恨天下人共诛之，只要应天顺人就可以了。这一解释比河上公的解释更易于被人们所接受，但仍不免有自我安慰的意味，听起来让人感觉如鲠在喉，没有豁然开朗的畅快。

要正确理解“报怨以德”，我们要结合《道德经》第七十九章：“和大怨，必有余怨。”是说化解了大的怨恨的时候，不可能完全解决问题，一定会留下未消的怨忿。有一句话叫“春秋荣复仇”——春秋时期以报仇为荣，上世结下的怨仇，子子孙孙相互报复，永无休止。春秋时期，吴王阖闾攻越，越军采取偷袭战术，阖闾中箭，伤脚大拇指，伤重不治，死前嘱咐儿子夫差勿忘杀父之仇。夫差继位后，为了洗雪阖闾败给越王勾践的耻辱，励精图治，吴国迅速强盛。勾践听说夫差为报父仇，正加紧训练军队，准备攻越，于是先发制人，出兵攻吴。两军战于夫椒，越军战败，吴军乘胜追击，占领会稽城，越王投降。勾践从此卧薪尝胆，发誓灭吴，后来勾践趁吴国精兵在外，突然袭击吴国，公元前473年，越国打败吴国。越王勾践想把夫差流放甬东，给他百户人家，让他住在那里，夫差不堪其辱而拔剑自刎，吴国灭亡。吴越两国世仇到此结束，他们没有胜利者，留给历史的是声声叹息。老子的“和大怨”正是针对这种情况有感而发，积极主张“报怨以德”，去消除仇怨。所以，老子的“报怨以德”是一种大爱，他没有那么狭隘，如果仅从个人荣辱得失的立场来解读老子这一思想是不全面的。这种大智慧对我们立身处世也有很深的启示，就是在生活中、工作中不要过于纠缠于细枝末节，凡事从大局出发，得其大者可以兼其小。

“报怨以德”的前提是对高明治理的认识，那就是“为无为，事无事，味无味”“大小多少”，也就是治理上的认识论：恬淡为上、欲大反小、欲多反少。《左传》中有一个故事，叫郑伯克段于鄢。讲了郑庄公的胞弟共叔段在其母武姜帮助下，想推翻郑庄公。在朝中文武大臣齐心协力下，郑庄公击败共叔段，共叔段出逃，武姜被囚禁在城颍。郑庄公极其痛恨母亲，发誓说：“不及黄泉，无相见也。”但是复仇的快感很快消失，他原谅了母亲，也思念母亲，但说过的话又不能不算数，极其苦恼。后来颍考叔为郑庄公出谋划策，掘地及泉，使母子在隧洞黄泉中相见，母子遂和好如初。从郑庄公来讲，他本来以为惩罚了弟弟和母亲，自己就会开心，但复仇的快感很快消失，代之以亲人不亲、亲人难亲的苦恼。所以“怨怨相报”不可能真正解决问题，老子称作“安可以为善”。

北宋张载在《正蒙·太和篇》说：“有象斯有对，对必反其为。有反斯有仇，仇必和而解。”这是对仇恨、对立的产生及化解最为简洁明晰的概括。春秋时期魏国有个官员叫宋就，曾担任边境县令，与楚邻界。魏国的边亭和楚国的边亭皆种瓜，各自数目清晰。魏国人勤劳尽力，经常灌溉，所以秧茂瓜甜。楚国人懒惰，很少灌溉瓜田，所以秧枯瓜小。楚国县令因魏国瓜美，责骂自己的人没有把瓜种好。楚国边亭人憎恨魏国边亭人比自己贤能，于是夜里到魏国瓜田里拔扯瓜秧，致使很多瓜秧枯蔫而死。魏国人察觉后，也想去拔扯楚国瓜田，就此去请示宋就。宋就说：“怎么能这么做呢？这是结怨招祸之道。别人为恶你就为恶，心胸太狭小了！如果让我来教你们，你们就每天晚上偷偷到楚国那边为他们灌溉浇瓜，并且不要让他们知道。”于是魏亭之人乃每夜偷偷为楚国瓜田灌溉，楚亭人白天浇瓜的时候发现已经浇过了。楚国边亭的瓜越长越好，楚国边亭人很纳闷，就仔细观察，发现是魏国人做的。楚国县令听后非常高兴，就汇报给楚王，楚王闻之，又忧虑又惭愧，对官吏说："如果不是这件事，我们可能还会犯更大的过错。这是魏国在暗中谦让啊。"于是用厚礼相谢，请求与魏王交好。楚王时常称赞魏王，认为他是守信之人。楚魏交好，是从宋就开始的。老子说："报怨以德。"说的就是这样的事情。

当今时代，世界的联系广泛而深刻，你中有我、我中有你，没有哪个国家能够超然事外，"报怨以德"思维更具时代意义。新冠肺炎疫情刚在我国肆虐的时候，西方一些国家隔岸观火，甚至想趁火打劫。我国党和政府以高效的社会动员力、强劲的社会组织力迅速控制疫情，全面恢复生产，夺取"战疫"全面胜利。西方一些发达国家认为疫情与它们毫不相干，没有抓住我国控制疫情创造的防止疫情蔓延的珍贵时机，把精力放在了抹黑中国、嘲笑中国甚至想以此敲诈中国上。当我国疫情好转的时候，疫情在西方发达国家开始蔓延。这个时候，中国没有袖手旁观、没有以怨报怨，而是报怨以德，及时伸出援手，援助物资、派遣医疗队、提供经验等，帮助它们共同应对疫情。这是中国的文化，也是中国的智慧。如果世界疫情泛滥，任何一个国家控制得再好也无济于事，人类是一个命运共同体。可惜西方某大国不愿也不想有这种思维，这就是5000多年中国文明与240年文明的差距。

最后要说明一点，关于"何以报怨"，道、儒主张不同。老子主张"报怨以德"，孔子主张"以直报怨"——"何以报德？以直报怨，以德报德。"这正是道家的深沉与儒家的率真的生动对比。在老子看来，以德报德和以德报怨是一致的，因为一切皆是自然，既无怨德，也无人我。

十四、安民乐业之道

这一命题在《道德经》中被称作"无狎其所居，无厌其所生"，是要求执政者要让百姓安其居、乐其业。

《道德经》第七十二章："民不畏威，则大威至。无狎其所居，无厌其所生。夫唯不厌，是以不厌。是以圣人自知不自见；自爱不自贵。故去彼取此。"意思是，当人民不畏惧统治者的镇压时，那么，可怕的祸乱就要到来了。不要破坏他们的居所，不要过分压迫民众。只有不压迫民众，民众才不会厌弃统治者。因此，有道圣人有自知之明但不自我表现；有自爱之心但不自显高贵。所以要舍弃自见、自贵而保持自知、自爱。

"无狎其所居，无厌其所生"的社会背景是"民不畏威，则大威至"。如果百姓不惧怕镇压，镇压就不起作用了，这与“民不畏死，奈何以死惧之”意义相同。王弼注：“民不能堪其威，则上下大溃矣，天诛将至，故曰民不畏威，则大威至。无狎其所居，无厌其所生，言威力不可任也。”意思是当民众承受不了统治者的压迫而奋起反抗时，国家的统治体系就崩溃了，上天的惩罚就会降临，所以说“民不畏威，则大威至”。苏辙的解释很有意思，与王弼不同，他认为不要限制百姓的耳目，不要让百姓被物欲束缚。在《老子解》中他是这样说的：“性之大，可以包络天地。彼不知者，以四肢九窍为己也，守之而不厌，是以见不出视，闻不出听，蕞然其甚陋也，故教之曰无狭其所居。彼知之者，知性之大而吾生之狭也，则楸然厌之，欲脱而不得，不知有厌有慕之方囿于物也，故教之曰无厌其所生。”意思是人性之大可以包罗天地。那些不知道这个道理的人，认为四肢九窍（**四肢：两臂两腿；九窍：耳鼻口眼七窍加排泄二窍**）为自己提供一切，完全倚仗而不厌烦，因此所见不出其视线，所闻不出其耳朵，因而孤陋寡闻，所以要教化百姓不要把自己关闭在小天地里。当百姓知道了这个道理，知道人性大而自己见识浅陋，就会因悲伤而生厌恶，想摆脱又摆脱不了，却不知道有厌恶有爱慕是因为物欲的束缚，所以要教化他们不要厌恶自己的生活。按照苏辙的见解，百姓“狎其所居”“厌其所生”都是由于无知造成的。本来百姓虽无知但自觉幸福，而执政者却告知其这样甚为不妥，致使百姓对自己的生存状况心生厌倦，执政者为此又对百姓施行教化，这无异于无事生非，应该说不符合老子思想的本意。

“无狎其所居，无厌其所生”，在老子这里真正要说的是国家暴力不可任意使用。这与老子的生活环境有关，老子生活的春秋战国时代，是战争连年不断的历史时期。战争中获得胜利的一方，君主会作分封，将战争获得的土地分给有功之臣，新受封获得土地的人会在这块土地上驱赶原住的老百姓。老子针对这一情况，告诫执政者，要让老百姓安居乐业，不要驱赶他们，不要让他们讨厌活在这个世界上。这也是对圣人的要求。

刘邦、项羽从正反两面对老子这一思想进行了诠释。在经历了几百年的战乱之后，到秦国统一，人们总算安定下来了。但秦的横征暴敛终于招致天怒人怨，各地揭竿而起。在推翻暴秦过程中，楚怀王曾经“与诸将约，先入定关中者王之”，即诸将无论是谁，只要能率先攻克秦国的本土关中，就可以当关中王。刘邦率领大军先攻入关中，到达离秦都咸阳只有几十里路的霸上。子婴在仅当了46天的秦王后，向刘邦投降。刘邦进咸阳后，本想住在豪华的王宫里，但他的心腹樊哙和张良劝告他别这样做，免得失掉人心。刘邦接受他们的建议，下令封闭王宫，并留下少数士兵保护王宫和藏有大量财宝的库房，随即还军霸上。为了取得民心，刘邦废除秦法，约法三章："杀人者死，伤人及盗抵罪。"得到父老、豪杰们的拥护。接着，刘邦又大肆宣传约法三章，百姓们都热烈拥护，纷纷取了牛羊酒食来慰劳刘邦的军队。这就是"无狎其所居，无厌其所生"的政策。但随后项羽率兵西进，进入咸阳后，屠戮咸阳城，杀了秦降王子婴，烧了秦朝的宫室，杜牧在《阿房宫赋》里说："楚人一炬，可怜焦土。"大火三个月都不熄灭，随后又劫掠了秦朝的财宝、妇女，引兵东去。项羽虽然解了心头之恨，给楚国报了仇，可是让天下无数秦人恨透了他，同时也从反面奠定了未来刘邦得民心并且成功夺取天下的基础，他把自己赢得民心这条路彻底堵死了。这是项羽"狎其所居，厌其所生"的行径。

民国时期，军阀混战，常常是一个地方被不同的军阀占来占去，鲁迅先生将其形容为"城头变幻大王旗"。在混战过程中，大批百姓无辜丧命。为补充军饷、挥霍享乐，军阀们又大肆劫掠民财，百姓家中已经被搜刮殆尽，民不聊生。军阀政治在我国近代史上匆匆而过，成为过眼云烟，是有其深层历史原因的，这就是军阀没有宏观政治规划，不关注民心、不关心民生，没有得到民众的支持。军阀们的行径与项羽别无二致。

"无狎其所居，无厌其所生"，历史从正反两面已经作了生动的诠释。对于今天为政之德的借鉴就是，作为执政者，要有正确的价值取向，把人民对美好生活的向往作为奋斗目标，同时引导人民树立正确的价值观。要做好守夜人，保护好人民的人身财产安全，维护好正常的社会秩序，给人们以安定的生产生活环境，创建现代版的"功成事遂，百姓皆谓我自然"的和谐社会。

十五、宽刑省法之道

这一命题是对"民不畏死，奈何以死惧之"的回应，是老子关于如何治理民众的思索。威天下不能以兵革之利，治理民众也不能靠刑罚恐吓。

《道德经》第七十四章："民不畏死，奈何以死惧之？若使民常畏死，而为奇者，吾得执而杀之，孰敢？常有司杀者杀。夫代司杀者杀，是谓代大匠斫。夫代大匠斫者，希有不伤其手矣。"意思是人民不畏惧死亡，为什么用死来吓唬他们呢？假如人民真的畏惧死亡的话，对于为非作歹的人，我们就把他抓来杀掉，谁还敢为非作歹？经常有专管杀人的人去执行杀人的任务，代替专管杀人的人去杀人，就如同代替高明的木匠去砍木头，那代替高明的木匠砍木头的人，很少有不砍伤自己的手的。

“民不畏死”，河上公注：“治国者刑罚酷深，民不聊生，故不畏死也。治身者嗜欲伤神，贪财杀身，民不知畏之也。”意思是执政者刑罚严苛，民不聊生，所以老百姓不怕死。管理自身如果嗜欲太多就会损伤精神，贪财就会招致杀身之祸，普通民众对这些不知道害怕。

百姓为什么不怕死？众所周知的解释是：由于统治者残暴，疯狂压榨百姓，民不聊生，民众就会感到活着没有乐趣，感到活着没有乐趣就不会惧怕死亡——“不能劳动而生，就要战斗而死”，民众的暴力反抗就成为必然。河上公在认可这种解释的同时，又从民众方面给了另一种解释，这样“民不畏死”的含义就全面了。河上公认为，“民不畏死”的另一个原因是民众无知。“嗜欲伤神，贪财杀身”，这个道理现在绝大多数人都知道。但在古代社会，由于生产力落后及民众很少受到教育，物质生活和精神生活都极度贫乏，对物质的渴望空前强烈，追求嗜欲、贪恋财货，绝大多数人难以抗拒。但这些人只看到了嗜欲和财货的诱惑，没有看到它给人所带来的危害，“无知者无畏”，为了满足嗜欲、得到财货，很多人会铤而走险，以生命作筹码，所以不惧怕死亡。在当今时代，人们即便能够认识到过于追求嗜欲、贪恋财货的危害，仍然难以自制，甚至铤而走险的人也不在少数。

因此，“民不畏死”有其主客观两方面的原因。

“奈何以死惧之”，河上公注：“人君不宽刑罚，教民去情欲，奈何设刑法以死惧之？”意思是作为君主不放宽刑罚，不教民众减少情欲，却为什么要设立刑法，用死亡来威胁他们呢？

苏辙的解释与河上公大致相同，他在《老子解》中说：“政烦刑重，民无所措手足，则常不畏死，虽以死惧之，无益也。”意思是政事繁杂刑罚严苛，百姓手足无措，所以常不畏死，虽然以死相威，也是无用的。

“以死惧之”是统治者对百姓采取的简单粗暴的统治方式；“民不畏死”是百姓在高压之下“生无可恋”的生存状况；“奈何以死惧之”是老子对执政者执政方式提出质疑。历史上，从来没有哪个政权是依靠杀戮获得成功的。《国语·周语上》记载：“厉王虐；国人谤王；邵公告曰：‘民不堪命矣。’王怒，得卫巫，使监谤者，以告，则杀之。国人莫敢言，道路以目。”三年后，平民不堪忍受，自发地组织起来攻入王宫，把周厉王放逐到一个叫彘的地方，这个事件史称“国人暴动”。希特勒崇尚强权，在欧洲疯狂屠戮邻国，他以为纳粹能够建成千年帝国，但从成立到灭亡仅仅十二年。哪里有压迫，哪里就有反抗；哪里有杀戮，哪里就有斗争。杀戮强制解决不了问题，“防民之口，甚防于川”，所以老子认为，当权者不能迷信于严刑峻法，应当宽刑罚、重教育，百姓安定、懂得廉耻，自然社会就会稳定，不需要“以死惧之”。

“民不畏死，奈何以死惧之”这一论断告诉我们，既然镇压不起作用，那么就要改变治国方略。如何“使民常畏死”呢？那就是如前所述“无狎其所居，无厌其所生”——不要逼迫民众不得安居，不要压榨民众无法生活。在本章中，老子又讲了在杀人问题上的理念。客观讲，治国不可能不杀人，违反正常社会秩序的犯罪在任何社会形态下都会有，那怎么办？老子的观点是“当有司杀者杀”——由专门的司法部门审理、判决、执行，任何人没有非法剥夺他人生命的权利，这具有非常显著的现代法治思想理念，值得我们深思。老子特别提道：“代司杀者杀，是谓代大匠斫。夫代大匠斫者，希有不伤其手矣。”就是说无权杀人者代替专司杀人者杀人，就像替代大工匠砍木头，没有不伤害自己的。也就是说，如果不是司法机关，而是其他行政机关或个人将一个人随便定罪、处死，不是替天行道，不仅违法，而且也是犯罪，必将受到法律制裁——“希有不伤其手矣”。

十六、有德司契之道

这一命题揭示了为政者不能结怨于民，不能激化矛盾，不要用赋税去压榨民众，不要用刑罚去威吓民众。为政者要懂得“执左契而不责于人”，行无为之治。

《道德经》第七十九章：“和大怨，必有余怨，安可以为善？是以圣人执左契，而不责于人。有德司契，无德司彻。天道无亲，常与善人。”意思是大的怨恨虽然和解，但必然还有未解之怨，这怎么能算是完美呢？因此，圣人即使有讨债的契约，也不会以此强行索债。有“德”之人就像持有借据（而不索债）那样宽容，没有“德”的人就如收取租税一样苛刻。天道没有偏爱，总是帮助有德之人。

“有德司契，无德司彻”源于“圣人执左契，而不责于人”，因为圣人认识到“和大怨，必有余怨”。

“和大怨，必有余怨”，河上公注：“杀人者死，伤人者刑，以相和报。任刑者失人情，必有余怨及于良人也。”意思是杀人者要抵命，伤人者要受刑，使罪与罚相当。依赖刑罚的人没有人情，一定会有余怨波及普通百姓。王弼的观点与河上公有所不同，王弼注：“不明理其契，以致大怨已至。而德以和之，其伤不复，故必有余怨也。”意思是不懂得规律一味用赋税去榨取百姓，以致招致大的怨恨。为平复怨恨对百姓施之以德，虽然伤害没有了，但一定会有余怨。这就像钉了钉子的木头，即使钉子拔出了，钉眼也不能消失。相较而言，王弼之见更符合老子本意。

“圣人执左契，而不责于人”，河上公注：“古者圣人执左契，合符信也。无文书法律，刻契合符以为信也。但刻契为信，不责人以他事也。”意思是古代圣人执左契符合凭据规则。没有法律文书时，用木板或竹板写清借债内容，然后一分为二，左契为债权人，右契为债务人。圣人虽有讨债凭据，但不会去强迫人。王弼注：“左契防怨之所由生也。”这是说执左契要防止由此产生怨恨。也就是说虽有权力，但不能滥用。

据《孔子家语·致思》记载，孔子学生高柴在卫国担任狱官时，曾对一个人施以刖刑（断足）。后来卫国发生蒯聩之乱，高柴逃走。逃至城门，守门之人正是那个曾被他施以刖刑的人。这个人对高柴说：“那边墙有个缺口。”高柴说：“君子不逾墙。”这个人又说：“那边有个孔洞。”高柴说：“君子不钻洞。”这个人又说：“在这里有个屋子。”高柴便躲进了屋里。等到追兵过去之后，高柴问守门人：“我先前依国君之法，下令砍掉你的脚。我今天遇难，你却三次帮我逃脱，这是为什么呢?”守门人回答：“砍断我的脚，本是我罪有应得，无可奈何。当时您审案时，把我放在别人之后，就是想让我免受刑罚，这我是知道的。在案件审结，定罪量刑时，您露出忧郁之情。从您脸色看，您是不忍让我受刑的。难道是您偏袒我吗？不是，您是天生的君子，这样做完全发自内心本性。这就是我佩服您的原因。”孔子知道后，评价说：“善哉为吏！其用法一也，思仁恕则树德，加严暴则树怨。公以行之，其子羔乎!”意思是高柴（字子羔）官做得好啊！执法如一，心怀仁慈就能树立恩德，严格暴虐就会树立仇怨。秉公执法，就是说高柴吧！高柴执法做到了和大怨而没有余怨，其根源在于治国理政过程中能够思仁恕以树德，虽执左契，但不苛责于人。

所以老子提出，“有德司契，无德司彻。”

“有德司契，无德司彻”，河上公注：“有德之君，司察契信而已。无德之君，背其契信，司人所失。”意思是有德君主，只是察看契据而已。无德君主，背信弃义，寻找别人过失。王弼注：“有德之人念思其契，不令怨生而后责于人也。彻，司人之过也。”意思是有德之人想着契据，不会让怨恨产生再去苛责于人。彻，就是察人之过的意思。苏辙《老子解》云：“契之有左右，所以为信而息争也。圣人与人均有是性，人方以妄为常，驰骛于争夺之场，而不知性之未始少亡也。是以圣人以其性示人，使之除妄以复性。待其妄尽而性复，未有不廓然自得，如右契之合左，不待责之而官服也。然则虽有大怨恋，将涣然冰解，知其本非有矣，而安用和之？彼无德者，乃欲人人而通之，则亦劳而无功矣。彻，通也。”苏辙的观点是，契据是用来作为信物止息纷争的。圣人与常人都有诚信的本性，而人们却认为人的本性是相互欺诈，于是竞相奔走于争名夺利之场，却不知道其实诚信本性从未减少过。因此圣人以本性示人，就是使人们去除虚妄恢复本性。等到他们虚妄尽除、恢复本性，没有不豁然开朗的，就如契之左右相合，不用要求自然顺服于本性。即便有大怨让人念念不忘，但当它如冰融消散时，才知道大怨本来就没有，怎么还用“和大怨”呢？那些没有德行的人，想让所有人都去巴结他，也是徒劳无功的。

通过以上引述，“有德司契，无德司彻”，是对君主的评价。有德君主会执左契而不责于人，也就是虽然持有生杀予夺之权，但不会轻易使用，不会苛责于人、不会难为百姓。而无德的君主则不然，他们会将手中的权力发挥到极致，能榨取百姓十分绝不会榨取九点九分，最终的结果就是天怒人怨。所以有德君主也是有智君主，会获得百姓的拥戴，遇到危难也会逢凶化吉。

《战国策·齐策》中有冯谖客孟尝君的故事。冯谖很穷，求为孟尝君门客，被孟尝君勉强收下。孟尝君门下仆人瞧不起他，所以生活供给很差，冯谖用唱“长铗归来乎！食无鱼”“长铗归来乎！出无车”“长铗归来乎！无以为家”等歌，告知孟尝君自己处境不好，孟尝君一一解决，并帮其奉养老母。后孟尝君欲收债于薛地，冯谖请缨，临行前问：“收完债，给您买点什么回来？”孟尝君说：“你看我们家缺什么你就买什么。”冯谖到了薛地，把百姓的契据收上来，核验完毕后，把债款悉数赏赐给欠债人，并当场把债券烧掉。百姓高呼“万岁”。冯谖赶回齐都，马上见孟尝君。孟尝君对他办事如此迅速感到很奇怪，问道：“债都收完了吗？怎么这么快？”冯谖说：“都收了。”孟尝君问：“买什么回来了？”冯谖回答：“您曾说‘看我家缺什么’，我看了一下，您宫中什么也不缺，所缺的只有‘仁义’，所以我用债款为您买了‘仁义’。”孟尝君道：“仁义怎么买？”冯谖道：“您现在拥有的不过是一个小小的薛邑，却不抚爱百姓，视民如子，反而从他们身上图利。因此我改变了您的命令，把债款赏赐给百姓，顺便烧掉了契据，以至百姓欢呼‘万岁’，这就是我为您买来的仁义啊。”孟尝君听后很不高兴，但也没有发作：“嗯，就这样吧。”一年后，齐闵王对孟尝君说：“我不敢把先王的臣子当作我的臣子。”孟尝君只好到他的领地薛邑。离薛邑还差近百里，就见老百姓扶老携幼，都在路旁迎接他的到来。孟尝君见此情景，对冯谖说道："您为我买的'义'，今天看到了。"在这里，冯谖为孟尝君做的就是"执左契，而不责于人""有德司契"这样的事，事实证明，这深得百姓的拥护。

"有德司契，无德司彻"，是老子在"损有余而补不足"之后，对为政之德的继续阐述，他告诫为政者不能蓄怨于民，不要激化与民众之间的矛盾，积怨太深难以化解，榨取百姓就会让他们无以为生，刑罚严苛就会激起民变。所以，为政者当处无为之事，行不言之教。

第二节 俭约之道——为政之德的反己思维

俭约之道，是《道德经》第六十七章所说的"二曰俭"，俭约就是俭省、节约，反己就是反求诸己。俭约之道是为政之德对自身的要求。我们常说"正人先正己"，己不正而欲人正，无论如何是讲不通的。

权力具有贪婪一面，往往表现为膨胀不止、不能自拔的占有欲。权力犹如兴奋剂，会让人的欲望不断膨胀，但人的承受力是有限的，不断膨胀的欲望会将一个人摧毁。1890 年，在风起云涌的国际工人运动中，工人取得了巨大胜利，但恩格斯清楚地知道，这个新壮大的群体首次品尝到权力的滋味后，如不加以引导，将会变得不顾一切。所以权力可以改变人。老子谴责官场恶习，提倡少私寡欲，强调从内外约束官员的重要性。"俭"是用外在来制约自己，"不敢为天下先"是从内心来制约自己。当前"全面从严治党"，就是先从"俭"入手来治理我们这个党，进而治理好我们这个国家、社会，进而构建人类命运共同体。"俭"是治标之方，"不敢为天下先"是治本之策，标本一体，从外而内、由内而外，互为表里、相互作用，营造风清气正的政治生态。"俭"就是收敛，老子描述"俭"的时候，着重强调了以下关键词：不积、不言、不居、无欲、无心、不欲、无私、不有、去甚、去奢、去泰等，需要特别关注。

一、赤子纯厚之德

这一命题中，老子用赤子来比喻具有深厚修养境界的人，他们的德行具有婴儿般的纯真柔和。老子认为，“含德之厚，比于赤子”。

《道德经》第五十五章：“含德之厚，比于赤子。蜂虿虺蛇不螫，猛兽不据，攫鸟不搏。骨弱筋柔而握固。未知牝牡之合而朘作，精之至也。终日号而不嗄，和之至也。”意思是道德修养纯厚之人，如新生婴儿般纯真。毒虫不会去蜇他，猛兽不会抓扑他，凶鸟不会搏击他。筋骨虽然柔弱，拳头却握得很牢固，虽不知男女交合之事，但小生殖器却勃然举起，这是精气充沛的缘故。他整天啼哭但嗓子却不会沙哑，这是和气纯厚的缘故。

“含德之厚，比于赤子”，河上公注：“谓含怀道德之厚者也。神明保佑含德之人，若父母之于赤子也。”意思是道德纯厚之人，神明会保佑他，就如父母对待婴儿一般。王弼注：“赤子无求无欲，不犯众物，故毒虫之物无犯之人也。含德之厚者，不犯于物，故无物以损其全也。”意思是赤子无欲无求，不会冒犯外界，所以毒虫之类也不会伤害他。德行纯厚之人，也不会冒犯外界，所以没有谁能够损害他的安全。对于“比于赤子”的认识，河上公重其外，认为德厚之人受神明保佑；王弼重其内，认为赤子纯任自然，无伤于人，故无虞。相较而言，王注更为贴切。苏辙的解释近于王弼，但认识更进一步，他在《老子解》中说道：“老子之言道德，每以婴儿况之者，皆言其体而已，未及其用也。今夫婴儿泊然无欲，其体之者至矣，然而物来而不知应，故未可以言用也。”意思是老子谈到道德的时候，经常用婴儿来做比喻，说的都是本体问题，还不涉及应用。婴儿淡然无欲，这是本体的最高境界，但外物到来而不知应对，所以还不能谈到应用的问题。这个认识相对比较深刻。一般来讲，“体”是最根本的、内在的、本质的；“用”是“体”的外在表现、发挥。中国古代哲学中“体”是第一性的，“用”是第二性的，虽如此，“体用”结合才是最完美的，也就是说，“用”也极其重要。苏辙对这一具体问题的指摘，从本质上讲也指出了老子整个思想的问题所在，这就是“体”有余而“用”不足。在对自然和社会的认知上，百家思想中没有能超过老了思想的，但在解决问题方面，却表现为办法不多，这也是自汉武帝以来，儒家思想居于主导地位的重要原因。因此，学习老子思想，我们要多方结合、与时俱进。

赤子纯厚之德表现在诸多方面，老子列举了六个方面，包括蜂虿虺蛇不螫、猛兽不据、攫鸟不搏、骨弱筋柔而握固、未知牝牡之合而朘作、终日号而不嗄。能做到这些，是因为赤子无欲无求、不害于物、精气充沛、和气纯厚。这也正是德厚之人应当具备的品质。严遵在《老子指归》中对此进行了深刻的剖析：“夫德之在人犹父母之于身也；其于万物，犹珠玉之与瓦铅也。是以，含德之士，重身而轻天下，犹慈父孝子，不以其有易其邻。大身而细物者，犹良贾察商，不以珠玉易瓦铅也。其无欲也，非恶货而好廉也，天下之物莫能悦其心也；其为虚也，非好静而恶扰也，天下之事莫足为也。夫何故哉？所有重而天下轻也。……是故建身为国，诚以赤子为容，则是天下尊道贵德，各重其身，名势为垢，万物为尘。贪夫逃爵，残贼反仁，积柔集弱，唯德是修。而作福生乱者有何由然？悲夫！天地之道，深以远，妙以微，能识之者寡，行之者希，智慧不能得，唯赤子能体之。夫赤子之为物也，知而未发，通而未达，能而未动，巧而居拙。生而若死，新而若弊，为于不为，与道周密。”大意是说，德之于人，就如人与父母的关系一样；与万物相比，就如珠玉比于铅瓦。因此德行纯厚之人，重视自身修养而轻视拥有天下，就像慈父孝子，不会因为富有而搬离邻居。重视自身、轻视外物，就如精明的商人，不会用自己的珠玉换别人的铅瓦。他无欲无求，并不是厌恶财富喜好廉洁，是因为天下之物没有能够使他欢心的；他内心虚静，并不是喜好清静而厌恶搅扰，是因为天下之事不值得去做。这是什么原因呢？是因为相较而言，自己所拥有者重、天下者轻。……因此修身治国，如果能像赤子那样，那么天下就会尊崇道重视德，都会以修身为重。名声权势会被视为污垢，万物会被看成尘埃，贪婪者就会逃离爵禄，残杀者返归仁德，重视柔弱，只修道德。这样的话，作威作福、制造祸乱的人还有什么理由继续他们的行为？可悲啊！天地之道，又深又远、精妙细小，能懂得的人太少，实行的人就更少，有智慧的人是得不到的，只有赤子能体会到。赤子作为万物之一，有智慧但尚未开发，能通晓但尚未开启，有能力但尚未行动，有技巧但尚处笨拙，虽生如死，虽新如旧，以不为为之，与“道”的要求严丝合缝。

这将赤子之德与为什么要有赤子之德讲得极为透彻，“知而未发，通而未达，能而未动，巧而居拙”，既是赤子之德的精髓，也是道家思想的写照。《庄子·逍遥游》有一则故事：尧让天下于许由，许由坚辞不受，说：“您治理天下已经非常安定了，却让我来代替您。我如果代替您，是为名吗？名是实的从属物。我是为了得到从属之物吗？鹪鹩在密林筑巢，所需不过一枝而已；偃鼠饮水于河，所需不过满腹而已。您还是回去算了，我要天下有什么用呢！厨师虽不下厨做菜，主持祭祀的人也不会去越俎代庖。”这是许由的赤子之德。

老子主张赤子纯厚之德，认为用这个办法就能防止外界的伤害并免遭不测，如果纵欲贪生，逞强好胜，反而会倒持太阿，伤及自己。这一思想在修身养性上具有独到之处，但毕竟是早期农耕文明的产物，现代社会已经高度融合，人不可能独善其身，这种“躲进小楼成一统”的思想是无法立足于现代文明的。因此，在研习这一思想时，我们秉持的态度，应是“择其善者而从之，其不善者而改之”。

二、修齐治平之道

这一命题讲的是“道”的功用，能给“德”带来什么样的益处。众所周知，“修齐治平”是儒家思想，怎么能在这里出现呢？道家真的有修齐治平之道吗？答案是——有！在《道德经》第五十四章，老子讲到“修之于身”“修之于家”“修之于乡”“修之于国”“修之于天下”，其中的“之”字，指的都是“道”，说的是以“道”来治身、治家、治国、治天下。

《道德经》第五十四章：“修之于身，其德乃真；修之于家，其德乃余；修之于乡，其德乃长；修之于国，其德乃丰；修之于天下，其德乃普。”意思是按照“道”来修养自身，他的美德就会纯真无邪；按照“道”来要求家庭，他的美德就会丰盈有余；按照“道”来管理全乡，他的美德就会受到尊崇；按照“道”来治理全国，他的美德就会丰硕盛大；按照“道”来治理天下，他的美德就会遍及天下。

“修之于身，其德乃真”，河上公注：“修道于身，爱气养神，益寿延年。其德如是，乃为真人。”意思是以“道”修身，就会爱惜精气、养护精神，益寿延年，具备这个德行，才是真正觉悟之人。这样的人性情简易，心志通达，关注精神，淡泊名利，气血平和，四肢康健，耳聪目明，精神专注，生机勃勃，身体矫健，令人神往。

“修之于家，其德乃余”，河上公注：“修道于家，父慈子孝，兄友弟顺，夫信妻贞。其德如是，乃有余庆及于来世子孙。”意思是以“道”治家，就会父慈子孝、兄友弟恭、丈夫守信、妻子忠贞。具有这样的德行，就会有余庆泽及后世子孙。王弼注：“以身及人也。修之身则真，修之家则有余。修之不废，所施转大。”意思是修养自身泽及他人。以“道”修身则真，以“道”修家则有余。只要修治不止，恩泽会越来越大。二人解释基本一致，以“道”治家，就会家庭和顺，九族亲睦，不废农时，产业兴旺，事业顺利，家道丰裕，传家有道，源远流长。

“修之于乡，其德乃长”，河上公注：“修道于乡，尊敬长老，爱养幼少，教诲愚鄙。其德如是，乃无不覆及也。”意思是以“道”治乡，尊老爱幼，教育愚昧鄙陋之人。具有这样的德行，就没有不被照顾到的。这告诉我们，以

“道”治乡，就会正纲肃纪，动静合宜，黑白分明，是非明断，奸邪自灭，令行禁止，井井有条，安居乐业，民风自淳。

“修之于国，其德乃丰”，河上公注：“修道于国，则君信臣忠，仁义自生，礼乐自兴，政平无私。其德如是，乃为丰厚也。”意思是君主以“道”治国，仁义会自然生成，礼乐会自然兴起，政事公正无私。具有这样的德行，才称得上是丰硕厚重。以“道”治国，就会君明臣忠，智尽其谋，勇竭其力，仁播其惠，信效其忠，邪曲不蔽正，谗谄不害公，各尽职守，为之自然，近者亲附，远者来之，国富民强，万国来朝。

“修之于天下，其德乃普”，河上公注：“人主修道于天下，不言而化，不教而治，下之应上，信如影响。其德如是，乃为普博。”意思是天子以“道”治天下，不言而能归化，不教而能治理，民众响应天子，犹如影子和声响紧紧相随。具有这样的德行，才称得上是普遍、广阔。天子如能以“道”治天下，就会阴阳协调，动静有常，方圆相配，语默相和，平凡无为，淡然无声，不行而知，不为而成，无事无忧，天下太平。

《韩非子》以法家独特的视角，对这一命题进行了解读，《解老》云：“身以积精为德，家以资财为德，乡国天下皆以民为德。今治身而外物不能乱其精神，故曰：‘修之身，其德乃真。’真者，慎之固也。治家者，无用之物不能动其计，则资有馀，故曰：‘修之家，其德有馀。’治乡者行此节，则家之有馀者益众，故曰：‘修之乡，其德乃长。’治邦者行此节，则乡之有德者益众，故曰：‘修之邦，其德乃丰。’莅天下者行此节，则民之生莫不受其泽，故曰：‘修之天下，其德乃普。’”大意是身体以积聚精气为德，家庭以蓄积财产为德，乡里、国家、天下都以保养民众为德。现今只要修身，外界事物就不能扰乱其精神，所以说：“修之于身，其德乃真。”所说的真，就是守护得很牢固。治理家庭，不让没用的东西扰乱计划，就会资财有余，所以说：“修之于家，其德乃余。”治理乡人实行这一原则，那么家庭有富余的就会更多，所以说：“修之于乡，其德乃长。”治理国家的人实行这一原则，那么乡里有德行的人就会更多，所以说：“修之于国，其德乃丰。”治理天下的人实行这一原则，民众无不受到恩泽，所以说：“修之于天下，其德乃普。”这明显体现了法家的治国理政、富国富民的理念。

在这里，为解析这一思想，引用了王弼、河上公和韩非子的观点，非常具有代表性。比较之下，我们更能理解道家思想的修齐治平与儒家思想的修齐治平的不同，儒家的修齐治平体现在“修己以治人”，而道家的修齐治平则体现在“修己以化人”，具有本质区别。总之，这一命题着重阐释的还是道家的修身方法，只有遵从“道”，才能够立身、为家、为乡、为国、为天下。

三、贵师爱资之道

这一论断的核心是“贵其师”“爱其资”，如果做不到就会“虽智大迷”。

《道德经》第二十七章：“故善人者，不善人之师；不善人者，善人之资。不贵其师，不爱其资，虽智大迷，是谓要妙。”意思是善人是不善人的老师，不善人是善人的资鉴。不重视自己的老师，不爱惜他们的资鉴，即使是聪明的人，也会十分糊涂。这就是精深微妙之道。

“善人者，不善人之师”，河上公注：“人之行善者，圣人即以为人师。”意思是只要是行善之人，圣人就会推举他为人师。王弼注：“举善以师不善，故谓之师矣。”意思是推举善人来教化不善人，所以称作师。二者解释基本一致，不做赘述。

“不善人者，善人之资”，河上公注：“资，用也。人行不善者，圣人犹教导使为善，得以给用也。”资为用之意。人为不善之事，圣人会教导他们，使之向善，使他们发挥作用。王弼注：“资，取也。善人以善齐不善，以善弃不善也，故不善人，善人之所取也。”资为取之意。善人用善来治理不善之人，用善行摒弃不善之行，所以不善之人会被善人所接纳。河、王注都肯定了善人对不善人的教导，河注重不善人改过之后的向善，而王注主张教育并宽容之，相较而言，河注更佳。

“不贵其师，不爱其资，虽智大迷，是谓要妙。”河上公注：“独无辅也。无所使也。虽自以为智，言此人乃大迷惑。能通此意，是谓知微妙要道也。”意思是孤独而没有辅助，无法发挥作用。虽然自以为有智慧，但这样的人其实是最迷惑的人。能通达其中深意，就是懂得了大道最切要的道理。王弼注：“虽有其智，自任其智不因物，于其道必失，故曰虽智大迷。”意思是虽有智慧，只注重发挥智慧而不遵循事物规律，一定会违背大道，所以说是“虽智大迷”。河注将“智”解为“自以为智”；王注解为“虽有其智，自任其智”，各有其理，王注更佳。对于本章，苏辙又有其独到见解，在《老子解》中说：“圣人无心于教，故不爱其资；天下无心于学，故不贵其师。圣人非独吾忘天下，亦能使天下忘我故也。圣人之妙，虽智者有所不谕也。”这是说圣人达到超然入化之境，无为而无不为，亦符合老子思想。

在这里，其核心思想是“善人者，不善人之师，不善人者，善人之资”。

“善人者，不善人之师”。善人为有德之人，所以可以成为不善人的榜样，可以为师矣。段干木是魏国的贤德之人，是子夏的学生。魏文侯路过段干木住所的时候，起身扶着车轼行礼。仆人问：“您为什么这样做呢？”魏文侯说：“这不是段干木所住的里巷吗？段干木是贤者，我怎敢不这样？我听说段干木不肯以自己的德义来交换我的地位，我怎敢轻视他？段干木以德为荣耀，而我以土地为荣耀；段干木富有道义，而我富有财宝。土地比不上德行，财宝比不上道义，我应当拜他为师。”魏文侯虽无齐桓晋文之功，而有齐桓晋文之名，这与他师事段干木、田子方有莫大关系。

“不善人者，善人之资”。这可以有两种理解，一种是不善之人的教训可以为善人提供借鉴；另一种是善人对不善人进行教导，使之向善。

从借鉴方面看，不善之人素来离经叛道，做出一些悖逆之事，自然会受到教训。从夏桀、商纣可知不可以暴治天下；从陈灵公、汉灵帝能见不可以淫安国家；见伯嚭、和珅之事而思不可过分贪财，闻赵高、宇文之行而戒不可一味专权；来俊臣、周兴失之于酷，主父偃、张汤专之于苛。这些深刻的教训足以警诫善人君子，谨言慎行，不蹈覆辙。

从教导方面看，善人没有抛弃不善之人，而是教导他们，“以善齐不善，以善弃不善”，这与老子“圣人善救人，故无弃人”“善救物，故无弃物”相呼应。《孔子家语·子路初见第十九》记载：子路见孔子，孔子问：“你有什么爱好？”子路回答：“好长剑。”孔子说：“我问的不是这个，我认为以你现在的能力，再有些学问的话，谁能比得上你呢？”子路说：“学习有用吗？”孔子说：“君主没有进谏之臣就会失之于正，士人没有可以开导的朋友就会偏听偏信，驾驭烈马的人不会放弃鞭子，操拿弓弩之人不能丢弃矫正弓弩的器具，木材经过绳墨矫正就能取直，人接受直言规劝就会通达，从师学习重视学问，怎能不顺利呢？诋毁仁义，厌恶士人，必定会触犯刑律，因此君子不可不学。”子路说：“南山有竹，不必矫正自然而直，砍下来用作箭杆可以穿透犀牛皮，以此看来，为什么要学习呢？”孔子说：“把箭的末端装上羽毛，安上金属箭头并磨得锋利，这样射得不是更深吗？”子路再拜说：“恭敬接受您的教诲。”自此，子路成为孔子学生，是七十二贤之一，具备很多优秀品质。如果没有孔子教诲，子路成为什么人非常难说，但不会是现在历史上的子路。

既如此，就要贵其师、善其资，就要尊师重教、有教无类，既要尊重知识、尊重人才、尊重劳动、尊重创造，又要重视教育、重视学习，培育全民学习、终身学习的理念，如果不是这样，那就真的是“虽智大迷”了。

四、治世“三不”之道

这一命题中，老子阐述了圣人心中的治世三目标：不尚贤、不贵难得之货、不见可欲。要做到这些，老子认为要为无为，具体措施是虚其心，实其腹，弱其志，强其骨。

《道德经》第三章：“不尚贤，使民不争；不贵难得之货，使民不为盗；不见可欲，使民心不乱。是以圣人之治，虚其心，实其腹，弱其志，强其骨。常使民无知无欲，使夫智者不敢为也。为无为，则无不治。”意思是，不尊崇贤者虚名，就会使民众不攀比相争；不以稀物为贵，就会使民众不去盗窃；不让民众见到引起欲望的东西，就会使民众不乱心志。因此圣人治世，就是让民众心志淡泊，衣食无忧，弱化其锋芒，强健其体魄。让民众反守淳朴，使所谓的智者不敢轻举妄动。以无为而为，就会天下安定。

目标之一：“不尚贤。”河上公注：“贤谓世俗之贤，辩口明文，离道行权，去质为文也。不尚者，不贵之以禄，不贵之以官。”河上公认为，这里的贤者指的是世俗所称的贤能之人，这样的人口齿伶俐、能言善辩，但思想偏离大道，改变常规，权宜行事，抛弃质朴而专注文饰。对这样的贤者，不应用高官厚禄来使他富贵。由此看来，不尚贤之“贤”，其实是善于投机钻营之徒，当然是不能尊崇的。《三国志・吕布传》记述，吕布是一个反复无常的投机者。最初，吕布依附于丁原，董卓引诱他杀了丁原，投身在自己门下。不久，因一些琐事二人发生不快，在王允密谋下，吕布又刺杀了董卓。李傕、郭汜犯长安后，吕布因惧怕又欲投袁术，袁术厌恶他反复无常，未果。在之后的军阀混战中，吕布屡次投靠别人麾下，但都未能长久，并且还夺了刘备的徐州。最终众叛亲离，被曹操所杀。虽然吕布武艺高强，能够见风使舵，但终究是宵小之辈，不是真正的贤者，这种人当道只能是贻害社会，当然不能尊崇这样的人。“辩口明文，离道行权，去质为文”之人不被尊崇，那么人心就会向道，不会被各种投机取巧所扰乱。

目标之二，“不贵难得之货。”河上公注：“言人君不御好珍宝，黄金弃于山，珠玉捐于渊也。”是说君主不喜好珍宝，深山里的黄金就不会被开采，珍珠玉器就会被弃之深水。作为君主清正廉净，臣民就会减少贪欲。阮籍在《咏怀》之七十二中说：“高名令志惑，重利使心忧。”《庄子・让王》中有一个小故事：楚昭王失国，屠羊说（一个以杀羊为业的人，名字叫“说”）跟随昭王一起逃走，当昭王反国时，要赏跟从的人，但屠羊说坚辞不受，讲出了很充分的理由，并说：“大王失国，非我之罪，故不敢受其罚；大王反国，非我之功，故不敢受其赏。”这让楚昭王大为感动，要授之以三卿之位。屠羊说说：“三卿之位，我知道它贵于屠羊之肆；万钟之禄，我知道富于屠羊之利。但我怎么可以贪图爵禄而使君王有任意赏赐的名声呢?”最后还是没有接受，返回了自己的屠羊之肆。这个屠羊说，就做到了不贵难得之货，这样的人怎么能够为盗呢？可以说，屠羊说虽为平民，但绝非等闲之辈，是真正的明道之人。

目标之三，“不见可欲。”河上公注：“放郑声，远佞人。”意思是放弃郑国的音乐，远离巧言谄媚的人。河上公的解释只是说了“可欲”中的一部分，现实生活中的“可欲”太多了：良田美宅、声色犬马、高官厚禄、众星捧月等。一个人在纯朴的状态下，可以做到安步当车、晚食当肉，但见识了花花世界之后，欲望之门被打开，他还能够安分守己吗？所以“不见可欲”，民心不乱，见到“可欲”，则民心易乱。老子开出的药方是为无为：虚其心，实其腹，弱其志，强其骨。这在农业经济时代相对好用，但在当今信息高度发达的时代，已经不好用了。因此，如何处理“见‘可欲’，而使民心不乱”，是一个重大课题。“虚其心，实其腹，弱其志，强其骨”，是一个“堵”的办法，在当代，“堵”已经是不可能了，所以必须在“疏”上下功夫，这就是培养高尚的道德情操、树立正确的价值追求，将个人的人生价值融入中华民族伟大复兴的事业之中。

苏辙对尚贤、贵难得之货、见可欲这三者有着独到的见解，对当今时代仍具有借鉴意义。他在《老子解》中说：“尚贤，则民耻于不若而至于争；贵难得之货，则民病于无有而至于盗；见可欲，则民患于不得而至于乱。虽然天下知三者之为息，而欲举而废之，则惑矣。圣人不然，未尝不用贤也，独不尚贤耳；未尝弃难得之货也，独不贵之耳；未尝去可欲也，独不见之耳。夫是以贤者用而民不争，难得之货可欲之事毕效于前，而盗贼祸乱不起，是不亦虚其心而不害腹之实，弱其志而不害骨之强也哉。今将举贤而尚之，宝货而贵之，衔可欲以示之，则是心与腹皆实也。若举而废之，则是志与骨皆弱也。心与腹皆实，则民争；志与骨皆弱，则无以立矣。”大意是，崇尚贤者，百姓就会为羞于自己不如别人而去争斗；以稀有之物为贵，百姓就会忧虑自己没有而去偷盗；见到引起欲望的东西，百姓就会因害怕得不到而去作乱。虽然天下人知道要平息它们，但要废除这些，又会产生疑惑。圣人则不同，他们任用贤人却不崇尚贤人，不曾抛弃稀有之物而不以之为贵，不曾去除引起欲望的东西却不去看它。因此任用贤能之人而百姓不争，难得之货和可欲之事都在身边，但盗贼祸乱却不会引发，这难道不是虚其心而不妨害腹之实、弱其志而不妨害骨之强吗？而现在是推举贤人并崇尚他，以难得之货为宝并且使它高贵，心怀可欲之事并示之于人，就是既实其心，又实其腹。如果要废除这些，志与骨就都被削弱了。心与腹都充实，百姓就会有纷争；志与骨都削弱，百姓就失去了立身之本。这个见解可以说是对前面的总结，极其深刻，值得我们细细品味。

时移世易，境况不同，“不尚贤、不贵难得之货、不见可欲”已经无法原封不动地实行，那么就需要根据时代赋予其新的内涵，想办法，做到“贤者用而民不争，难得之货可欲之事毕效于前，而盗贼祸乱不起”，既能虚其心而不害腹之实，又能立（不能够弱）其志而不害骨之强。当前的“精准扶贫、精准脱贫”“人民对美好生活的向往就是我们的奋斗目标”“德才兼备”选拔干部，就是对老子这一思想的时代破解，即“尚贤”“贵难得之货”“见可欲”亦可使民不争、使民不为盗、使民心不乱。

五、损益中和之道

这一命题体现了老子意欲促进社会公平的思想。老子主张“人之道”应当效法“天之道”。“天之道”保持自然平衡的方法是“损有余而补不足”，而“人之道”造成不平等的原因是“损不足以奉有余”，因此他要求人类社会要效法“天之道”，“损有余以奉天下”。

《道德经》第七十七章：“天之道，其犹张弓与？高者抑之，下者举之；有余者损之，不足者补之。天之道，损有余而补不足。人之道则不然，损不足以奉有余。”意思是说天道不是很像张弓射箭吗？弦拉高了就把它压低一些，低了就把它举高一些，拉得过满了就把它放松一些，拉得不足了就把它补充一些。天道是减少有余的，补给不足的。可是人道却不是这样，要减少不足的，来奉送给有余的人。

“天之道，损有余而补不足”，河上公注：“天道损有余而益谦，常以中和为上。”意思是天道减损有余而增益不足，常以达到平衡为最高目标。比如阴阳关系，刚决柔也好、阴剥阳也罢，最终结果都是归于平衡，阴阳平衡是天道。从人体来说，阳盛过热、阴盛过冷，健康的身体会保持体内的阴阳平衡，这是符合天道的。这与《周易》思想相吻合。《周易》谦卦彖辞说：“天道亏盈而益谦，地道变盈而流谦，鬼神害盈而福谦，人道恶盈而好谦。”意为天道亏损满盈而增益谦卑，地道改变满盈而流向谦卑，鬼神加害满盈而福佑谦卑，人道厌恶满盈而喜好谦卑，都体现了损高增卑、损有余补不足的思想。

“人之道则不然，损不足以奉有余”，河上公注：“人道则与天道反也，世俗之人损贫以奉富，夺弱以益强也。”是说世俗之人减损贫者奉给富者，夺取弱者增益强者。这一现象加剧了人与人之间的不平等，人类的剥削史就是损贫以奉富、夺弱以益强的历史。统治阶级对被统治阶级“公开的、直接的、无耻的、露骨的剥削”（马克思语），使财富日益集中到少数人手里，贫富分化急剧拉大，穷人越来越穷，富人越来越富，并且贫穷形成代际传递，上演着一幕幕人间惨剧，这都是“损不足以奉有余”的恶果。在古代中国，每逢乱世，豪强并起，土地兼并日益严重，大量农民的土地流向大地主手里，使农民成批沦为佃户，流血流汗却换不来温饱，生命安全更是没有保障。在西方资本主义发展过程中，出现了“羊吃人”的圈地运动，使大量农民迅速变为无产阶级；在激烈的竞争中，大批小资产阶级、小食利者、小工业家、小商人等沦为无产阶级。这种两极分化的生活境况，导致一面是夜夜笙歌，一面是饥寒交迫。这就是老子所抨击的人之道。

主张“损有余而补不足”、反对“损不足以奉有余”是老子思想的重要方面，但似乎与老子的基本思想又有矛盾，因为老子的基本思想是自然无为，而不论“损有余”还是“损不足”，都违背了自然无为的基本原则，所以值得商榷。对于损与益，比较好的解释是王夫之在《周易内传》当中的观点，他说：“地道周行于天以下，时有所施化，多者裒聚之而益多，寡者益之使不乏，固不厚高而薄下，抑不损高而补下，各称其本然而无容私焉。故高者自高，卑者自卑，而要之均平。君子施惠于民，务大德，不市小恩。不知治道者，徇彼疲惰之贫民，而铲削富民以快其妒忌，酿乱之道也。”意思是说，地道在天下运行，经常对天下有所施与，对拥有多的仍让其多聚而更多，拥有少的也给予他不让他匮乏，既不高看上面而轻视下面的，也不减损上面而补偿下面的，任其自然而没有什么私心。因此高的就让他高，低的就让他低，而关键在于维护公正的社会环境。君子为老百姓谋利益，要专注于大德，不要施以小恩小惠。不懂得治理方略的人，一味逢迎懈怠懒惰的贫民，从而剥夺富民来满足他们的嫉妒之心，是酿成祸乱的根源。在这里，王夫之的根本主张就是顺应自然——“固不厚高而薄下，抑不损高而补下，各称其本然而无容私焉。”这非常符合老子思想的本原。当然，在这里王夫之也有过于绝对之处，比如“君子施惠于民，务大德，不市小恩”，这要分情况，正如《中庸》所讲，“大德敦化，小德川流”。如果一个人有大德之量，当然要务大德；但不具备大德之量，给百姓解决小问题同样值得称道，如涓涓溪流滋润万物。

概言之，老子主张的损益之道是他所认为的天道——损有余而补不足，但这又与他的自然无为思想相冲突。因此，损益的结果应是自然而然，而不是人为造作，诚如王夫之所言："各称其本然而无容私焉。"

六、少得多惑之道

这一论断揭示的是多与少之间的辩证关系。贪多未必多获，求少未必少得。

《道德经》第二十二章："曲则全，枉则直，洼则盈，敝则新，少则得，多则惑。是以圣人抱一为天下式。"意思是，委曲便会保全，屈枉便会直伸，低洼便会充盈，陈旧便会更新，少取便会获得，贪多便会迷惑。所以有道之人把坚守大道作为天下事理的范式。

老子将"少则得，多则惑"与"曲则全，枉则直，洼则盈，敝则新"放在一起，可以理解为是众多相互转化的对立面之一。在这里我们仅就"少则得，多则惑"从为政之德方面来剖析，其他方面将在为事之道当中详述。

"少则得，多则惑"，包含了四个方面要素——少、得、多、惑。在这四个要素中，存在着辩证统一关系：少和多相反，得和惑相对，少和得相成，多和惑相生。宋代陈旉在《农书》上说："凡从事与务者，皆当量力而为之，不可苟且，贪多务得，以致终无成遂也。"意思是说，凡是做事情的，都应该量力而行，不可以只顾眼前，贪求太多，以至于最终一事无成。这使我们想到，习近平总书记在讲到保障和改善民生问题时曾强调："保障和改善民生要抓住人民最关心最直接最现实的利益问题，既尽力而为，又量力而行，一件事情接着一件事情办，一年接着一年干。"这其中蕴含的哲理正是揭示"少、得、多、惑"这四个要素的关系。

"少则得"，河上公注："自受取少，则得多也；天道佑谦，神明托虚。"意思是，自己接受、获取的越少，得到的就越多；天道护佑谦卑，神明托举虚空。一个人牵挂者少，其方向也明；所积者少，其容量也大；所望者少，其成也速；所需者少，其乐也多。食者少，得健康；穿者素，得自在；言者少，远祸患；交者少，得清闲。这些都诠释了"少则得"的真谛。但我们还要看到，"少则得"不是无欲无求，不是消极颓废，不是懒人哲学，而是知道适可而止，懂得在必要时放弃，有放弃才有收获，正如"舍得"的智慧——有舍有得，无舍无得。

“多则惑”，河上公注：“财多者惑于所守，学多者惑于所闻。”意思是，财物多的被财物所迷惑，学问多的被学问所迷惑。有道是，“乱花渐欲迷人眼”，多则乱，乱则迷。

先看“财多者惑于所守”。何曾是晋武帝重臣，生活奢华。《晋书》卷三十三《何曾列传》记载：“然（何曾）性奢豪，务在华侈。帷帐车服，穷极绮丽，厨膳滋味，过于王者。每燕见，不食太官所设，帝辄命取其食。蒸饼上不坼作十字不食。食日万钱，犹曰无下箸处。”意思是说，何曾喜好豪华奢侈，衣食陈设务求奢华。帷帐车服都奢华绮丽到极点，膳食滋味超过帝王之家。平时在宫中与皇帝聚会，不吃宫中掌管膳食官员所设的饮食，皇帝常派人到他家取他喜欢吃的食物。蒸饼上不做十字样的花纹就不吃。他的伙食一天要花一万钱，他还不满意，说没有值得下筷子的东西。这就是惑于物多。

再看“学多者惑于所闻”。《论语》中有一句话，叫“学而不思则罔”，讲的就是“学多者惑于所闻”。如果一个人只知道不断地积累知识，而不知道思考、辨别，就会混淆是非、无所适从，就会被自己所学所累。比如就“礼”而言，孔子说：“不学礼，无以立。”老子说：“夫礼者，忠信之薄而乱之首。”荀子说：“学至乎礼而止矣，夫是之谓道德之极。”孰是而孰非，各有其理，思则得之，不思则不得。因此王阳明有言：“知而不能真切笃实，便是妄想，便是思而不学则殆。”傅斯年同样有一句很值得我们品味的话：“一天只有21小时，剩下3小时是用来沉思的。”尤其在当代，在纷繁芜杂的信息、知识中，如何辨别真伪，需要用更多的时间来思考，才不会惑于所闻。

魏文侯出游的时候，看见一路人反穿着皮袄背草料。文侯就问：“你为什么反穿着皮袄背草料？”那人回答：“因为我爱皮袄上的毛。”文侯又问：“你不知道皮袄的皮磨光了，毛就无所依附了吗？”第二年，东阳邑上报的赋税收入是前一年的十倍，朝臣都向文侯祝贺。文侯说：“这不是向我祝贺的理由。就如路人反穿皮袄背负草料一样，本来是爱惜毛，却不知道皮磨损殆尽，毛也无所依附。现在东阳邑田地没有增多，百姓没有增长，但赋税却增长十倍，一定是官吏从百姓那里多收来的。我听说下面不安定上面也难以居处，因此这不是祝贺我的理由。”魏文侯可谓智者，他知道无故之“多”并非好事。土地少、人口少，必然赋税也少；土地少、人口少，而赋税却多，一定有问题。如若不明察，执政者就会被蒙蔽，必然造成政局动荡，这是从正反两面解读了“少则得，多则惑”。

当然，“少则得，多则惑”也是一个相对概念，固然有“少则得”，但也有“多钱善贾，长袖善舞”，不似“少则得”；虽然有“多则惑”，但也闻“韩信用兵，多多益善”，未见“多则惑”。因此，对少、得、多、惑相互之间的关系，我们需要辩证对待，不能一概而论，但老子这一思想，有其重要意义，值得我们深思借鉴。

七、民无生为之患

这一论断揭示了百姓与执政者矛盾的根源在于执政者贪求过度。

《道德经》第七十五章：“民之饥，以其上食税之多，是以饥。民之难治，以其上之有为，是以难治。民之轻死，以其上求生之厚，是以轻死。夫唯无以生为者，是贤于贵生。”意思是，人民所以遭受饥饿，是由于统治者征税太重；人民之所以难以统治，是由于统治者过于作为，让人民无所适从；人民之所以不怕死，是由于统治者贪求生活的奢侈丰厚。因此，只有不去追求生活享受的人，才比过分贪求生命的人更高明。

“民之饥，以其上食税之多，是以饥”，河上公注：“人民所以饥深者，以其君上税食下太多。民皆化上为贪矣，叛道违德，故饥。”意思是，人民之所以饥饿深重，是因为君上征税太多。究其原因，受君主贪婪影响，使贪婪在臣民间层层传递，背叛常理、违逆道德成为常态，财富愈往下层愈少，而愈往下层民众愈多，以稀有之财养众多之民，民之饥饿是必然的。这就是上行下效的结果，因此，君主贪婪不仅是聚敛财富的问题，更是政治问题，世风民风问题的实质是官风政风的问题。如孟子所言：“庖有肥肉，厩有肥马，民有饥色，野有饿殍，此率兽而食人也。兽相食，且人恶之；为民父母，行政，不免于率兽而食人，恶在其为民父母也?”意思是，厨房里有肥肉，马棚里有壮马，可老百姓面带饥色，野外饿死的尸体比比皆是，这如同率领着野兽来吃人啊！野兽自相残食，人们尚且厌恶，而（当权者）身为百姓父母，施行政事，却不免于（如同）率领野兽来吃人，这又怎能算是百姓的父母呢？“民皆化上为贪，叛道违德”，其实质就是率兽食人，是民不聊生的根源。孔子北上到山戎，见到一个妇人在路边哭，其哭甚哀，孔子停下车问道：“你为什么哭得如此伤心?”妇人回答：“前几年老虎吃了我的丈夫，今年老虎吃了我的儿子，所以悲伤。”孔子叹了口气，说：“那你为什么不离开这里?”妇人说：“这里政事公正，官吏不严苛，所以我不愿离开。”孔子回头对子贡说：“你要记住，政事不平、官吏暴虐，与虎狼无异啊。”《诗经》上说：“降丧饥馑，斩伐四国。”意思是上天降下遍地丧亡和饥荒，残害四方、百姓遭殃。政事不公正，就会残害四方国家，岂止是两个人，妇人不离开居住之地是两害相权取其轻，这就是苛政猛于虎。

老子由此又进一步阐述“民之难治”与“民之轻死”。

“民之难治，以其上之有为，是以难治。”河上公注：“民之不可治者，以其君上多欲，好有为也，是以其民化上有为，情伪难治。”意思是说，百姓之所以难治，是因为君主欲望太多，喜好有所作为，所以臣民层层效法君主作为，造成人心虚伪难以治理。这就是我们常说的“上有所好，下必甚焉”，一系列的形象工程、政绩工程层出不穷，官吏们想的是如何迎合上级、迎合君主，至于百姓是否满意、高兴，他们是不在乎的，长久下去，必然招致民怨沸腾，民变不断。而这在执政者看来，是“民之难治”，而其根本原因是执政者的乱作为。苏辙说：“上以有为导民，民以有为应之，故多事而难治。”中行寅（荀寅，又称中行文子，荀林父之后）遭到反叛将要逃亡时，召来太祝想给他定罪，说：“你为我祝祷的时候，是牺牲不肥美，还是斋戒不恭敬？居然让我亡国，到底为什么？”太祝简回答：“过去我们先祖中行穆子只有十辆战车，不担心战车少，却担心德义之不足。现在您有战车百辆，不担心德义不够，却担心战车不够。舟车奢华就会加重百姓负担，百姓负担重就会怨恨。您真的以为祝祷就会对国家有利吗？其实诅咒也可以让一个国家灭亡。一人祝祷，一国诅咒，一人祝祷敌不过万人诅咒，国家灭亡不是很自然的吗？”中行寅无以对。中行寅的所作所为，就是“其上之有为”，是亡国之道。

“民之轻死，以其上求生之厚，是以轻死”。河上公注：“人民轻犯者，以其求生活之道太厚，贪利以自危，以求生太厚之故，轻入死地也。”这可以解释为：人民之所以敢于犯上作乱，是因为统治者把自己的利益放在民众之前，贪求生活的奢侈丰厚。由于统治者贪求过甚，民众也要为自己的生存而斗争，所以为求得自己生存出生入死在所不惜，到最后必然危及统治者自身。范应元说：“秦皇汉武，焚书坑儒，反道德恣情纵欲，苦万民以自贵，故民适以轻死。”剖析也很深刻。

以普通人的立场，没有不想得到更多利益的，没有不想大有作为的，没有不想改善自己生活的。推己及人，人同此心，心同此理，人同此性，性同此道。高明的君主能与天下人同心同德而不以自己为中心，所以能够体察民情，懂得民望而能与民众相向而行，顺应民众的利益，把利益给民众，顺应民众的心意，做民众希望的事情，把民众的生存需要放在首位。改善天下民生，而不是改善自己的生活条件，与天下共有，与天下共乐，与天下共安。如范文正言："先天下之忧而忧，后天下之乐而乐。"作为执政者，欲达此目的，就要少食税、少有为、远奢侈。

八、唯施是畏之道

"唯施是畏"的意思是唯恐走上邪路。这一论断是老子在抨击当政暴君"盗竽"的"非道"行径，这些行径无疑是走上了邪路。这些行径包含了"朝甚除，田甚芜，仓甚虚；服文采，带利剑，厌饮食"。

《道德经》第五十三章："使我介然有知，行于大道，唯施是畏。大道甚夷，而民好径。朝甚除，田甚芜，仓甚虚；服文采，带利剑，厌饮食，财货有余；是谓盗竽。非道也哉！"意思是，假如真正让我主管政事的话，我将依照大道而行，唯恐走上邪路。大道虽然很平坦，但人们却喜欢走捷径。宫室修建非常漂亮，农田很荒芜，仓库十分空虚；君主穿着锦绣，佩带着锋利的宝剑，饱餐精美的饮食，聚敛大量民财，这就叫作强盗头子。这是多么无道啊！

在这里，老子先用了一个假设，这就是如果自己执掌政事的话，一定会小心翼翼，依道而行。但现实的情况是，大道虽然非常平直易行，但人们却好行险侥幸，偏走邪僻之径，以达到快速得到名利的目的。这造成的结果就是宫室漂亮、田地荒芜、仓库空虚；君主高高在上，衣文锦绣、腰佩利剑、美酒佳肴，表面繁荣，实则衰朽，背离了治国理政的根本宗旨，与强盗无异。

"朝甚除"，河上公注："高台榭，宫室修。"意思是楼台建筑高大，宫室精美。王弼注："朝，宫室也。除，洁好也。"意思是，"朝"就是宫室；"除"就是整洁漂亮。

"田甚芜"，河上公注："农事废，不耕治。"意思是农事废弛，不耕作管理。

"仓甚虚"，河上公注："五榖伤害，国无储也。"意思是，五谷受到破坏，国家没有储备的粮食。

"服文采"，河上公注："好饰伪，贵外华。"意思是喜欢装假作伪，注重表面繁华。

"带利剑"，河上公注："尚刚强，武且奢。"意思是崇尚刚强，喜欢武力和奢侈。

"厌饮食"，河上公注："多嗜欲。"意思是欲望太多。

"服文采，带利剑，厌饮食"，揭露了统治者的穷奢极侈；"朝甚除，田甚芜，仓甚虚"，揭露了国家的外强中干。这都偏离了老子所主张的无为而治。

民以食为天，食必产于田。田地耕作有序粮仓就会丰实，粮仓丰实食物就会充足，食物充足财物就会丰饶，财物丰饶国家就会安定，所以国家之本在农事。如果不重本、不依道而行，光注重楼台之好、饮食之乐，任凭芜其田、虚其仓，到最终文采之服、锐利之剑、精美之食、有余之财，亦皆非其所有矣。

路易十六的王后玛丽，曾经是奥地利的公主，她并没有意识到作为一名王后应该具有的责任和使命，在政治上毫无建树，每天只热衷舞会、绸缎、宝石……她将王后的权力全部用来满足自己豪奢极侈的欲望，将法国国库花光。她丈夫路易十六对她极尽纵容之能事，满足她的一切愿望，无数昂贵的宝石、时装涌进了她的宫殿，奢华时尚的风气在她的带领下席卷了法国的贵族们。其中最费钱的就是再度修建小特里亚农宫，这座宫殿是路易十六送给玛丽的礼物，而王后则用无穷的创意，使之更加富有情趣。根据统计，前后花在这座宫殿上的钱大约是七十六万六千法郎！她同时还是个慷慨的艺术事业赞助者，对高级定制制衣、皇家家具供应和皇室肖像画事业非常感兴趣。拥有良好的艺术品位也让玛丽王后根本不知人间疾苦，对衣服、鞋子、珠宝需索无度，导致国库空虚，法国的政治经济状态经受不起如此奢华，被当时的法国人称为“赤字王后”。玛丽使法国专制制度陷入严重危机，宫廷大臣互相争权，社会矛盾尖锐，国库空虚，债台高筑。终于，困顿交加的法国爆发了大革命，深遭人民痛恨的国王路易十六和玛丽王后都被关押起来。到1793年，为了防止帝国制度复辟，法国革命者先后在巴黎将路易十六和玛丽王后送上了断头台，一代艳后就此香消玉殒。可以说，是时代和个人性格共同造成了她的悲剧。这是典型的“朝甚除，田甚芜，仓甚虚；服文采，带利剑，厌饮食”。

春秋时期，卫灵公要在天寒地冻之时开凿池塘，宛春进谏说：“寒冬时节发起劳役，恐怕会伤民。”卫灵公问：“天气寒冷吗?”宛春说：“您穿裘衣，坐熊皮，屋里生火，所以不冷。而此时百姓穿的破衣有漏洞，破旧鞋子垫不上草。您当然不冷，但百姓很冷啊。”卫灵公说：“好吧。”于是下令停止劳役。左右亲信劝谏卫灵公说：“君上开凿池塘不知天寒，因为宛春劝谏而停工，这会让百姓把德归于宛春、怨恨归于君上。”卫灵公说：“不对。宛春不过是鲁国的普通百姓，是我提拔任用了他，百姓不知道他有什么才能，现在通过这件事情让老百姓知道他的贤能。况且宛春有贤能，是我发现并任用了他的贤能，这难道不是我的贤能吗?”卫灵公评价宛春，可以说是懂得君主之道了。体民之疾苦，知民之诉求，就不会一味沉浸在自己的主观世界里，就不会一味耽于个人的享乐，从而避免“朝甚除，田甚芜，仓甚虚；服文采，带利剑，厌饮食”。

老子以此昭示，一个国家强盛还是衰弱、太平还是混乱、生存还是灭亡，其根本取决于人心向背及其振奋抑或萎靡，而人心向背及其振奋萎靡，在于政治的兴衰、教化的好坏、道德的厚薄，风俗的优劣，民众的精神。这一切取决于君主的导向，导向正，天下正；导向不正，天下不正。所以孔子说：“子率以正，孰敢不正?”转换成老子的思想模式，就是“子率以道，孰敢不道?!”

九、五味爽口之虞

这一命题主要阐明老子对生活的态度，劝导执政者不要腐化堕落，同时兼顾养生之道。

《道德经》第十二章：“五色令人目盲；五音令人耳聋；五味令人口爽；驰骋畋猎令人心发狂；难得之货令人行妨。是以圣人为腹不为目，故去彼取此。”意思是，缤纷的色彩使人眼花缭乱；嘈杂的音调使人听觉失聪；丰盛的美食使人舌不知味；纵情狩猎使人心情放荡发狂；稀有的物品使人行为不轨。因此，圣人但求吃饱肚子而不追逐声色之娱，所以要摒弃物欲的诱惑而保持安定知足的生活方式。

王弼注：“爽，差失也，失口之用，故谓之爽。夫耳目口心皆顺其性也，不以顺性命，反以伤自然，故曰盲聋爽狂也。难得之货塞人正路，故令人行妨也。”王弼的解释非常深刻，他认为，爽，就是差错、失误的意思。如果口尝不出滋味，其用处就没有了，所以叫作“爽”。耳能听声，眼能看色，嘴能尝味，心能虑事，这些都是自然赋予人的本性。如果不顺着本性，过分沉溺于五音、五色、五味、驰骋畋猎和难得之货，反而伤害了本性，也必然伤害自然，人就会变得盲聋爽狂。难得之货会堵塞人的正路，所以做事会产生伤害。

五音、五色、五味、驰骋畋猎和难得之货，会给人带来感官的刺激，能满足人于一时，但不能满足人于永久，过分沉溺享乐会给执政者带来极大的危害。

首先是危害人的健康。五音破坏了人的听觉、五色破坏了人的视觉、五味破坏了人的味觉。如前所述，何曾“食日费万钱，犹云无下箸”，每天供膳费用达到万钱以上，他还觉得无处下筷子，因为他吃的好东西太多了，调味料用得太多了，味蕾受到伤害，对各种味道已经不敏感了。食物过于精美，还会引起营养过剩，各种生理指标也会恶化，危及健康。《吕氏春秋·贵生》讲了三种祸患：“出则以车，入则以辇，务以自佚，命之曰招蹶之机；肥肉厚酒，务以自强，命之曰烂肠之食；靡曼皓齿，郑卫之音，务以自乐，命之曰伐性之斧。三患者，贵富之所致也。”“三患”就是招蹶之机、烂肠之食、伐性之斧，它们是贵富所生，所以很多人不愿处在富贵之中，这并不是追求外在名声，而是追求养生之实。

其次是消磨了人的意志。人一旦沉溺于享乐之中，就失去了奋斗的动力。当一个人纵情声色犬马的时候，就丧失了原来的志向，初心不再。在《三国演义》中，周瑜为夺回荆州，使用“美人计”引诱刘备、用声色犬马来腐蚀他，让其丧失奋斗精神。刘备虽被称为“世之枭雄”，但仍没抵住诱惑，整日纵情享乐。后来在诸葛亮和赵云的催逼之下，才依依不舍逃回荆州。贾谊《过秦论》描绘秦始皇统一六国，采取了一系列防止政权颠覆的措施后，自以为得计：“天下已定，始皇之心，自以为关中之固，金城千里，子孙帝王万世之业也。”因此开始纵情享乐，细节在杜牧的《阿房宫赋》中有描写：“明星荧荧，开妆镜也；绿云扰扰，梳晓鬟也；渭流涨腻，弃脂水也；烟斜雾横，焚椒兰也。雷霆乍惊，宫车过也；辘辘远听，杳不知其所之也。一肌一容，尽态极妍，缦立远视，而望幸焉；有不得见者，三十六年……”最终大秦帝国在“戍卒叫，函谷举，楚人一炬，可怜焦土”中土崩瓦解。所以人一旦沉溺于享乐，即便是英雄豪杰，也会迷失心智，丧失动力。

最后是让人走上歧途。因为纵情声色就会挥霍无度，必然会遭到经济困境，正路赚钱往往不容易，也不会太快，因此这些人就会为钱财而不择手段。司马光在《训俭示康》里说：“侈则多欲。君子多欲则贪慕富贵，枉道速祸；小人多欲则多求妄用，败家丧身。是以居官必贿，居乡必盗。故曰：‘侈，恶之大也’。”一个人一旦沾染恶习，比如吸毒或赌博，必然会走上犯罪道路，人生坦途会变成误入歧途。

“五味令人口爽”，在当今时代的为政之德方面，也给我们以深深的启示和丰厚的滋养。

2018 年 3 月 10 日，习近平总书记在参加十三届全国人大一次会议重庆代表团审议时，说到领导干部要讲政德、把小事小节当作一面镜子时，使用了典故“心不动于微利之诱，目不眩于五色之惑”，指出小事小节中有党性、有原则、有人格。“心不动于微利之诱，目不眩于五色之惑”化用了中国古代经典，阐明了“慎微”和“节欲”这两种思想。“心不动于微利之诱”，本质上讲的是“慎微”，《论语·子路》说：“无欲速，无见小利。欲速则不达，见小利则大事不成。”习近平概括为“心不动于微利之诱”，就是告诉领导干部不要被蝇头小利诱惑，从而失去操守、坏了大事、忘了大义。“目不眩于五色之惑”，本质上讲的是“节欲”，其本源就在《道德经》第十二章，就是告诉领导干部不要被五光十色的外界所诱惑，不要被欲望牵着走，要有自我控制的能力。

十、怀璧其罪之忧

这一论断是老子对待物质财富的态度，其主张是“金玉满堂，莫之能守”。老子先阐明“持而盈之，不如其已”“揣而锐之，不可长保”这两个规律。容器盛水过满，必然溢而流失；器具尖而锐利，必然磨而钝锉。所以不如适量执中，以免招满为患。由此引出“金玉满堂，莫之能守；富贵而骄，自遗其咎”这样一个道理，最后得出“功遂身退，天之道”这一结论。

《道德经》第九章：“持而盈之，不如其已；揣而锐之，不可长保。金玉满堂，莫之能守；富贵而骄，自遗其咎。功遂身退，天之道。”意思是，执持盈满，不如适时停止；显露锋芒，锐势难以保持长久。金玉满堂，没有人能守得住；富贵之后骄横跋扈，就会给自己招致灾祸。功成名就之后适时退下，是符合自然规律的道理。

“金玉满堂，莫之能守”，河上公注：“嗜欲伤神，财多累身。”意思是，肉体欲望太多会损伤人的精神，财物过多会拖累人的身体。王弼注：“不如其已。”意思是不如将嗜欲与财物放弃。

金玉财宝之类，都是身外流通、供人生存发展之物，不可能被一人永远占有。守财如蓄水，如果蓄而不放，愈聚愈多，最后必然无力围堵，终有溃堤致祸之日。自古以来，没有能永远守住金玉的人，一个人一旦“金玉满堂”，便会被置于聚光灯下，成为众矢之的，求之者有之、索之者有之、图谋不轨者亦有之，所谓“匹夫无罪，怀璧其罪”，就是这个道理。

沈万三是元末明初商人、巨富。《吴江县志》记载，“沈万三有宅在吴江二十九都周庄，富甲天下，相传由通番而得”。他通过垦殖完成了原始积累，接着利用别人的金钱，大胆地开展对外贸易活动，扩大资本；从而使他迅速成为“资巨万万，田产遍于天下”的江南第一豪富。周庄“以村落而辟为镇”，也实为沈万三之功。此时的沈万三可以说是“金玉满堂”，他能守得住吗？洪武六年（1373 年），朱元璋攻打苏州的张士诚，因为得到苏州富民在财力上的支持，张士诚固守苏州达八个月之久，当然沈万三出力非凡。城破之后，朱元璋对苏州富民甚至老百姓恨之入骨，采取了一系列报复措施。沈万三看到形势严峻，只能讨好朱元璋，在朱元璋建南京城时，沈万三担负了筑城三分之一的费用；后又请求出资犒赏三军。这激怒了朱元璋——“匹夫犒天下之军，乱民也，宜诛之。”好在马皇后劝导朱元璋：“不祥之民，天将灭之。陛下何诛焉！”沈万三才保住一命，但被发配云南，最后客死他乡。到洪武末年（1398年），沈万三的女婿顾学文，因和一个女子偷情，牵扯到蓝玉案中，致使沈家几乎被满门抄斩——不但顾学文连同他的父亲和兄弟被杀，还有他的妻族，包括沈万三的儿子沈旺在内的一大批人，都被杀掉了。从此，号称江南第一豪富的周庄沈万三家族彻底败落了。孟子云“君子之泽，五世而斩”，任凭商贾巨富、英雄豪杰，也敌不过自然规律和社会法则，绚烂只是一时，平淡才是常态。绚烂的代价最终往往是灰飞烟灭的唏嘘。

“富贵而骄，自遗其咎”，河上公注：“夫富当赈贫，贵当怜贱，而反骄恣，必被祸患也。”意思是富了之后应当赈济贫民，贵了之后要怜惜底层民众，如果不这样反而骄横放纵，一定会招致祸患。王弼注：“不可长保也。”意思是富贵不可能长久保持。

前面已经反复提及，人有谦卑处下之德，才能立于不败之地。不以富贵而生骄心，不以位高而以势压人，处人平等温和，敬人周到如宾，这样，人必以谦和心待我，人己相融，物我皆和，就不会“自遗其咎”。《周易》中有“慢藏诲盗，冶容诲淫”之语，意思是说，富贵多财而又过于炫耀之人，无异于告诉盗贼来偷盗自己；女人打扮过于妖冶、穿着过于暴露，无异于引诱流氓非礼自己，这都是咎由自取。所以善为道者，会顺其自然，长保其身。

最后，老子得出结论——“功遂身退，天之道。”河上公注：“言人所为，功成事立，名迹称遂，不退身避位则遇于害，此乃天之常道也。譬如日中则移，月满则亏，物盛则衰，乐极则哀。”意思是，这是说人的作为，一旦功成名就，不隐退避让就会遭遇祸患，这是自然规律，就像太阳升到顶点就要西落、月亮满盈就要亏缺、事物达到极盛就要衰落、欢乐达到极致就会生出悲情。

若能身退于功名富贵之外，心不在功名利禄之中，就是观天之情，执天之理，行天之道。范蠡和文种是勾践的谋臣，为勾践最终打败吴王夫差立下赫赫功劳。功成名就之后，范蠡自行隐退，到了齐国，后来做了陶朱公，成为巨富。他从齐国给文种写信说：“蜚鸟尽，良弓藏；狡兔死，走狗烹。越王为人长颈鸟喙，可与共患难，不可与共乐。子何不去?”但文种自觉功高，没有听从范蠡劝告，尔后为勾践所不容，最终被赐死。秦国丞相李斯，可谓集功名富贵于一身，权大势重，不可一世，但最终却作了阶下囚。临刑时对儿子说："吾欲与若复牵黄犬，出上蔡东门，逐狡兔，岂可得乎？"颇有"此情可待成追忆，只是当时已惘然"的遗憾。但这种遗憾终究无法实现，人在没有亲身尝到身败名裂的苦味时，很难理解"功成身退"的真意。

宋代文学家欧阳修《渔歌傲·四纪才名天下重》中说："定册功成身退勇，辞荣宠，归来白首笙歌拥。"这告诉我们，"功成"是既往的人生的定论，"身退"是未来人生的开启，它们共同构成完整人生。要做到"功成身退"是非常不容易的，这意味着巨大的放弃，要放弃"金玉满堂""富贵而骄"，但唯如此，才是人间正道。

十一、不积不穷之道

"不积不穷"这一命题是说大道以虚为体，运而不积。如果以积藏为目的，就会增加它的阻力。圣人由此领悟，有积则有散，有散则有穷；无积则无散，无散则无穷。因为不积，所以不穷。

《道德经》第八十一章："圣人不积，既以为人已愈有，既以与人已愈多。天之道，利而不害，圣人之道，为而不争。"意思是，圣人不存占有之心，愈是为别人着想，自己拥有的就愈多；愈是多给别人，自己反而更富有。自然法则是让万物得利而不伤害它们，圣人原则是甘于奉献而不与人争。

天地对万物而言，无所谓积、无所谓藏、无所谓私、无所谓有，这就是"分而不积，散而不藏"的道理。因此老子进一步阐明"为而不恃、生而不有、长而不宰"，这正是公而不私的体现。老子之后的庄子在其《天道篇》中说："天道运而无所积，故万物成；帝道运而无所积，故天下归；圣道运而无所积，故海内服。"意思是说天道运行不止，因此万物得以生成；帝道运行不止，因此天下得以归顺；圣道运行不止，因此社会得以安定。庄子的"不积"与老子的"不积"意义有所不同，但从本质上讲，延续了老子的思想，因为积藏过多，必然导致运行不畅。天地最为无私，奉献阳光雨露、平原山川，任万物自然生长；天地又一视同仁，无所偏袒，"不为尧存，不为桀亡"。庄子所讲的帝道与圣道皆是由天道转化而来。

"圣人不积"，河上公注："圣人积德不积财，有德以教愚，有财以与贫也。"这是说圣人积累德行不积累财富，有了德行可以教化愚昧的人，有了钱财就给予贫困的人。在这里，河上公对老子的"不积"从两个方面进行解释：积与不积。积是积德，不积是不积财；积德方能教化，不积财方能施与，皆为圣人之事。虽说河上公对这一思想作了扩大解释，但还是非常深刻的。因为世俗之人都有极强的占有欲，不仅有争强好胜之心，而且有贪多积厚之欲，诸如累茵而坐、列鼎而食、金玉满堂、积粟盈仓……追名逐利，贪而无厌。殊不知积德累仁，德布四方，方合天道。天下财物，皆大道所生，只有造福苍生，流通不止，方能取之不尽、用之不穷。财富集中，就是逆物之性，最后必将倒持太阿，反伤自已。因此《增广贤文》中有“积钱积谷不如积德，买田买地不如买书”之语。王弼对“圣人不积”是这样理解的：“无私自有，唯善是与，任物而已。”在王弼看来，无私自然富有，喜好只有良善，听凭万物自然发展。苏辙《老子解》云：“圣人抱一而已，他无所积也。”意为圣人守道而已，别的没有什么积累。比较而言，王弼与苏辙的解释更符合老子的自然与无为。

与“圣人不积”连在一起的，还有“既以为人已愈有”“既以与人已愈多”。

“既以为人已愈有”，河上公注：“既以为人施设德化，己愈有德。”河上公认为，越是以道德感化人，自已积德就越多，已愈有之“有”是有德，而不是别的什么东西。王弼注：“物所尊也。”王弼的解释是为人着想则成天下之尊。结合两者解释，这句话表明圣人深知物不为私，德不为己。圣人不积财而重积德，将已之知变为众之知，将已之德变为众之德，已有即为人有，人有使我更有，有有相长。以德施化，人人皆得我之德，这又必益于我，则我之德愈多。这就形成一德引万德，进而形成“一人之德化为天下之德”局面，犹如日月于天，交相辉映。所以说“既以为人已愈有”。

“既以与人已愈多”，河上公注：“既以财贿布施与人，而财益多。如日月之光，无有尽时也。”意思是越是散发钱财货物以救济穷苦之人，他的财物就越多，就像日月之光一样，没有穷尽的时候。河上公的观点是财越散越多。王弼注：“物所归也。”意思是这样的人会成为财物的归属。这句话表明圣人深察宇宙浩渺无际，明白“物不可积”的道理，所以要有无心无为的心态，乐于把自已的财物施舍于人，别人得我的救济越多，我的德就越厚。同时，别人得到的越多，就会相互激励，共同发展，形成规模效益，“我之所得”自然也在其中。因此越是多人取于我，我就会因人之多而更多。故曰“既以与人已愈多”。

由此可见，“圣人不积”不是圣人一无所有，他的“不积”是积德不积财、有财散与众，是与“既以为人已愈有，既以与人已愈多”联系在一起的。

十二、知足之足之道

这一命题揭示的是，祸之所由生也，则贪婪以为阶，君贪婪则失臣，臣贪婪则失身。所以老子告诫：祸莫大于不知足。

《道德经》第四十六章："天下有道，却走马以粪。天下无道，戎马生于郊。祸莫大于不知足；咎莫大于欲得。故知足之足，常足矣。"意思是，天下太平安定，战马就会退还到田间给农夫用来耕种。天下动荡不安，怀胎的母马就要在战场的郊外生下马驹。最大的过失是贪得的欲望，最大的祸端是不知道满足。知道到什么地步就该满足了的人，永远是满足的。

"祸莫大于不知足"，河上公注："富贵不能自禁止也。"意思是面对富贵的诱惑而不能控制自己。老子强调"胜人者有力，自胜者强"，一个人能够战胜自己，尤其是战胜自己的欲望，才是真正的强者。"欲壑难填"形容欲望像深谷一样，很难填满，指贪心重，没法满足。这一成语出自《国语·晋语八》："叔鱼生，其母视之，曰：'是虎目而豕喙，鸢肩而牛腹，溪壑可盈，是不可餍也，必以贿死。'"这里讲的人名叫叔鱼，是叔向的弟弟，出生时就眼如虎目，嘴如猪喙，肩如鹰而腹如牛，虽然才能出众，但贪得无厌——沟壑可以填满，但他的欲望却无法满足，最终因贪财贪色被杀并弃尸于市。

金溪胡九韶家甚贫，课儿力耕，仅给衣食。每日吃饭前，他都焚香感谢上天又赐一日清福。他妻笑他说："一日三餐以粥为食，何名清福？"先生回答："幸生太平之世，无兵祸；又幸一家乐业，无饥寒；又幸榻无病人，狱无囚人。非清福而何？"这里讲的胡九韶是明代人，师从理学大师吴与弼，一生乐观知足，他将生太平世、家业乐、榻无病人、狱无囚人视作清福。这真是知足之人，不要荣华富贵，只求简单朴实。细细想来，这是最珍贵的财富，一个人任凭显贵一时、家财巨富，如果生逢乱世、家中不宁、榻有病人、狱有囚人，也是大不幸。

有一种观点认为，不知足是推动社会前进的动力。这种观点认为，人一旦知足，就丧失了发展动力，人类社会就不能进步。这是彻头彻尾的谬论。推动社会发展有多种因素和力量，归根结底，生产力是推动社会发展的最终决定力量，生产方式的矛盾运动是社会发展的根本动力，它不以人的主观意志为转移。生产力的发展源自人们对美好生活的向往，而向往美好生活不是无度的私欲与不尽的占有。生产力的发展，是让人们更加合理地开发利用资源，促进人与自然的和谐，注重发展的可持续性，让有限的资源发挥最大的价值，而不是任意挥霍、暴殄天物。

基辅大公斯维亚托斯拉夫一世以热衷扩张而出名。他在征服了众多东斯拉夫部落之后，向另一地区强权可萨汗国发起攻击。在佩切涅格人的协助下，斯维亚托斯拉夫将可萨人逐出了伏尔加河中下游地区，其余部被迫退至北高加索。972年，斯维亚托斯拉夫围攻君士坦丁堡，结果没有攻下。在撤退到第聂伯河畔的时候，遭到了佩切涅格可汗库里亚的突袭，斯维亚托斯拉夫在战斗中被杀。《往年纪事》记载，斯维亚托斯拉夫一世的头颅被做成了镶金嵌银的酒杯，上面还刻着“总想在国外用兵，由于自己贪得无厌而使本国备受劫掠”之类的铭文，真是绝妙的讽刺。这样的事情在春秋时期的晋国也发生过，智伯瑶贪得无厌，不断向其他大族索要土地，最后兵败被杀，其头颅也被制成酒器。

因此老子所讲的“不知足”的本义，指的是对财富、欲望的永不满足，这样的人恨不得把整个天下、把一切都据为己有，而他占有一切的目的，只是满足个人享受，甚至以占有物质财富为乐趣，而不是什么推动社会发展进步，这才是真的阻碍了发展的动力，危害极大。这种无度的不知足和占有欲，最终只会加剧盘剥，形成阶级对立，正如马克思在谈到资本主义的时候所说：“因为在这个社会里劳者不获，获者不劳。”这才是真正阻止人类社会进步的罪魁祸首。

由此看来，“不知足”既有害于个人，更不利于社会。说它有害于个人，一方面，是因为人一旦“不知足”，就会沉溺于对财富的攫取，就会不择手段，进而迷失人生方向；另一方面，财富过多会成为众矢之的，引起图谋不轨之人觊觎，令贪婪者有不虞之祸。说它有害于社会，一方面，是因为财富过多集中于个人之手，降低了财富的效率，造成浪费；另一方面，财富过分集中，会加剧社会剥削，激化社会矛盾，造成社会的动荡。

老子反复强调的“祸莫大于不知足”，在生产力高度发达、财富极为丰富的当今时代，仍然具有深刻的现实意义。

十三、知足者富之道

这一论断的“富”，不是体现在物质层面，而是在精神层面。在第三十三章，老子对智、明、力、强、富、志、久、寿这些品格和素质，都作了深刻的剖析。

《道德经》第三十三章：“知人者智，自知者明。胜人者有力，自胜者强。

知足者富，强行者有志。不失其所者久，死而不亡者寿。”意思就是，能了解别人的人聪明，能了解自己的人有智慧。能战胜别人的人有力量，能战胜自己的人是强者。知道满足的人是富有的人，坚持力行的人是有志向的人。不丧失本分的人就能长久，身虽死而精神仍存的人才是长寿的。

“知足者富”是三十三章众多论断中的一个。河上公注：“人能知足，则长保福禄，故为富也。”意思是人如果能知道满足，就可以常保福禄，所以富有。王弼注：“知足自不失，故富也。”这是说知足就不会失去自我，所以说富有。二人解释略有差异，河注重其外在，王注重其内心。苏辙对此的解释是：“知足者所遇而足，则未尝不富矣。虽有天下而常挟不足之心以处之，则是终身不能富也。”知足者能够随遇而安，所以未曾不富有。如果一个人即便拥有天下还存不足之心，那么他一辈子也不会富有。这与王弼之意基本一致。合而言之，知足者富，一方面表现为内心知足就不会有所贪求，以知足为富；另一方面表现为对自己本身拥有的满足，没有妄求多欲，不会铤而走险，这样就能保住自己所拥有的一切，因此可称富有。

道家另一代表作《列子》中说：“务外游不如务内观，外游者求备于物，内观者取足于身。”意思是追求外在不如追求内心，外在是求全于外物，内心是修养于自身。因此追求自我满足的人，在于求得内心的满足。由此可见，所谓富有，并不是富有天下之物，而是内心、精神的富足。内心、精神富足，就会懂得“外物不可必”“天地与我并生，万物与我为一”“天地一指，万物一马”；就会懂得宇宙之无穷、盈虚之有数；就会懂得“人生如逆旅，我亦是行人”；就不会汲汲于所欲，就不会悁悁怀忿恨。所以即便箪食瓢饮，曲肱而枕，亦乐在其中，富不可言。荣启期衣不蔽体，食不果腹，但一副怡然自得的模样。孔子问他所以乐者为何。荣启期回答：“吾乐甚多：天生万物，唯人为贵，而吾得为人，是一乐；男女之别，以男为贵，吾得生为男，是二乐；人一出生就有不见日月、未出襁褓者，吾已行年九十岁，是三乐。”孔子连连点头称是。又不无惋惜地说：“以先生的高才，如果生逢盛世，必飞黄腾达，如今空怀绝世之才，不得施展，还是不免留有遗憾。”荣启期却不以为然，说道：“古往今来，读书人如过江之鲫，真正能飞黄腾达的有几人？贫穷是读书人的正常际遇，死亡是所有人的归宿，我是处常得终，还有什么可遗憾的呢？”这个认知极为深刻，可以说是悟透道家对人生际遇本质的认识。对此我们也需要辩证对待，不能消极附和。知足并不是让我们安于现状，无所作为。对于通过奋斗而功成名就、到达理想彼岸的人，是要充分肯定的；对于超过自己能力与德行，为满足私欲、为达目的不择手段的行径，则是要鞭挞的。

“知足者富”还要与“祸莫大于不知足”相对照。“知足者富”，富在内心，安于日常，乐在其中，无忧无虑。“祸莫大于不知足”，不知足同样也是存于内心，发于日常，祸在其中，不知不觉。俄国著名作家托尔斯泰写过这样一个短篇故事：说一个农夫，每天早出晚归地辛勤耕种一小片贫瘠土地，整日累死累活，却收获甚微。有位天使可怜农夫的悲惨境遇，就对农夫说，只要他能不停地跑一圈，他跑过的地方就全部归他所有。于是，农夫兴奋地跑了起来。当他跑累了想停下来休息一会儿时，一想到家里的妻子儿女需要更多的土地，就又拼命地跑。有人告诉他，你该往回跑了，不然就完了。农夫根本听不进去，他只想得到更多的土地，更多的金钱，更多的享受，于是继续拼命地向前跑，最终心衰力竭，倒地而亡。生命没有了，土地没有了，一切都没有了，贪婪和欲望使他失去了一切。事情的发生就在不知不觉间。不知足、只知贪欲享受的人，就是为外物所困，从而失去理智，一味贪求，最终一无所获，甚至搭上性命。

知人、自知、胜人、自胜、知足，这几个方面是联系在一起的，要全面分析和理解。如果不知人，就无法通达于事；不通达于事，就无法与人交往。如果不自知，就无法懂得天道；不懂天道，就无法预见未来。如果不能战胜别人，就无法处于人上；不处于人上，就无法领导众人。如果不能战胜自己，就不能够驾驭自己；不能驾驭自己，就无法驾驭别人。如果不知足，就不知道什么是真正的富有；不知道什么是真正的富有，就不会懂得抑制自己的嗜欲。以此观之，“知足者富”，其义大矣！

十四、知止不殆之道

“知止不殆”是离危远祸之道，这一命题是“知足者富”的延续——知足则知止，知止则不殆。

《道德经》第三十二章：“道常无名，朴虽小，天下莫能臣也。侯王若能守之，万物将自宾。天地相合，以降甘露，民莫之令而自均。始制有名，名亦既有，夫亦将知止，知止可以不殆。譬道之在天下，犹川谷之于江海。”这一章的意思是，“道”永远是无名的，道朴虽然很小，天下没有什么能使它臣服自己。侯王若能依照“道”的原则治理天下，万物将会自然地服从于他。天地间阴阳之气相合，就会降下甘露，不必命令民众会自然均平。开始治理天下就要建立各种制度，各种制度确定各种名分。名分有了，就要有所制约，适可而止，知道制约、适可而止，就没有危险了。“道”在天下，就如一切河川都流向江海一样。

“知止可以不殆”，是由于“始制有名，名亦既有，夫亦将知止”。河上公注：“始，道也。有名，万物也。道无名，能制于有名；无形，能制于有形也。既，尽也。有名之物，尽有情欲，叛道离德，故身毁辱也。人能法道行德，天亦将自知之。”按照河上公的解释，始，就是道；有名就是万物。道无形，万物有形。无名能制约有名，无形能制约有形。既，就是尽的意思，万物有名，只要有名就有情欲，有情欲就会叛道离德，所以会招致自身毁坏受辱。如果人能效法道、实行德，自然就会懂得天道。在河上公这里，这三句话可以这样理解：道能制约万物，万物皆有情欲，如果万物能够效法道、实行德，自然就会懂得天道。懂得天道就会懂得适可而止，这样就能“知止可以不殆”。“始制有名”，王弼的理解是：“始制，谓朴散始为官长之时也。始制官长，不可不立名分以定尊卑，故始制有名也。”意思是始制，是纯朴涣散开始出现官吏之时。出现官吏，就不能不立名分以确定尊卑，所以称作“始制有名”。相较而言，河注重在抽象，王注重在具体；河注以“始”为道，王注以“始制”为治理的发端，这是二人解释不同的根本所在。二人从不同角度的注释都极为精彩，难定优劣。

“知止可以不殆”，对这一思想进行解释，需要理清老子思想脉络。在老子看来，道为朴，朴散而制成各种器具，比如庄子讲“残朴以为器，工匠之罪也；毁道德以为仁义，圣人之罪也”。树可以称作“朴”，伐树为木，制成各种用具，则为器。在社会中，官职、法律、物品等都是器，器各有名，所以根据不同情况设置管理、规定制度，让他们各守其职、各尽其命。这就需要各个职位的执政者既不缺位，也不越位，各有所守，各有所为，各有所行，各有所止，才可保证社会运行正常，不出问题，这就是“亦将知止”。知止何以不殆？止其所当止，当然不殆。《周易》艮卦有言：“时止则止，时行则行；艮其止，止其所也。”时止则止、止其所也，当然没有危险。《大学》云：“大学之道，在明明德，在亲民，在止于至善。”以“至善”为止，当然没有危险。庄子讲“虚室生白，吉祥止止”，意思是心无任何杂念，就会悟出“道”来，生出智慧，喜庆好事不断出现，当然没有危险。人贵在能知足，知足方能知止，知止方能有所守，有所守方能有余，有余者富，富者不殆。春秋时期，公仪休在鲁国任国相，他非常喜欢吃鱼。有人投其所好给他送鱼，他坚辞不受。他的弟弟说：“您很喜欢吃鱼，有人送鱼，您为什么不要呢？”公仪休说：“正因为我喜欢吃鱼，才不收别人送的鱼。如果接受了鱼，就必然要看别人的脸色，看别人的脸色，就可能歪曲违背法律，这样宰相就会被罢免。到那时，别人还肯给我送鱼吗？如果不接受送的鱼，宰相就不会被罢免，虽然不能吃别人送的鱼，但我能够自己长期供给自己鱼吃。”这就是知足知止。人之患在不知足，不知足则不知止，不知止则不能有守，不能有守则不知要有所为、有所不为，陷于妄为则祸至矣。

有一副对联，含义深刻，在此概言“知止不殆”极为恰切。其上联为：道不行，乘桴浮于海；下联为：人之患，束带立于朝。其中的上联为孔子所言，出自《论语·公冶长》，子曰：“道不行，乘桴浮于海，从我者，其由与！”孔子感慨“世风日下，人心不古”，社会风气难以扭转，自己的思想主张无法真正实行，心灰意冷，打算乘小船归隐海外，这是知其不可而止。下联也为孔子所言，出自《论语·公冶长》，子曰：“赤也，束带立于朝，可使与宾客言也。不知其仁也。”这是讲公西华的能力。“束带立于朝”就是在朝中为官。为官看似风光，但伴君如伴虎，稍有不慎就会丢官丧命，极其危险，所以要尤其懂得“知其所止”，才会平安长久。

十五、圣人“三去”之道

圣人“三去”指的是圣人“去甚，去奢，去泰”，这一论断，是对“知止可以不殆”的进一步发挥，是实现“知止”的方法。

《道德经》第二十九章：“将欲取天下而为之，吾见其不得已。天下神器，不可为也，不可执也。为者败之，执者失之。是以圣人无为，故无败；无执，故无失。夫物或行或随，或嘘或吹，或强或羸，或挫或隳。是以圣人去甚，去奢，去泰。”意思是说，想要把天下拿来强行治理，我看他达不到目的。天下作为神器，不能够对其有所作为，不能够把它执掌在手，否则想有所作为反而会失败，想强力把持反而会失去。因此，圣人没有作为，就不可能有失败；没有执守，就不会有损失。一切事物秉性不一，有引领有跟随，有轻嘘有疾吹，有刚强有羸弱，有安稳有危险。因此，圣人要除去极端、奢侈和过度。

“去甚、去奢、去泰”，是因为“为者败之，执者失之”，世间万物秉性不一，“或行或随，或嘘或吹，或强或羸，或挫或隳”，按照河上公注，“或行或随”是上有所行，下必随之；“或嘘或吹”是有所温必有所寒，嘘为温，吹为寒；“或强或羸”是有强大必有羸弱；“或挫或隳”是有所安必有所危，“挫”为载，为安，“隳”为危。这些情况不以人的意志为转移，更何况“甚、奢、泰”。这是告诉人君不能够以有为治国治身，不能够有所作为。王弼对此解释是：“凡此诸或，言物事逆顺反复，不施为执割也。圣人达自然之至，畅万物之情，故因而不为，顺而不施，除其所以迷，去其所以惑，故心不乱而物性自得之也。”意思是“或行或随，或嘘或吹，或强或羸，或挫或隳”，是说万物有顺有逆、有反有覆，不能强行作为。圣人懂得自然奥妙，了解万物本性，所以因势利导而不作为，顺其发展而不施加影响，除去他们的迷惑，因此内心不乱万物本性自然得以展现。强调的还是无为。

“去甚、去奢、去泰”，通常解释为去掉过分、奢侈和极端。苏辙《老子解》中说：“唯圣人知其不可逆，则顺以待之，去其甚，去其奢，去其泰，使不至于过而伤物，而天下无患矣，此不为之至也……《易》之泰曰：后以财成天地之道，辅相天地之宜，以左右民。三阳在内，三阴在外，物之泰极矣。圣人惧其过而害生，故财成而辅相之，使不至于过，此所谓去甚、去奢、去泰也。”苏辙认为，圣人知道万物秉性不一不可改变，所以顺势而为，必须去甚、去奢、去泰，这样就不会伤物，则天下无患。他又用《周易》泰卦的象辞来解释，说君主要效法天地之道，掌握天地化生的规律，用来调节管理民众。因为从泰卦的卦象看，三个阳爻在内，三个阴爻在外，是万物通达到极点，就是极端。圣人害怕泰极生否，进而害生，所以要效法天地之道，不至于过。所以要“去甚、去奢、去泰”。夏桀兴建瑶台，耗尽民力，搜尽民财，又建酒池糟堤，纵情于靡靡之乐，纵酒无度，一鼓而牛饮者三千人。群臣相互扶持歌唱道：“江水沛沛兮，舟楫败兮，我王废兮，趣归薄兮，薄亦大兮。（意思是江水浩荡，舟楫破败，君主颓废，快去薄邑，薄邑广大）”又唱道：“乐兮乐兮，四牡蹻兮，六辔沃兮，去不善而从善，何不乐兮？（意思是欢乐欢乐，四马雄壮，驾车驯顺，离开不善而从善，怎不快乐！）”伊尹劝告夏桀：“君王您如果不听我的劝谏，就危在旦夕。”桀笑着说：“你这是妖言惑众，我有天下，就如天上有太阳，太阳有灭亡的吗？太阳灭亡我才能灭亡。”于是伊尹逃到了商汤那里，汤立伊尹为相。因此伊尹抛弃夏朝投奔商朝，商成就王业而夏朝灭亡。夏桀建瑶台、建酒池糟堤、纵靡靡之乐、一鼓而牛饮者三千人，这些行径就是甚、奢、泰，纵而不去，最终灭亡。

甚、奢、泰，河上公注：“甚，谓贪淫声色；奢，谓服饰饮食；泰，宫室台榭。去此三者，处中和行无为，则天下自化。”这是不同于泛泛的解释，非常具体。河上公认为，甚，就是沉溺于声色之中；奢就是锦衣玉食；泰就是高楼大厦、亭台楼阁。这种解释使“甚、奢、泰”有了特定指向，而不是指一般的奢侈，应该说也有一定道理。“靡曼皓齿、郑卫之音，可谓伐性之斧”，沉溺于美色淫声会让人意志消沉、身体垮掉。吕布在下邳之时，不思进取，整日与貂蝉厮混。忽一日照镜子发现自己形容枯槁，大呼：“吾被酒色伤矣。”英雄人设瞬间崩塌。“肥肉厚酒，可称烂肠之食”，营养过剩会成为身体负担，生活奢靡导致人生追求变态：何曾食日万钱，尤曰无处下箸，着实令人可叹。阿房三百里，最后的结局是“楚人一炬，可怜焦土”。追求宫室台榭的精美，一方面助长了淫声美色、挥霍奢靡，另一方面也加重了剥削、加剧了社会矛盾，激起民众的反抗，最终走向灭亡。所以，河上公的解释也是有其现实意义的。

由此可见，“甚”的指向是过于激进，“奢”的结果是不合于中，“泰”的追求是过于高大，最终形成本用反殃之势，反伤自身。修养为政之德当以此为戒。

十六、无欲自朴之道

这一命题阐释的是老子崇本息末的思想。这里所说的本就是无为、好静、无事、无欲，反之就是末。在这里尤其要注意“我无欲而民自朴”，执政者的示范效应极其重要，因为上有所好，下必甚焉；上之所欲，下必趋之。只有上无欲，民众才会无欲自朴。

《道德经》第五十七章：“以正治国，以奇用兵，以无事取天下。吾何以知其然哉？以此：天下多忌讳，而民弥贫；民多利器，国家滋昏；人多伎巧，奇物滋起；法令滋彰，盗贼多有。故圣人云：我无为而民自化；我好静而民自正；我无事而民自富；我无欲而民自朴。”意思是，以清静之道治国，以诡奇的方法用兵，以不搅扰百姓的方式来治理天下。根据在于：天下禁忌越多，百姓就越贫穷；百姓利器越多，国家就越混乱；民众技巧越多，邪事就越厉害；法令越森严，盗贼就越增加。所以圣人说，我无为百姓自然化育，我好静百姓自然端正，我无事百姓自然富足，我无欲百姓自然淳朴。

如前所述，老子揭示了他的崇本息末的思想，即无为、好静、无事、无欲，最终的落脚点在无欲，无欲则无为、好静、无事，最终取天下。

“我无欲而民自朴”，河上公注：“我常无欲，去华文，微服饰，民则随我为质朴也。”意思就是只要君主无欲，去掉华丽的文饰，减少衣服上的装饰，民众自然随之而归于淳朴。王弼注：“上之所欲，民从之速也。我之所欲，唯无欲，而民亦无欲而自朴也。此四者，崇本以息末也。”这是说上有所好，下必趋之若鹜，只有执政者无欲，百姓才会随之无欲自朴，无为、好静、无事、无欲，是崇本息末之道。结合本章，老子讲无为、好静、无事、无欲，是针对“天下多忌讳、民多利器、人多伎巧、法令滋彰”这些现象而言的，因为这些现象导致“民弥贫、国家滋昏、奇物滋起、盗贼多有”。因此，老子要求统治者以上率下，减少私欲、不过度索取，不滋事、不扰民，让天下各称其本然而无容私。赵文子（赵武）问叔向说：“晋国六大家族（韩氏、赵氏、魏氏、知氏、范氏、中行氏），谁会最先灭亡？”叔向回答：“恐怕是中行氏和知氏吧！”赵文子问：“为什么他先灭亡？”叔向说：“中行氏和知氏管理政事，以严苛为明察，以欺骗为明智，以刻薄伤民为忠心，以智计多端为善谋，以聚敛民财为才能。这就好比把兽皮拉大，大是大了，但也是撕裂兽皮做法。由此观之，中行氏、知氏应当先灭亡。”按照叔向的说法，中行氏、知氏的行径就是多忌讳、多利器、多伎巧、法令滋彰、过度索取、滋事、扰民，不是无为、好静、无事、无欲之道，历史也印证了叔向的预言。

在谈到“无欲”的时候，河上公提出了要“去华文、微服饰”的观点，这是有其积极意义的。但在肯定其正面价值的同时，我们还要从相反的方面再去认识它，否则就会有失偏颇。有观点认为，质朴很重要，但文饰同样不可忽略，在一定程度上可以说是文明的标志。文与质的关系，也需要辩证看待。

《论语·颜渊》有这样一段故事：棘子成曰：“君子质而已矣，何以文为?”子贡曰：“惜乎，夫子之说君子也！驷不及舌。文犹质也，质犹文也，虎豹之鞟犹犬羊之鞟。”棘子成是春秋时期卫国大夫，他认为，君子质朴就可以了，不需要文饰。而子贡反驳他，说文饰与质朴的本质一样重要，质朴的本质也与文饰一样重要。如果去掉毛色花纹，虎豹的革和犬羊的革就没有什么区别了。这是很有道理的，棘子成的认识是片面的。同样的观点在《韩非子》当中也有所体现。《韩非子·解老》云：“礼为情貌者也，文为质饰者也。”意思是，礼是情感的描绘，文采是用来修饰本质的。就是说真挚的情感需要恰当的形式表现出来，这个形式就是礼、就是文，非常重要。但韩非子还说了这样的话：“和氏之璧，不饰以五采；隋侯之珠，不饰以银黄。其质至美，物不足以饰之。夫物之待饰而后行者，其质不美。”意思是本质极美的东西，没有什么能够修饰它们，等待修饰的本质并不美。这是有失偏颇的，在这个世界上，随侯珠、和氏璧没有第二个，这样的稀世之物不具有代表性。在大多数情况下，需要文与质相辅相成，质以教民，文以饰质。

“我无欲而民自朴”是老子崇本息末的方法之一，是道家为政之德的重要方面。我们需要注意的是，“我无欲而民自朴”不是无所事事，不是敷衍塞责，而是顺势而为，是顺应时代发展，是“以百姓心为心”。

十七、返朴归根之道

这一命题是老子“见素抱朴，少私寡欲”的思想精华。无为、好静、无事、无欲这四个方面是老子对执政者提出的要求。与之相应，对民众也提出了要求，“见素抱朴，少私寡欲”便是对民众提出的要求。“见素抱朴，少私寡欲”是欲与朴的辩证关系，它们是相互协调、相辅相成的并列关系。对这一思想，我们也要放在相应历史背景下来研究。

《道德经》第十九章：“绝圣弃智，民利百倍；绝仁弃义，民复孝慈；绝巧弃利，盗贼无有。此三者以为文不足。故令有所属：见素抱朴，少私寡欲。”意思是，抛弃圣人和智慧，民众能够得到百倍的好处；抛弃仁义，民众就会恢复孝慈的天性；抛弃巧诈和货利，盗贼也就没有了。圣智、仁义、巧利这三者全是文饰，不能用来治国。所以要使人们的思想达到统一，就要保持纯洁朴实的本性，减少私欲杂念。

在这一章里，老子认为圣智、仁义、巧利扰乱了民众的心智，不能够统一民众的思想。王弼认为：“圣智，才之善也；仁义，人之善也；巧利，用之善也。”就是说，圣智是才能的极致，仁义是人情的极致，巧利是功用的极致。但它们却不能用来治国，因为它们没有宗旨。在老子看来，能够统一人民思想的只有素朴寡欲，而不是别的什么东西。其中缘由，《庄子·胠箧》有极其精彩的阐述：“善人不得圣人之道不立，跖（盗跖）不得圣人之道不行；天下之善不少，而不善人多，则圣人之利天下也少，而害天下也多。圣人不死，大盗不止。虽重圣人而治天下，则是重利盗跖也。为之斗斛以量之，则并与斗斛而窃之；为之权衡以称之，则并与权衡而窃之；为之符玺以信之，则并与符玺而窃之；为之仁义以矫之，则并与仁义而窃之。何以知其然邪？彼窃钩者诛，窃国者为诸侯，诸侯之门而仁义存焉。则是非窃仁义圣知邪？故逐于大盗、揭诸侯、窃仁义并斗斛权衡符玺之利者，虽有轩冕之赏弗能劝，斧钺之威弗能禁。”在庄子看来，圣人之道不仅善人在用，不善之人同样也在用，并且用得比善人还要好。天下善人少而不善人多，所以圣人之道利天下少而害天下多。无论用什么智慧或工具去制约不善者，不善者都会将这些智慧或工具窃走，即使用轩冕之赏、斧钺之威也不能止息。

“见素抱朴，少私寡欲”，河上公注：“见素者，当抱素守真，不尚文饰也。抱朴者，当见其笃朴以示下，故可法则。少私者，正无私也。寡欲者，当知足也。”意思是，见素就是保持本色、守其纯真，不注重文饰；抱朴就是展现忠厚朴实以示下，所以可以效法；少私就是正直无私；寡欲就是知道满足。河上公在这里仅解释了“见素抱朴，少私寡欲”的表面意思，没有深入分析。苏辙在《老子解》中分析得较为透彻：世人以圣智、仁义、巧利为贵，认为天下之所以不安定，是由文饰不够造成的。因此，为达到天下安定，有人寄希望于圣智，有人寄希望于仁义，有人寄希望于巧利，这是以文饰治天下。但越是这样，天下越不安定，那么为什么不返归根本呢？见素抱朴，少私寡欲，就是返归根本，就会使天下各复其性，虽然有圣智、仁义、巧利，但也没有用处。所以老子强调“我无为而民自化，我好静而民自正，我无事而民自富，我无欲而民自朴”，这是圣智之大，仁义之至，巧利之极。孔子用仁义礼乐治理天下，而老子将这些全部抛弃，究其原因，是他们目标不同。《周易·系辞》有言：形而上者谓之道，形而下者谓之器。意思是有形之上的叫作“道”，比如真、善、美；有形之下的叫作“器”，比如茶杯、桌椅、法律等。儒家治理天下，对一般百姓主要靠“器”，鲜用“道”，“工欲善其事，必先利其器”，对于一般民众，直接告之以具体规则，遇到什么事用什么办法，较为简单，使一般民众不必纠缠于高深莫测之道，依“器”而行，也能够做成君子。而精英阶层，孔子仍是以“道”佐之，使之上达。老子不似孔子，急于以“道”开启人心，所以在教化中重视“道”而轻视“器”，认为如果大家只重视、懂得“器”，那么“道”就消失了，因此主张绝仁义弃礼乐以弘扬“道”。但是道又不可言传，容易陷入似是而非之境，故而才有“上士闻道，勤而行之；中士闻道，若存若亡；下士闻道，大笑之”这样的情况。所以后世之人用老子思想惑乱天下的较多，而学孔子思想的却没有犯太大的过错。所以，对二者要辩证来看，不能武断优劣。

由此看来，“见素抱朴，少私寡欲”，有着极具丰富的内涵，不仅在道家，在儒家也是被倡导的，孔子就曾说过“饭疏食、饮水，曲肱而枕之，乐亦在其中矣”。但需要指出，不能够用“见素抱朴，少私寡欲”去全面否定圣智、仁义、巧利，它们同样是推动社会进步的力量，从根本上来讲，“见素抱朴，少私寡欲”也是圣智、仁义、巧利的范畴，只不过是它更高明，如苏辙所言：“圣智之大，仁义之至，巧利之极。”

十八、致虚守静之道

这一命题中，老子特别强调了致虚守静的功夫。老子主张以虚寂沉静之心境，去面对世界乃至宇宙的运动变化。

《道德经》第十六章："致虚极，守静笃，万物并作，吾以观复。夫物芸芸，各复归其根。"意思是极力做到心灵虚寂，彻底坚持清净无为。万物一齐蓬勃生长，我从中观察它们循环往复的情况。那万物纷纷芸芸，但最终都要返回自己的本根。

"致虚极，守静笃"，河上公注："得道之人捐情去欲，五内清静，至于虚极。守清静，行笃厚。"意思是懂得大道的人抛弃情欲，内心清净，以至于达到虚寂无欲。守其清静，行事忠厚。王弼注："言致虚，物之极；笃守静，物之真正也。"这是说达到真空无象，是万物虚之极点（虚而至虚）；持守静而至静，乃是万物名实相符。可以说，河注、王注是对这一命题的解释。"致虚"为什么要"极"？"守静"为什么要"笃"？苏辙对此做了回答。苏辙《老子解》云："致虚不极，则有未亡也。守静不笃，则动未亡也。丘山虽去，而微尘未尽，未为极与笃也。盖致虚存虚，犹未离有，守静存静，犹陷于动，而况其他乎？不极不笃，而责虚静之用，难矣。"意思是"致虚"达不到"极"的境界，"有"就没有消失；"守静"达不到"笃"的程度，"动"就没有消失。即使守静存静，仍不免陷于动之中，更何况其他情形呢！达不到"极"与"笃"的境界，却要求以虚静为用，那就太难了。这就是"致虚"要"极"而"守静"要"笃"的原因。解释得极为透彻。

"万物并作，吾以观复"是"致虚极，守静笃"达到的状态。河上公注："作，生也。万物并生也。言吾以观见万物无不皆归其本也。人当念重其本也。"意思是万物并生，我看到万物没有不最终归于其根本的，人应当思虑重视根本。王弼注："动作生长。以虚静观其反复。凡有起于虚，动起于静，故万物虽并动作，卒复归于虚静，是物之极笃也。"意思是用虚静观察万物循环往复。凡是"有"都发端于"虚"，"动"源自"静"，因此万物虽然一起动作生长，最终都将归于虚静，这就是物之"极"、物之"笃"。李白在《将进酒》中豪言："黄河之水天上来，奔流到海不复回"，黄河并非一开始就奔腾咆哮，它发端于涓涓细流，溪流汇集处虚而蓄，此为静。涓涓不断，容之不足，则顺流而下，至于壶口咆哮奔腾，此为动。经九曲回肠流入大海，复归于静。苏辙《老子解》云："极虚笃静以观万物之变，然后不为变之所乱。知凡作之未有不复者也，苟吾方且与万物皆作，则不足以知之矣。”以极虚笃静状态来观察万物变化，这样才不会被万物之变所乱，凡是有所兴起没有不归于根本的。如果我与万物一样兴起，就无法知道这个道理。这也是“当局者迷，旁观者清”的道理。

“致虚极，守静笃”，在修身上要求我们首先自己内心要有容量，有容量才能装下东西，要学会用“无”，无之以为用。不能骄傲自满，自满了还能装下东西吗？发明家爱迪生一生中的创造发明有一千三百二十八种，可以说是天才。但到了晚年就骄傲起来，曾对他的助手说：“不要向我提什么建议，任何高明的建议都超越不了我的思维。”此后，他再也没有多少重大的发明。所以，自负而不听取任何有价值的建议是无法进步的。“三人行，必有我师”“圣人无常师”“吾师道也，夫庸知其年之先后生于吾乎”，这都是有容人之量，这样的人不自是、不自彰、不自伐，而是向人虚心求教。《论语·述而》云：“子与人歌而善。必使反之。而后和之。”《朱子集注》解释说，孔子之所以一定要让别人再唱一遍，是因为“必使复歌者，欲得其详而取其善也”。见善则从，孔子好学也如此。“而后和之，喜得其详而与其善也。”孔子学会了，就跟人家和唱，并且懂得了歌的精髓。朱子评论说：“此见圣人气象从容，诚意肯至，而其谦逊审密，不掩人善又如此。”孔子心胸开阔，虚心受教，无私心、不嫉妒。这恐怕也是孔子成为圣人的一个原因罢。

“致虚极，守静笃”，在修身上还要求我们学会归零。成就只代表过去，不代表未来。《了凡四训》云：“从前种种，譬如昨日死；从后种种，譬如今日生。”过往的一切，无论得还是失、无论荣耀还是屈辱、无论成功还是失败，都要让它成为未来的基石，而不应成为负担。莎士比亚称之为“凡是过往，皆为序章”。不能够因为过往的成就与功绩就居功自傲，贪图享受、不思进取；也不能因过去的失败而痛不欲生、不能自拔。要常常清理我们的心灵，要学会让过往归零，这个方法就是“致虚极，守静笃”。

“致虚极，守静笃”，在修身上还要求我们守得住清贫、耐得住寂寞、经得起诱惑、稳得住心神。现实世界的诱惑太多了：五色、五音、五味、驰骋畋猎等，随着科技的发展，当代的诱惑更是令人眼花缭乱，如果没有自制之力，沦陷是迟早的事。

总之，致虚守静之道是在较高修为基础上的追求，是一种功夫，是内心虚静之道，达此道者，方能体悟“万物并作，吾以观复”之妙。

十九、为学为道之道

这一命题阐明的是老子的为学与为道之间的关系。老子认为，为学日益、为道日损。这一命题最核心的问题就是“损”与“益”的指向。

《道德经》第四十八章：“为学日益，为道日损。损之又损，以至于无为，无为而无不为。取天下常以无事，及其有事，不足以取天下。”通常的解释是，钻研学问，情欲一天天增加；追求“道”，情欲一天天减少。减之又减，最后达到清静无为的境界。如果做到无为，任何事情都可以有所作为。治国要常以不扰民为本，如果经常扰民，那就不能治理天下。

要理解“为道日损”，就必须理解“为学日益”。这样就能理解“益”的是什么、“损”的又是什么。

“为学日益”，河上公注：“学谓政教礼乐之学也。日益者，情欲文饰，日以益多。”意思是，学指的是政、教、礼、乐的学问，日益是情欲文饰一天天增多。在河上公这里，“益”的指向是情欲文饰。但在王弼看来，又有所不同，王弼注：“务欲进其所能，益其所习。”意思是务求精进自己才干，增加自己的技能。由此来看，王弼关注的是表面之“益”，故失之于内；河上公关注的是内在之“益”，故失之于外。因此，二人的解释各有所偏，完整理解“为学日益”的内涵就需要将王弼、河上公二人的观点结合起来。为学日益，首先应如王弼所言，必须要增加知识。知识与情欲文饰的关系是什么呢？知识的积累并非都能给人带来认识的提高，有的仅给人带来技能的积累，技能的积累会让人增加获得财富的手段。如果一个人只增加知识和技能，不去提升对自然、社会的认识，也就是上升到“道”的层面，就会迷恋于感官欲望，沉溺其中，使其情欲文饰一天天增加。这就是“为学日益”的发展过程，博学而日益者，未必知“道”，人们常讲的“有知识、没文化”就是这一现象的通俗表达。因此，为学是有方向的，故孔子曰：“多闻，择其善者而从之。多见而识之，知之次也。”很多人“为学”的时候，只是“多见而识之”，也就是多看然后记在心里，不去体悟知识背后的道理，其结果只能是徒增情欲文饰。

由此看来，“为道”必先“为学”，“为道”是“为学”的应然结果。那种将“为道”与“为学”对立起来的观点是片面的，“为道”与“为学”本质上是统一的，不“为学”，就难以“为道”。鲜有人生而知之，绝大多数人都是从为学开始，只要为学，学问必定一天天增加，这是近“道”的前提。因此为学并不必然导致情欲文饰的增加，也可以转向“为学益道”。

“为道日损”的逻辑怎么来的呢？河上公注：“道谓自然之道也。日损者，情欲文饰，日以消损。”意思是说，道是自然之道，是宇宙万物的规律、法则，日损是情欲文饰一天天减少。这就是说，人一旦悟道、明道，就会发现万物都有其自身规律，并能和谐共生，正所谓“万物并育而不相害，道并行而不相悖”。这样，人就会检视自己，去发现自己的过分追求与感官欲望，改正自己的不符合宇宙万物规律、法则的行为，这样就会不断地去减少个人的情欲文饰，而归于自然发展要求，最后达到纯性自然。苏辙《老子解》对此解释说：“苟一日知道，顾视万物，无一非妄，去妄以求复性，而性实无几。”这是说如果一旦悟道，再环视万物，没有不任性胡为的。除去任性以求还原本性，其实本性极简。

《论语·卫灵公》篇记述，孔子谓子贡曰：“赐也，女以予为多学而识之者欤？曰：然，非欤？曰：非也，予一以贯之。”翻译过来就是：孔子说：“（端木）赐啊！你以为我是学得多并记得多吗？”子贡答道：“是啊，难道不是这样吗？”孔子说：“不是的。我是用一个根本的东西把它贯彻始终的。”这讲的道理即是若要悟道，就要树立科学的学习态度，掌握科学的学习方法，用联系的、发展的、辩证的方法看问题，融会贯通，透过现象看本质，最终悟道，从而做到“为道日损”。

到这里，就会豁然开朗，既能理解老子本意的“为学日益，为道日损”，又能够集众家之长，将“为学日益”与“为道日损”有机结合起来，从“为学”与“为道”的全面视角进一步理解无为无不为。

二十、道朴无味之性

这一论断是在“为学日益，为道日损”的基础上，阐释“大道”的质朴、无形、无状，它不是满足人的文饰情欲，而是更高层次的“安、平、泰”。

《道德经》第三十五章：“执大象，天下往。往而不害，安平泰。乐与饵，过客止。道之出口，淡乎其无味，视之不足见，听之不足闻，用之不足既。”意思是，谁掌握了“大道”，天下的人就都会投靠他。向他投靠不会有危害，而是安宁、太平、祥和。音乐和美食，可以留住客人。大道用言语来表达，平淡而没有味道，看也看不见，听也听不到，而它的作用，却是无穷无尽的。

关于“象”，河上公注：“象，道也。”王弼注：“大象，天象之母也。”因此，大象就是大道，这没有什么疑义。为什么“执大象”可以“天下往”呢？河上公注：“万物归往而不伤害，则国家安宁，而至太平矣。治身不害神明，则身安而大寿也。”意思是，万物归之而不伤害它们，那么就会国家安宁而至太平。如果修身不伤害精神和智慧，就会身安而长寿。

大道虽如此之好，但它质朴、无形、无状，老子在这里做了一个对比，用的是对人感官最强的“乐”与“饵”。“乐”就是音乐、“饵”就是美食，音乐和美食能给人带来感官享受，能令客人留下，效果立竿见影，这是道所达不到的。但音乐美食带给人的享受不具有持续性，一旦餍足，必定失落。所以苏辙在《老子解》中说：“作乐设饵，以待来者，岂不足以止过客哉。然而乐阕饵尽，彼将拾之而去。”意思是作乐设宴招待客人，是足以把客人留下的，但曲终筵尽，人们必定离去。怎能“曲终人不散”？所以精神层面的满足是物质层面的满足所不能比拟的。

大道与“乐与饵”不同。道非五味，没有酸甜苦辣咸；道非五色，没有青黄赤白黑；道非五音，没有宫商角徵羽。因此“道”才“淡乎其无味，视之不足见，听之不足闻”，这是道的质朴。王弼对此注曰：“人闻道之言，乃更不如乐与饵应时感，悦人心也。”意思是人闻道之后，不如音乐和美食让人马上心情愉悦。但质朴之中有神奇，平淡之中有玄奥。因其无味、无色、无声，不会引起别人的注意，也不会吸引人，但道的力量在于“随风潜入夜，润物细无声”，在不知不觉中对人潜移默化。《庄子·德充符》中讲了这么一个故事：鲁哀公问孔子：“卫国有个面貌丑陋的人，名叫哀骀它。男人与他相处之后，常常想念他而舍不得离去；女人见到他后，向父母请求说‘与其做别人的妻子，不如做这个人的妾’的，已经有十多个了，而且还在增多。我未曾听说他倡导什么，只是常常附和别人罢了。他没有君主的地位以救济别人的灾难，也没有聚敛大量粮食使别人饱食。又以面貌丑陋使天下人惊骇，总是附和而从不首倡什么，知见又很有限，但是男女都乐于亲近他，我想这样的人一定有不同寻常的地方。我就把他召来看了看，果然是相貌丑陋足以惊骇天下。跟我相处不到一个月，就觉得他有过人之处；相处不到一年，我就十分信任他。国家没有主政大臣，我便把国事委托给他。他漫不经心若有所应，又漠不关心似有所辞。我深感羞愧，于是把国事交给他。没过多久，他就离我而去，我内心忧闷感到若有所失，好像整个国家没有人可以跟我共乐似的。这究竟是什么样的人呢？”孔子告诉鲁哀公，哀骀它是这样的人：他不说话也能取信于人，没有功业就受到亲敬，让人乐意把国家委托给他，还唯恐他不肯接受，这一定是“才全而德不形者”（才智完备而德不外露的人）。因此，在庄子看来，哀骀它是大道的化身。如果执守天地之道，用以治理天下或应对天下之事，就是以“无我”的胸怀面对天下，这样就能做到与物同体，无私无畏，天下自然往而归之。

“道之出口，淡乎其无味”，是道之本性，由于世人明于有而昧于无，事于末而忘其本，所以离道日远，这是世俗之人少有悟道的原因。但一旦悟道，就是做到了老子讲的“味无味”，那么就会用之不足既（用之不可穷尽）。

二十一、信言美言之辨

这一命题是老子继道之“淡乎其无味”之后，进一步对“道”的发挥，前面说它出于口，这里讲它入于耳——“不美”，听起来不那么漂亮。所以老子说“信言不美，美言不信”。

《道德经》第八十一章：“信言不美，美言不信。善者不辩，辩者不善。知者不博，博者不知。圣人不积，既以为人已愈有，既以与人已愈多。天之道，利而不害；圣人之道，为而不争。”意思是，真实可信的话不漂亮，漂亮的话不真实。善良的人不巧辩，巧辩的人不善良。真正有知识的人不卖弄，卖弄的人不是真有知识。圣人不存占有之心，愈是为别人着想，自己拥有的就愈多；愈是多给别人，自己反而更富有。自然法则是让万物得利而不伤害它们，圣人原则是甘于奉献而不与人争。

“信言不美”，河上公注：“信者，如其实。不美者，朴且质也。”王弼注：“实在质也。”结合二人所做的注，可以理解为，信就是真实；不美，就是朴实淳厚。因为信就是真实，而真实在于本质，不必去矫饰，所以真话很多时候听起来让人不是那么受用，不论你感受如何，事实就在那里。齐桓公曾与管仲、鲍叔牙、宁戚一起饮酒。桓公对鲍叔牙说：“请你为我祝祷一下吧。”鲍叔牙举杯而起说：“祝愿吾君不要忘记出奔逃亡在莒国的事情，使管仲不要忘记从鲁国被捆绑回来的事情，使宁戚不要忘记贫贱时在车下喂牛的事情。”齐桓公离席行再拜之礼，说：“我跟管仲与宁戚永远都不会忘记您的教诲，齐国的社稷，一定不会败落。”在这个故事里，鲍叔牙所提到的，是齐桓公与管仲、宁戚最窘迫时候的经历，这不是美言，但却是“信言”，让他们时时想到自己身处窘境的日子，就一定不会产生骄傲之心。齐桓公能为春秋五霸之首，与其乐听信言、励精图治是密不可分的。

“美言不信”，河上公注：“滋美之言者，孳孳华词。不信者，饰伪多空虚也。”王弼注：“本在朴也。”这是说，如美食一般的言语，充斥溢美之词，但因装假作伪空洞无物而不可信。言辞根本在于不加修饰，修饰了就偏离了根本。因此，言而不然谓之不信。宋昭公亡国出逃，反省后说道：“我知道我亡国的原因了。我的朝臣达到千人，我发布政令、提拔官吏，无人不说‘吾君圣明’；我的侍从有数百人，我穿好衣服站在那里，没有不说‘吾君英俊’。宫内宫外都听不到进谏之言，才沦落到如此下场。”宋昭公所听的都是美言，虽甘之如饴，但如糖衣炮弹一样让其亡国。由此看来，君主之所以逃离国家、丢失政权，就是因为阿谀奉承的人太多了。美言不仅不信，而且害人。

道本无物，所以不可能被外物所役使；道亦无名，所以也不可能被名声所役使；道亦无言，所以也不可能被言语所役使；道亦无知，所以也不可能被学识所役使。信言从道，无须饰伪，质朴而已；信言自在，听而不得，是美言掩之，当褫其美言，示以本真。《论语·述而》云：陈司败（春秋时陈国大夫，佚名，以官名称）问孔子：“鲁昭公懂得礼法吗?”孔子回答：“懂得礼法。”孔子走后，陈司败对孔子的学生巫马期说：“我听说君子无所偏袒，难道君子也会偏袒人吗？鲁昭公从吴国宗室娶了一个女子，是同姓女子，称她为吴孟子。鲁昭公如果懂得礼，谁还不懂得礼法呢?”这其中有个渊源，吴国开国之君为泰伯，之后传与虞仲，他们与季历是亲兄弟，季历为周文王之父，他们同为古公亶父之子，姬姓。吴国之君是虞仲后代。周朝建立后，周公（周文王之子、周武王之弟）之子伯禽封在鲁国，世代相传。吴国与鲁国皆为姬姓，按礼法是不能通婚的，鲁昭公娶了吴国的宗室无疑是违背了礼法。孔子作为鲁国大夫，有意为鲁昭公掩饰，说了违背事实、没有信实的美言。巫马期把陈司败的话告诉孔子。孔子说：“我也很幸运啊，如果有过错，别人一定会知道。”陈司败毫不客气指出了孔子的错误，一针见血，没有修饰。在孔子看来，这话是非常伤面子的，但这就是事实。孔子心里是知道鲁昭公违反礼仪的，但是还说鲁君懂得礼仪，显然这是违心之言，但是为尊者讳，孔子也是无奈之举。听了巫马期的转述，孔子很是欣慰，这样就可以知后世不谬。

能够懂得“信言不美、美言不信”难，但做到更难，因此老子有“吾言甚易知、甚易行，天下莫能知、莫能行”的感慨。还有，老子的“圣人不积”“天之道利而不害、圣人之道为而不争”，都是从“信言不美”“善者不辩”“知者不博”发展而来的，因为这三者是道的自然表现，无须饰伪。只要顺道而为，就会达到“既以为人已愈有、既以与人已愈多”“利而不害、为而不争”的境界。

二十二、形上修持之道

这一命题，是老子在“为道日损”“信言不美、美言不信”“道之出于口，淡乎其无味”等对道的认识基础上，进一步阐明为道的方法，将“为无为，事无事，味无味”作为形上修持的三个纲领。在这三个纲领之中，又以“为无为”为统领。

关于“无为”，《道德经》多次提及，比如：“处无为之事”（第二章）、“为无为，则无不治”（第三章）、“明白四达，能无知乎?”（第十章）、“损之又损，以至于无为，无为而无不为”（第四十八章）、“我无为而民自化”（第五十七章）等。

《道德经》第六十三章：“为无为，事无事，味无味。大小多少，报怨以德。图难于其易，为大于其细。天下难事，必作于易，天下大事，必作于细。”意思是说，以无为的态度去作为，以不滋事的方法去处理事物，以恬淡无味当作有味。以大为小，以多为少，以德报怨（此句当移至七十九章“必有余怨”句后）。处理问题要从容易的地方入手，做大事要从细微的地方入手。天下的难事，一定从简易的地方做起；天下的大事，一定从微细的部分开始。

“为无为，事无事，味无味”，河上公注：“因成循故，故无所造作。豫有备，除烦省事也。深思远虑，味道意也。”意思是，按照固定模式去做，就不用再去制作，标新立异；凡事有所准备，就不会有繁杂之事；深思远虑，就能够体味出“道”的真正含义。王弼注：“以无为为居，以不言为教，以恬淡为味，治之极也。”意思是以无为来居处，以不言作教化，以清净淡泊为有味，这是治理的最高境界。由此观之，在老子思想里，无为、无事、无味都是针对道而言的。无为、无事、无味，是对第三章“为无为，则无不治”、第四十八章“取天下常以无事”、第三十五章“道之出口，淡乎其无味”的概言，“为无为”，即“为无为，则无不治”之意；“事无事”，即“取天下常以无事”之意；“味无味”，即“道之出口，淡乎其无味”之意。无为的指向是虚，无事的指向是静，无味的指向是淡。

老子《道德经》申明了圣人的特立独行之道，将“为无为，事无事，味无味”作为形上修持的三个纲领，以之修身，可以达到“内圣外王”。“为无为”并非不为，“事无事”并非不事，“味无味”并非不味。老、庄同为道家学派代表人物，主张虽有不同，但本质上庄子还是归依于老子之言。在很多方面，是老子说其然，庄子说其所以然。就本命题而言，在《庄子·齐物论》

中，庄子讲了一个寓言，以长梧子之口对“为无为，事无事，味无味”加以阐释：瞿鹊子问长梧子曰：“吾闻诸夫子，‘圣人不从事于务，不就利，不远害，不喜求，不缘道；无谓有谓，有谓无谓，而游乎尘垢之外。’夫子以为孟浪之言，而我以为妙道之行也。吾子以为奚若？”长梧子曰：“是黄帝之所听荧也，而丘也何足以知之！……旁日月，挟宇宙，为其吻合，置其滑涽，以隶相尊。众人役役，圣人愚芚，参万岁而一成纯。万物尽然，而以是相蕴。”这段话的意思是，瞿鹊子问长梧子：“我从孔子那里听到这样的言论：‘圣人不从事那些世俗之事，不图私利，不躲避灾害，不喜好贪求，不因循旧制；没说话等于说了，说了又等于没说，因而可以遨游于世俗之外。’孔子认为这是荒诞无稽之谈，而我却认为是富于精妙之理的做法。先生您认为怎么样呢？”长梧子说：“这些话黄帝听了也会疑惑不解的，而孔丘怎么能理解呢！……圣人依傍日月，怀藏宇宙，与宇宙万物合为一体，置是非昏乱于不顾，视尊卑贵贱为一体，众人忙碌奔波，圣人却浑朴自安，糅合古今无数变化而自身却清纯如一。万物都是这样，并且以此相互蕴积于浑朴而又精纯的状态之中。”在这个故事中，通过瞿鹊子与长梧子之口，讲了“为无为，事无事，味无味”的几个方面具体表现，即“不从事于务，不就利，不远害，不喜求，不缘道；无谓有谓，有谓无谓，而游乎尘垢之外”“众人役役，圣人愚芚，参万岁而一成纯”。所以老子的“三无”，用庄子的思想来解释，就是“用之游乎尘垢之外”的大道，而非“众人役役”世俗之务。

有官吏向齐桓公请示公务，桓公说：“去禀告仲父（管仲）吧。”又有请示的，桓公又说：“去禀告仲父吧。”这样的事情总是出现。左右人就说：“第一次禀告仲父，第二次还禀告仲父，做国君真是太容易了。”桓公说：“我没有得到仲父的时候做国君很难，得到仲父后，怎么能不容易呢？”因此，作为君主劳苦于寻找贤人，安闲于得到贤人。舜任用了多位贤人，就能够恭己正南面而天下治。商汤、周文用伊尹、吕尚，成王用周公、邵公，就可以做到刑罚不用、刀兵不动而天下治，也是任用多位贤人的缘故。这些君主就是做到了“为无为，事无事，味无味”，但这绝非垂手而得，是他们不拘俗务、用人之力、用人之智的智慧，是“能闲世人之所忙，方能忙世人之所闲”的智慧。

由此可见，明察的君主，并非能明辨万事万物，而是明察君主所应执掌的东西；有道的君主，没有一件事情是自己亲自去做，而是知晓百官之责。知晓百官之责，就会政事简单、国家太平。这是“为无为，事无事，味无味”的智慧。

二十三、治人事天之道

治人事天之道是老子进一步阐释无为的具体办法——“治人事天，莫若啬”，治理百姓、养护身心，要爱惜民财、爱惜精神。

《道德经》第五十九章：“治人事天，莫若啬。夫唯啬，是谓早服；早服谓之重积德；重积德则无不克；无不克则莫知其极；莫知其极，可以有国；有国之母，可以长久；是谓深根固柢，长生久视之道。”意思是，治理百姓和养护身心，没有比爱惜民财和爱惜精神更重要的了。爱惜民财、爱惜精神，就能早得天道；早得天道，就会积得日厚；积得日厚，则无不胜；无不胜就具有了别人无法估量的力量；具有了别人无法估量的力量，就可以担负治理国家的重任。有了治国之道，国运就可以长久。国运长久，就能基础稳固，不被动摇，符合长久生存之道。

把本章在此通讲，是为了完整理解“治人事天，莫若啬”这一命题。

“治人事天，莫若啬”，河上公注：“谓人君欲治理人民。事，用也，当用天道顺四时。啬，爱也，治国者当爱民财，不为奢泰；治身者当爱精气，不放逸。”意思是君主治理百姓要遵循天道顺应四时，治国者应当爱惜民财，不图奢侈；修身者应当爱惜精神，不要放纵。

河上公在“治人事天，莫若啬”的缘由上，讲得不是很清楚。在这里，关键点是一个“啬”字，“啬”应做何解释？有人认为不消耗钱财是“啬”，有人认为恢复本性之善功夫叫作“啬”，有人认为有而不用叫作“啬”，有人认为处无为之事叫作“啬”，有人认为爱惜自己的精气神叫作“啬”。这都有其道理，河上公的解释就是“爱惜民财、爱惜精神”，非常深刻，但没有究其根本。要究其根本，我们要关注王弼的观点。王弼认为啬是农夫。王弼注：“啬，农夫。农夫之治田，务去其殊类，归于齐一也。全其自然，不急其荒病，除其所以荒病。上承天命，下绥百姓，莫过于此。”王弼认为，农夫管理农田，一定要除去不同的类别，让它们归于统一，即一块农田不种植多种作物。依其本性，让它们自然生长，不急于除去野草，而是消除导致生长野草的原因。上承天命，下安百姓，没有比这个更有效的。这是说根本的方法就是顺其自然，顺其自然就不需耗费民财、耗费精神，这样就与河上公的解释相承接了。农夫管理农田，就是要让作物成长、发育、自立、成熟，如老子所言“生之畜之，长之育之，亭之毒之，养之覆之”，是“莫之命而常自然”。治国理政，要学习农夫的方法，即是治人事天——治理百姓要遵循天道顺应四时，以生为本、以自然为本。《论语·泰伯第八》记载：曾子病危，在弥留之际，身体已经不灵活了，众弟子围在身边，他跟学生们说："把我的脚摆正，把我的手摆正。《诗经》上说：'战战兢兢，如临深渊，如履薄冰'，我一辈子小心谨慎地修养心性，现在即将死去，知道不会再犯错误了。你们这些人要勤勉、小心啊！"曾子借用《诗经·小雅·小旻》里的三句诗，来说明自己一生谨慎小心，避免损伤身体，能够对父母尽孝。据《孝经》记载，孔子曾对曾参说过："身体发肤，受之父母，不敢毁伤，孝之始也。"曾子在临死前要他的学生们看看自己的手脚，以表白自己的身体完整无损，一生是遵守孝道的。这是曾参践行的治人事天之"啬"。

孟子讲修身三重境界：一是夭寿不贰，修身以俟；二是存心养性事天；三是尽心知性知天。"夭寿不贰，修身以俟"的意思是不论寿命长短都不改变志向，专注修身养性等待天命的降临；"存心养性事天"的意思是保存自己的善心，养护自己的善性，遵循天道顺应四时；"尽心知性知天"的意思是发挥自己的善心，通晓自己的善性，天人合一，道法自然。最高境界是尽心知性知天，与老子这一思想殊途同归。

《晏子春秋·卷四·内篇问下第四·第二十三》中，有关于啬、吝、爱的区别。叔向问晏子曰："啬吝爱之于行何如?"晏子对曰："啬者，君子之道；吝爱者，小人之行也。"叔向曰："何谓也?"晏子曰："称财多寡而节用之，富无金藏，贫不假贷，谓之啬；积多不能分人，而厚自养，谓之吝；不能分人，又不能自养，谓之爱。故夫啬者，君子之道；吝爱者，小人之行也。"晏子认为，啬是君子之道。具体讲，就是衡量财物多少而有节制地使用，富裕时不藏钱财，贫困时不向人借贷。而吝与爱不是君子之道，具体讲，积蓄很多却不愿意分给别人，而自己的用度却很奢侈，这就是吝；不愿意分钱财给别人，也舍不得自己花费，叫作爱。经此一区分，我们对啬、吝、爱就有了比较清晰的认识，故而对"治人事天，莫若啬""甚爱必大费"也有了更深刻的认识。

萧天石的《道德经圣解》对"治人事天，莫若啬"也有精辟论述："体天道以治人道，莫若效法乎啬。以藏其无限生意，以养其无穷生气，以复其无尽生机，使弥纶天地者，纯是一片生趣盎然，而绵绵不绝，化化不已，生生无息，此天地之无尽藏与无穷妙有也。"大意是说体察天道用以管理人道，不如效法"啬"。这样就能潜藏无限生意，养育无穷生气，恢复无尽生机，使充溢天地之间的，是纯粹的一片生机盎然，绵绵不绝、变化无穷、生生不息，这就是天地无穷无尽的宝藏和根源。

第三节 不敢为先——为政之德的否定思维

不敢为先，是《道德经》的第六十七章所说的“三曰不敢为天下先”，不敢居于天下人之前。人生在世，往往希望建功立业，有所作为。尤其是在为政上面，更需要奋发有为、大展宏图。但历史上，欲有所为而无所作为、欲有所成而一事无成的人比比皆是，甚至有的人本想名垂青史，最后却抱憾而终。王安石、张居正都曾洞察时弊，有针对性地推进变法与改革，在一段时间内都取得了一定成效，但终究敌不过世俗的社会力量，成为划过夜空的流星。在当下社会，欲有作为、欲有成就的人更是不胜枚举，很多人看重形象工程、政绩工程，在任上大施拳脚、一展宏图，但最终这些工程成为埋葬他们仕途的坟墓。老子认识到激进最终都要归于平淡，所以一再强调要居后不争、不敢为天下先。

在“不敢为先”方面，《道德经》中有这样一些关键词：不敢、不为大、不为始、不自生、勿骄、勿强、不美、不拔、不脱、不处、不武、不怒、不与、不立、不行、不争、不割、不刿、不耀、不肆。通过这些关键词，我们看到的是处谦虚、居下位，而不是消极的“尾巴主义”者，即放弃领导，依从落后意见行事的思想倾向。这与《周易》思想又息息相通。《周易·同人卦》：“与人同者，物必归焉。”杨万里在《诚斋易传》中解释：“同人于野，公而大也。同乎人者，公而大则天下归之。”意思是与志同道合的人聚于原野，是至公至大。与人志同道合，并且至公至大，那么天下之人一定会归附于他。所以，不敢为天下先给我们的启示是“任事者身居其中，当绝利害之虑；议事者身在事外，宜悉利害之情”。

一、处尊自卑之道

这个论断是老子提供的一个王道法则——“欲上民，必以言下之；欲先民，必以身后之”。处尊位而行谦卑，这是老子不争之德的重要方面。

《道德经》第六十六章：“是以圣人欲上民，必以言下之；欲先民，必以身后之。是以圣人处上而民不重，处前而民不害。是以天下乐推而不厌。以其不争，故天下莫能与之争。”意思是，圣人要领导人民，必须用言辞对人民表示谦下；要统率百姓，必须把自己的利益放在百姓之后。因此圣人虽然地位居于人民之上，但人民并不感到有负担；居于人民之前，而人民并不感到受伤害。因此人民乐意拥戴他而不厌烦，因为他不与人民相争，所以天下没有人能和他相争。

“欲上民，必以言下之”，言为心声，圣人处下，固然要体现在行动上，但首先要体现在语言上。河上公注：“欲在民上，法江海，处谦虚。”意思是圣人要领导人民，就要效法江海，以谦卑自处。刘邦、刘备本非圣人，都是从社会底层起家最终成就霸业，应当说也是深通圣人之道。刘邦在不看好韩信的情况下能够听从萧何劝告，以言下之、以身下之，择良日、斋戒、设坛场、具礼，拜韩信为大将，最终韩信运筹帷幄之中，决胜千里之外，为刘邦战胜项羽、统一天下立下不世之功。刘备大半生颠沛流离，妻子两次被吕布所掳、一次被曹操所掠，可以说是狼狈不堪。后来在徐庶举荐下，刘备去请诸葛亮，“凡三往，乃见”。诸葛亮被刘备的真诚所打动——“遂许先帝以驱驰”，两人情好日密，刘备称“孤之有孔明，犹鱼之有水也”。能在不占天时、没有地利、资源匮乏的情况下，三分天下有其一，与刘备屈身下士、以言下之有莫大关系。

作为圣人，从出发点看，并非要居于众人之上。但其本身有盛德之容，又谦卑辞敬，以己为地，奉民如天，处处以下示人，其结果往往反而不得不居上。在中国历史文化传统中，越是地位高、越是得到人民拥戴的人，越谦卑。王侯一般称自己是孤家、寡人，自谦是寡德之人。楚王称自己为不谷，即不善的人。就连一般的士大夫、读书人也称自己为在下、不才、愚等。尊敬别人一般用惠临、惠顾、赐教、见教、惠允、劳驾、台鉴、托福等；谦卑自己一般用敢问、愚见、拙作、敝姓、鄙见等。可见，“以言下之”在中国影响深远，甚至影响整个东亚文明圈。需要指出的是，以言下之不是口是心非，不是甜言蜜语、口蜜腹剑，而是发自肺腑，否则迟早会有败露的时候，此种情况李林甫是也。

“欲先民，必以身后之”，光有语言，没有行动就是口惠而实不至，民众不会认同。河上公注：“欲在民之前也，先人而后己也。”意思是想处众人之前，在利益面前就要先人后己。刘邦以言下韩信，同时也做到了以身后韩信。《史记·淮阴侯列传》记载：当韩信攻下齐国后，项羽派人游说韩信背汉向楚，韩信说：“汉王授我以上将军印，予我数万众，解衣衣我，推食食我，言听计用，故得以止于此。夫人深亲信我，我倍之不祥，虽死不易。”后来齐国辩士蒯通劝韩信自立，韩信再次拒绝："汉王遇我甚厚，载我以其车，衣我以其衣，食我以其食。吾闻之，乘人之车者载人之患，衣人之衣者怀人之忧，食人之食者死人之事，吾岂可以乡利倍义乎!"因此忠心耿耿辅佐刘邦夺取天下。同样，刘备对诸葛亮也是言听计从，全权委任，甚至在临终托付诸葛亮："若嗣可辅，辅之；如其不才，君可自取。"意思就是刘禅值得辅佐就辅佐，如果扶不起，你就可以自立为君，又让刘禅对诸葛亮事之如父。这一切，让诸葛亮最终鞠躬尽瘁，死而后已。

圣人不会刻意追求居于众人之前。圣人也不会被外物所役使，而是把利益让给民众，去私心、安万民，自身忧劳万民逸豫，自身处后万民置前。最终结果是虽处民后，反而不得不居先，处荣宠而履至尊。

圣人处尊位而能自卑之，处贵位而能自谦之，能够"先天下之忧而忧，后天下之乐而乐"，能够"苟利国家生死以，岂因祸福避趋之"，能够"捐身赴国难，视死忽如归"。将利益给众人，将危险留给自己，推功揽过，忍辱负重，自然天下乐推而不厌。孔子说过："己所不欲，勿施于人。"也有人说，己之所甚欲者，方施于人。全面观察，仍然不够全面，应当是"己所不欲，勿施于人""己之所欲，慎施于人"。圣人的高明之处即在此，以谦退自处，以卑下自持，以清虚自守，以柔弱自持；顺其自然，秉持不争之德，以无为为之，故天下莫能与之争。

二、功成弗居之道

这一命题是圣人对待万物、功名的态度。老子称之为"生而不有，为而不恃，功成而弗居"。

《道德经》第二章："是以圣人处无为之事，行不言之教。万物作焉而不辞，生而不有，为而不恃，功成而弗居。夫唯弗居，是以不去。"这是说，圣人以无为的态度对待世事，用不言的方式施行教化。听任万物自然兴起而不阻止，生养万物却不据有，有所施为但不望回报，功成业就而不自居。正由于不居功，就谈不上失去。

"生而不有"，河上公注："元气生万物而不有。"意为道生万物而不将万物据为己有。这是道之尊的重要原因。天造草昧，动乎险中，天不言而四时行，地不语而万物生，未闻天地据有何物，而万物莫不归于天地。父母生子，子即独立，父母尽抚养之职，责无旁贷。若因此而将子女据为己有，视为个人私物，任由摆布，不仅亲情难容，恐亦终将反目成仇。救人危难，雪中送炭，本是再造之功、重生之德，若以此侵夺于人，人亦叛之。春秋时期，陈国大夫夏征舒弑其君，楚庄王伐陈，要替陈国诛杀犯上作乱之人。楚军顺利攻进陈国，杀死了夏征舒。但庄王还不罢手，趁势灭掉陈国，把陈国变成楚国一县，群臣祝贺。申叔时是楚国大夫，却不祝贺，楚庄王很奇怪，就问其原因。申叔时回应，民间谚语说，“牵牛径人田，田主夺之牛”。牵牛踏坏别人庄稼是不对，但田主把人家的牛抢了去，是不是更过分啊？大王替陈国平乱而诛夏征舒，本来是做了一件好事，可是又侵夺陈国国土，这是政治失信，以后谁还会相信大王呢？庄王听后，觉得有道理，当即下令恢复陈国，扶立新君，重结盟好。楚庄王可称得上是明理、明道之君。

“为而不恃”，河上公注：“道所施为，不恃望其报也。”这是说，道有所施与、有所作为，但不期望别人回报。王弼注：“智慧自备，为则伪也。”王弼解释与河上公有差异，他认为，万物天生就有智慧，如果对其施加影响，就改变了原有的本色。《庄子·天道》讲得更为透彻：“天道运而无所积，故万物成；帝道运而无所积，故天下归；圣道运而无所积，故海内服。明于天，通于圣，六通四辟于帝王之德者，其自为也，昧然无不静者矣。”意思是天道运行而不停滞，万物得以生成；帝道运行而不停顿，天下就会归附；圣道运行而不停息，海内就会宾服。明白天道、通晓圣道，就会明白上下四方和春秋四时的运行都是任其自为，都是自然而然的清静。天道运行造物，帝道运行立德，圣道运行立规，这都是分内之事，自然而已。如果以此为恃而谋求回报，则天地将重回混沌，天下乱矣。由此观之，圣人尊道则海内服，君子遵道则万事顺，小人尊道则天下安。许攸是东汉末年南阳人，本为袁绍帐下谋士，官渡之战时其家人因犯法而被收捕，因此背袁投曹，并为曹操设下偷袭袁绍军屯粮之所乌巢的计策，袁绍因此而大败于官渡。建安九年（204 年），许攸随曹操攻破邺城，占领冀州。许攸自恃功高，屡次轻慢曹操，每次出席公开活动，不分场合，直呼曹操小名：“阿瞒，没有我，你能得冀州吗？”曹操表面上虽嬉笑答应，但心里颇有芥蒂。一次，许攸出邺城东门，对左右说：“这家人没有我，进不得此门。”被人告发，许攸因此被收押，最终被杀。居功而恃之，其害大矣。

“功成而弗居”，河上公注：“功成事就，退避不居其位。”王弼注：“因物而用，功自彼成，故不居也。”河上公的意思是功成事遂，隐退而不居尊位。王弼出于自然观，认为功业的取得是发挥了事物自身的功用，功成在彼不在我，所以不居功。范蠡、张良辅佐君王功成身退，是河上公所讲的情况，在他们身上更多体现了自保之策，是为避免“飞鸟尽良弓藏，狡兔死走狗烹”的结局，是智慧，不是修为。因此，王弼的解释更符合老子的整体思想，不是居位不居位的问题，而是居功不居功的问题；可以是既不居位也不居功，也可以是居其位而不居其功。《周易·革卦》彖辞有言：“汤武革命，顺乎天而应乎人。”这体现的是汤、武居位不居功。汤伐夏、武王伐纣取得胜利，汤、武皆居君主之位。但胜利不能归功汤、武个人，他们所做的只是符合规律、顺应民心的事情，而真正的历史推动者是人民。这符合老子思想本意。

苏辙《老子解》云：“我生之为之，而未尝有，未尝恃。至于成功，亦未尝以自居也。此则无为不言之报，其为美且善也，岂复有恶与不善继之哉。”大意是，我生养万物、有所施为，却不据有、不望报。对于成就的功业，也从未自居过。这就是对无为与不言的回报，是美的，也是善的，到了这种境界，岂能再有恶与不善之行呢？这可以说是对“生而不有，为而不恃，功成而弗居”这一命题的深度总结。

三、为而不争之道

老子虽主张无为，但一再强调“无为为之而合于道”。关于无为之为是什么，老子的论断是“为而不争”，故百姓“乐推而不厌”。

《道德经》第八十一章：“天之道，利而不害；圣人之道，为而不争。”意思是，自然的规律是让万物得利，而不伤害它们；圣人的准则是，有所作为但不与人争。

“为而不争”，河上公注：“圣人法天所施为，化成事就，不与下争功名。故能全其圣功也。”这是说圣人效法天地来作为，功成事遂，不与民众争夺功名。王弼注：“顺天之利不相伤也。”意为顺应自然之道不相互伤害。河上公的解释易懂，王弼的解释是在河上公基础上的升华，是说由于不争功名，所以大家不会相互伤害。

什么是争？争就是互不相让。世俗之争自不必言：争先恐后、明争暗斗、寸土必争、蚁斗蜗争、鹬蚌相争、争权夺利、龙争虎斗、郑人争年等，造成相互倾轧、彼此伤害。还有一种争，在中国的文化中是天经地义、理所当然的，不认为是争，比如打天下就必然坐天下、立功就要受赏、“功勋彪炳千秋，吉祥平安一生”、“一经从白首，万里有封侯”等，认为付出与回报要对等，但这在老子看来也是争。范蠡协助勾践灭吴后，因其功大，勾践封他为开国大将军。但是范蠡辞谢并离开越国。文种在灭吴之后，还沉浸在功成名就的喜悦之中。范蠡写密信给文种："吾闻天有四时，春生冬伐；人有盛衰，泰终必否。知进退存亡，而不失其正，惟贤人乎！"这是劝文种放弃爵禄，但文种不以为然，认为这是自己应得的，只要小心就没事。但最后仍被勾践忌杀。

什么是为而不争？《周易·乾·文言》曰："乾始能以美利利天下，不言所利，大矣哉！"乾元有创始之德，广施利益于天下，但却不言利、不居功，这是乾元的伟大之处，也是圣人要效法的。老子提出了许多不争之道，如"后其身而身先，外其身而身存""功遂身退，天之道""生而不有，为而不恃，长而不宰""太上，不知有之""圣人无常心，以百姓心为心""方而不割，廉而不刿，直而不肆，光而不耀""以其不争，故天下莫能与之争"等。《木兰辞》写了花木兰从军的过程。花木兰从军不是要建功立业，而是出于孝道——"阿爷无大儿，木兰无长兄，愿为市鞍马，从此替爷征"。在战争期间，花木兰勇敢无畏，得胜而归——"将军百战死，壮士十年归"。归来后皇帝论功行赏，花木兰军功卓著——"策勋十二转，赏赐百千强"，而花木兰的选择是"木兰不用尚书郎，愿驰千里足，送儿还故乡"。她放弃了高官厚禄，回归平常，这是真正的不争，与文种形成鲜明对照。虽然花木兰出身普通之家，但深明圣人之道。

在老子《道德经》中，老子八次明确提到"不争"。圣人为什么反复提出不争？因为圣人深知"争"之危害。苏辙《老子解》中对此进行了解读："势可以利人，则可以害人矣。力足以为之，则足以争之矣。能利害而未尝害，能为能争而未尝争，此圣人与天为徒，所以大过人而为万物宗者也。"大意是说，势力可以为人带来利益，也可以给人带来危害。对一般人来讲，只要有力量去做，就必然会去争。凡事有利有害却能避害、能做能争却不争，这就是圣人与天相同的地方，这就是他们为万物效法的原因。春秋时期曹国有个公子名叫喜时，字子臧，是曹宣公之子。宣公与诸侯征伐秦国，死于军中。曹国派子臧接回宣公灵柩，让公子负刍与太子留守。负刍却杀了太子自立为君，即曹成公。子臧看到负刍自立为君，在安葬宣公后便逃亡，曹国百姓皆要跟从他。成公害怕，承认了罪过，并请求子臧返国，子臧于是就回来了，成公这才名正言顺做了国君。后来晋侯与诸侯会盟，扣押了曹成公，送到洛邑，准备让子臧朝见周天子后立为曹国国君。子臧说："古籍记载，圣人达节，其次守节，最下失节。我是庶子，不应立为国君，虽然我不是圣人，但岂敢失节呢？"于是逃到宋国。曹国屡次请求晋侯归还成公。晋侯说："子臧回国，我就归还你们国君。"于是子臧返回曹国，晋侯禀告天子把成公送回曹国。子臧把国政交给成公，成公继续做国君；子臧不再逃亡，曹国于是安定下来。子臧不争千乘之国，可以称得上是贤者，并以其不争而安国家。因此春秋对其赞誉有加。

对于老子的不争之德，就其本质而言，是极具思想价值的。但在当今竞争的时代，需要辩证对待，尤其是在国际关系中，要将争与不争统一起来，不能偏执一端，毕竟社会环境已经发生了根本变化，世界发展不以我们意志为转移，常常是树欲静而风不止，在该斗争的时候，要与时俱进，绝不能含糊。

四、后身外身之道

这一命题是圣人“无我”之居后不争与置之度外的境界。无我并非“我”不存在、不需要，而是将自己与天地融为一体，天地存则“我”存，以无私而成“私”。因此圣人“后其身而身先，外其身而身存”。

《道德经》第七章：“天长地久。天地所以能长且久者，以其不自生，故能长生。是以圣人后其身而身先，外其身而身存。非以其无私邪？故能成其私。”意思是，天地长久存在。天地之所以能长久存在，是因为它们生存不是为了自己，所以能够长久生存。圣人由此领悟到，把自己放在后面反而能领先；将自己置之度外，反而能保全自身。这不正是因为他无私吗？所以能成就他自身。

“后其身而身先”，河上公注：“先人而后己者也，天下敬之，先以为长”。意思是，圣人先人后己，所以天下人尊敬他，如奉长者一般把他置于前面。在河上公这里，圣人被尊为长者，长者为先，故“身先”。

“外其身而身存”，河上公注：“薄己而厚人也，百姓爱之如父母，神明佑之若赤子，故身长存。”这是说因为圣人对己薄、对人厚，百姓爱他如爱父母，神明保佑他像保护新生婴儿，所以能长久生存。在河上公看来，如果说“后其身而身先”可以理解为“敬人者，人敬之”，那么“外其身而身存”就是“爱人者，人爱之”。

苏辙对“后其身而身先，外其身而身存”认识更为深刻，他在《老子解》中云：“天地生物而不自生，立于万物之外，故能长生。圣人后其身而先人，外其身而利人，处于众人之表，故能先且存。”意思是天地生养万物而不为己，超然于万物之外，所以能够长生。圣人后己先人，舍己利人，处于众人之外，所以能先能存。由此可见，圣人能够“身先”“身存”，皆是由于无私，所作所为不是为了自身，这是效法天地之道的“不自生”。《新序》记载，孙叔敖年幼之时，外出玩耍，看见一条两头蛇，便把蛇杀死并掩埋。归家后哭泣，母亲问其缘由，孙叔敖说："我听说看见了两头蛇的人会死，刚才我看见了，害怕会离开母亲而死。"母亲问："蛇现在在哪里?"孙叔敖说："我怕别人再见到它，就把蛇杀了并掩埋了。"母亲说："我听说能在暗中做善事的人，上天会给他福报，你不会死的。"这当然是演绎的故事，但其主旨是称颂孙叔敖自小就有仁德之心。等到孙叔敖成年后，做了楚国令尹，还没开始施政，楚国的民众已经相信他的仁德了。此非"后其身而身先，外其身而身存"？

圣人之所以为圣，不是凭空而来的，而是从天地运行中得到的启示，体现了人法地，地法天，天法道，道法自然。圣人法天地，以无私欲虑事，以不为行事，弱化自身以尊崇天道，后置自己来安抚众人，因此能够做到无为而无不为，不言而无不信。天无私以覆，地无私以载，阳光雨露普惠众生，风云雨雪周流四季，既无偏私，也无偏恶。假如天地与物竞生、假如天地有所偏好，那么天地也不过是万物之一而已；假如圣人与民众争得、假如圣人有所偏私，那么圣人也不过是众人之一罢了。若如此，则天地难为天地、圣人难称圣人。

圣人的无私，首先是摒弃个人的好恶，不分远近、没有亲疏，对待一切一视同仁，包公铜铡之下铡过陈世美，也铡过包勉——虽有叔侄之情，怎奈王法条条。其次是圣人没有自己的私利，不贪名、不贪财、不贪色。诸葛亮是杰出的政治家、军事家，在世时被封为武乡侯，死后追谥忠武侯。在诸葛亮的身上，体现了圣人的无私。据《三国志·诸葛亮传》记载，在其自表后主中说："今成都有桑八百株，薄田十五顷，子弟衣食，自有余饶。至于臣在外任，无别调度，随身衣食，悉仰于官，不别治生，以长尺寸。若臣死之日，不使内有余帛，外有赢财，以负陛下。"上面所列是诸葛亮当官的全部家产，并且在诸葛亮死后，子诸葛瞻、孙诸葛尚皆为国家战死。陈寿是这样评价诸葛亮的："诸葛亮之为相国也，抚百姓，示仪轨，约官职，从权制，开诚心，布公道；尽忠益时者虽仇必赏，犯法怠慢者虽亲必罚……善无微而不赏，恶无纤而不贬……终于邦域之内，咸畏而爱之。"值得一提的是，陈寿说整个蜀国，对诸葛亮既怕又爱。有一个人叫李严，深得诸葛亮重用，但因故意违令被革职。此后时常希望诸葛亮能再次起用自己，以便将功补过。闻诸葛亮去世，知道机会没了，大恸而死。可以说，诸葛亮做到了圣人的无私，用自己一生诠释了"后其身而身先，外其身而身存"的内涵。

"后其身而身先，外其身而身存"，是圣人对天地以其不自生而能长且久的感悟，是由天道推及至人道，希望人能够效法天道。圣人居于尊位，效法天道无私无为，可以修身养性，可以经世致用，最终达到内圣外王。

五、光而不耀之道

这一命题是老子在圣人“后其身而身先，外其身而身存”基础上的升华。圣人已经居上、居先，但众人却感觉不到压力，原因何在？在于圣人“方而不割，廉而不刿，直而不肆，光而不耀”。

《道德经》第五十八章：“其政闷闷，其民淳淳；其政察察，其民缺缺。祸兮福之所倚，福兮祸之所伏。孰知其极？其无正也。正复为奇，善复为妖。人之迷，其日固久。是以圣人方而不割，廉而不刿，直而不肆，光而不耀。”意思是政治宽厚清明，人民就纯朴忠诚；政治严苛残酷，人民就狡黠争斗。祸里面隐藏着福，福里面隐藏着祸。谁能知道究竟是祸还是福呢？它并没有确定的标准。正的忽然转变为邪的，善的忽然转变为恶的，人们的迷惑，由来已久了。因此，有道的圣人方正而不锋利，有棱角而不伤害人，直率而不放肆，光亮而不刺眼。

老子认为圣人居先、居上是不得已，治国理政以“闷闷”应之，以无为处之。如果以有为应之，并不能使一切尽在掌握，很可能以善开始却以恶而终，这不以人的意志为转移，很可能会“正复为奇，善复为妖”。所以老子提出“方而不割，廉而不刿，直而不肆，光而不耀。”

“方而不割”，河上公注：“圣人行方正者，欲以率下，不以割截人也。”王弼注：“以方导物，舍去其邪，不以方割物，所谓大方无隅。”两人的解释基本一致，圣人行方正以引导民众，“方”之所以不割人、不截物，是因其外圆内方，大而不见其隅。

“廉而不刿”，河上公注：“圣人廉洁，欲以化民，不以伤害人也。今则不然，正以己害人。”王弼注：“廉，清廉也。刿，伤也。以清廉清民，令去其邪，令去其污，不以清廉刿伤于物也。”两人的解释大致相同，王弼稍详。圣人以清廉之德去百姓之邪、去百姓之污，但在这个过程中圣人不会让百姓受到伤害，不会用武力镇压去约束百姓。做到这一点很难，一些人在规范百姓的时候不可避免地伤到了百姓，反而扰民，因此河上公才会说“今则不然，正以己害人。”

“直而不肆”，河上公注：“肆，申也。圣人虽直，曲己从人，不自申之也。”王弼注：“以直导物，令去其僻，而不以直激拂于物也，所谓大直若屈也。”这里两人的解释有所不同，河上公的理解是圣人曲己从人，即委屈自己，顺从别人。王弼则认为，圣人是用正直引导众人，让他们改正邪僻，而不是以正直刺激别人，圣人虽主动作为，但柔和婉转，以看似委屈随和的方式导人以正。

“光而不耀”，河上公注：“圣人虽有独知之明，常如暗昧，不以耀乱人也。”意思是圣人虽有独知的智慧，但常常与众人无异，能够和光同尘，不以自己的光亮扰乱众人。王弼注：“以光鉴其所以迷，不以光照求其隐匿也，所谓明道若昧也。此皆崇本以息末，不攻而使复之也。”王弼认为，圣人用光亮去发现众人迷失的东西，而不是去寻找别人的隐私，这就是老子说的明道之人，好像暗昧而无所见。这都是发扬根本、抛弃末端，不用强制就能使人重归于道。两人解释虽然总体一致，但王弼解释得更为深刻透彻。

“方而不割，廉而不刿，直而不肆，光而不耀”，所表达的思想是无为自然，在这里我们讲解“光而不耀”。

以现代科学的认知，我们可利用的光主要来自太阳。可以说，如果没有太阳，就没有地球上的一切。没有光，世界一片黑暗；没有光，万物无法生长；没有光，地球将丧失一切能源。是光赋予了万物生命，可以说是生命之源。光能的强大力量赋予我们能源与生命，但这个力量同样也具有强大的杀伤力：夏日炎炎可让江河干枯、万物凋零；烈日当头让人不敢正视、直刺双目；如果太阳永远高悬，何来花前月下；如果世间一切都暴露在阳光之下，哪来包容和谐。圣人洞察光之奥妙，它能普照大地以资能量，不穿透一切留有余地，用阴阳交替达到和谐，以强弱变化以应万物，以强烈刺目诫其妄为。圣人效法光之普、光之余、光之和、光之化，而摒弃光之耀，以期不攻而使人重归于道。有一个典故叫“虞芮让畔”。相传虞、芮两国曾因争地兴讼，到周求西伯侯姬昌评断。《史记·周本纪》记载：“于是虞芮之人有狱不能决，乃如周。入界，耕者皆让畔，民俗皆让长。虞芮之人未见西伯，皆惭，相谓曰：‘吾所争，周人所耻，何往为，祇取辱耳。’遂还，俱让而去。”大意是虞芮两国为争夺田地发生纠纷，就去找西伯侯姬昌，刚到周的地界，就发现当地老百姓相互谦让。两国人还未见西伯侯就已惭愧，相互说道：“咱们所争的，正是人家所羞耻的。就别去自取其辱了。”回去后互让田地。这个典故中，没有姬昌的义正词严、没有苦口婆心，甚至虞、芮之人都未见姬昌，是姬昌的治理成效打动了虞芮之人。所以《诗·大雅·绵》说：“虞芮质厥成，文王蹶厥生。”意思是虞芮两国纠纷平息，是文王感化了他们的天性。在《史记·周本纪》中说：“西伯阴行善，诸侯皆来绝平。”也就是周文王默默行善事，诸侯有争端都找他来评判，虞芮之讼是一个重要节点，司马迁认为，周文王是从断虞芮之讼那一年起“受命称王”。周文王以行动深刻阐释了“光而不耀”。

如果“以光耀人”会怎样呢？当初魏武侯决策英明而群臣不及，退朝后自鸣得意、面有喜色。吴起进谏说：“最近有人把楚庄王的话说给您听了吗?”武侯说：“没有，庄王讲了什么?”吴起说：“楚庄王决策英明，群臣不及，上朝时面有忧色。申公巫臣问：‘大王上朝时面有忧色，这是为什么?’庄王曰：‘我听说，诸侯能自行择师的可以成就王业，自行择友的可以成就霸业，自我满足而认为群臣莫及者会灭亡。现在像我这样的不肖之人在朝堂议事，而群臣莫及，这是我们国家要灭亡了啊，所以我有忧色。’庄王忧虑之事，却是您喜悦之事，这是为什么呢?”武侯急忙谢罪，说：“这是上天让先生来补救我的过失啊。”魏武侯、楚庄王决策英明而群臣不及是其有光，魏武侯自鸣得意、面有喜色就是以光耀人，会让群臣三缄其口。楚庄王则看到了它的危害，所以面有忧色。所以“以光耀人”短时间内会让众人黯然失色，但长此以往却会令自己光环尽褪、黯然无光。

“光而不耀”是“方而不割，廉而不刿，直而不肆，光而不耀”一系列正反命题中的一个，老子有倡导、有反对，倡导其正，反对其过。而其中的难点，则是对其度的认知和把握。

六、王四天地之道

这一论断中，老子在阐明“圣人何以为圣人”之后，将王列为“四大”之一。天地之间以人为贵，王又是众人之主，所以与道、天、地相并列，居“大”之一。在老子的时代，圣人主要包括两种，一种是德高望重、有大智、达到最完美道德境界的人；一种是天子（王）。所以王也是圣人，这就与前面论述一脉相承。

《道德经》第二十五章：“故道大，天大，地大，王亦大。域中有四大，而王居其一焉。人法地，地法天，天法道，道法自然。”意思是说道大、天大、地大、王也大。宇宙间有四大，而王占其中之一。人取法地，地取法天，天取法“道”，而道纯任自然。

对于为什么“域中有四大，而王居其一”，河上公和王弼从不同的视角进行了解释。河上公注：“道大者，包罗诸天地无所不容也；天大者，无所不盖也；地大者，无所不载也；王大者，无所不制也。”意思是，道之所以大，是因为它包罗万象，无所不容；天之所以大，是因为它无所不覆盖；地之所以大，是因为它无所不承载；王之所以大，是因为他无所不制约。这是从王的

“权”与“责”的方面讲王之“大”。王弼注：“天地之性人为贵，而王是人之主也。虽不职大，亦复为大。与三匹，故曰王亦大也。”意思是，天地的本性是以人为贵，而王是人的君主，所掌管的虽然不如道与天地，但也可以称作“大”与道、天、地相并列，因此，王也大。这是从王的地位方面讲王之“大”，人为万物之灵，王为众人之尊。

无论以权责还是以地位，王都居“大”，但王之“大”不是与生俱来的，而是有渊源的，这就是“人法地，地法天，天法道，道法自然”。这一点，王弼的解释非常透彻：“法谓法则。人不违地，乃得全安，法地也。地不违天，乃得全载，法天也。天不违道，乃得全覆，法道也。道不违自然，乃得其性。法自然者在方而法方，在圆而法圆，于自然无所违也。”意思是，法就是效法。人不违背地的法则，就能够保全自己的安宁；地不违背天的法则，就能够保全自己所承载的；天不违背道的法则，就能够保全自己所覆盖的；道不违背自然，就能获得自己的本性。道法自然，就是处于方则效法方，处于圆则效法圆，从不违背自然。

由此看来，成为王并不是简单的“恭己正南面而已”，背后有大量的付出与牺牲：要“后其身”、要“外其身”、要“处众人之所恶”、要“功遂身退”、要“宠辱不惊”、要“知雄守雌”、要“以百姓心为心”、要“受国之垢”、要“受国不祥”等。传书上说，宋景公的时候，荧惑守心，即火星在心宿三星附近。宋景公感到害怕，召来掌管观测星象的子韦问道：“荧惑在心，是什么缘故?”子韦回答：“荧惑在心，预示着上天的惩罚，心宿所对应的位置，在宋国境内，灾祸应在君主。但是也有解决办法，把它转嫁给宰相就能避祸。”景公说：“宰相是治理国家的人，把灾祸转嫁给他，不吉祥。”子韦又说：“可以转嫁给老百姓。”景公说：“老百姓都死了，我去做谁的国君呢？宁可我一个人死。”子韦再建议：“可转嫁到年成上去。”景公回答：“老百姓饥饿，一定会死去。做君主的想通过杀自己的百姓来求得活命，那谁还肯把他当作君主呢？看来，这是我的寿命本来已经到头，你不要再说了。”子韦退下跪向景公连连叩拜说：“臣恭贺君王，天虽处在高处，但它能听见地上的话，君王说了三句作为君主该说的话，上天必定要三次奖赏君王。今天晚上火星肯定要移动三个地方，这样君王就会延长寿命二十一年。”景公问：“你是怎么知道的呢?”子韦回答：“君王说了三句作为君主该说的话，所以要受到三次奖励，火星肯定会移动三个地方。移动一个地方要经过七颗星，一颗星相当于一年，三七二十一年，所以君王的寿命会延长二十一年。臣请求在宫殿外观察，火星如果不移动，臣愿以死谢罪。”这天晚上，火星果然移动了三个地方。宋景公算是做到了老子所称的王道，以其无私，故成其私，且长生久视。

域中有四大，王居其一，是由王的权责和地位决定的，更是由其“受国之垢”和“受国不祥”的品质决定的。这也是王能够成为圣人的主要原因。

七、谋定后动之道

方而不割，廉而不刿，直而不肆，光而不耀，为而不争，这些论断都是有所为、有所不为，需要把握一个度的问题，弄不好会过犹不及。而“不武、不怒、不与、为之下”的命题则是极简，就是告诉用兵者谋定而后动，不要被情绪左右判断。

《道德经》第六十八章：“善为士者不武；善战者不怒；善胜敌者不与；善用人者为之下。是谓不争之德，是谓用人之力，是谓配天古之极。”意思是，善于作将帅的人，不逞其勇武；善于作战的人，不轻易被激怒；善于胜敌的人，不与敌人正面冲突；善于用人的人，对人表示谦下。这叫作不与人争的品德，这叫作运用别人的能力，这叫作符合自然的道理。

“不武”，河上公注：“言贵道德，不好武力。”王弼注：“士，卒之帅也。武，尚先陵人也。”河上公对此主张以道德为贵，不崇尚武力。王弼做了进一步说明，士为兵之帅，武是注重先发制人。为什么要“不武”，参看苏辙《老子解》：“士当以武为本，行之以怯，若以武行武则死矣。”意思是带兵的人应当以武为本，但用兵要慎重，如果倚仗武力动辄以武力解决问题就会招致灭亡。应当说，苏辙讲到了问题的关键之处，如《司马法》所言：“国虽大，好战必亡。”隋炀帝治国是这方面的典型。隋炀帝在位十四年，这期间他修建大运河——开通永济渠、通济渠，加修邗沟、江南运河；营建东都迁都洛阳；亲征吐谷浑；三征高句丽。因为滥用民力，造成天下大乱，直接导致了隋朝的覆亡。隋朝在581年统一了全国，可以说是在久经战乱分裂之后，一统天下应天顺人。隋文帝打下了很好的基础，隋炀帝本人也很有作为，但他错误地选择了崇武尚力，结果葬送了刚刚开创的基业。老子说：“兵者不祥之器，非君子之器，不得已而用之。”与老子同时代的孙武也认识到这个问题，他在《孙子兵法》里说“兵者，国之大事，死生之地，存亡之道，不可不察也。”

“不怒”，河上公注：“善以道战者，禁邪于胸，绝祸于未萌，无所诛怒也。”王弼注：“后而不先，应而不唱，故不在怒。”河、王讲的都是不怒的原因。河上公认为，善于用道作战，会禁绝心中邪念，将祸端消灭于尚未萌发之时，所以无怒可责。王弼则以为，因为后发制人，不会关注情绪，故不怒。河上公注更好一些。《三国志·张飞传》载：先主入益州，还攻刘璋，张飞与诸葛亮等溯流而上，分定郡县。至江州，打败巴郡太守严颜，生获颜。飞呵斥颜道："大军至，何以不降而敢拒战?"严颜答道："你们无礼，侵夺我州，我州但有断头将军，无有降将军。"张飞大怒，令左右牵去斩首，严颜面色不变，说："斫头便斫头，何为怒邪!"张飞认为严颜雄壮，并释放了他，将他敬为上宾，严颜于是投降。此后，张飞连战连捷，顺利抵达成都。张飞先怒后悦，最终效果殊异，可见，怒是无济于事的。苏辙的观点也很有借鉴价值，其《老子解》云："圣人不得已而后战，若出于怒，是以我故杀人也。以我故杀人，天必殃之。"苏辙认为，战争是不得已的事情，如果是出于个人愤怒而战，很容易滥杀无辜，这样一定会遭受惩罚。道理极其深刻。

"不与"，河上公注："善以道胜敌者，附近以仁，来远以德，不与敌争，而敌自服也。"王弼注："不与争也。"两者解释基本一致，王弼较为简单，不与就是不争。河上公解释了原因：善于以道战胜敌人的人，会行仁义使近处的人来归附，会用德化使远方的人来投奔，不与敌人相争，使敌人自愿臣服。不与就是不与争。不战而胜，是不待战而胜于事先；不争而成，是不待争而成于无形。因此《孙子兵法》有言："百战百胜，非善之善者也；不战而屈人之兵者，善之善者也。"《战国策》中有一个故事，叫"邹忌讽齐王纳谏"。邹忌本不如徐公美，但是他的妻子爱他、小妾怕他、客有求于他，都说他比徐公美。邹忌以此讽喻齐威王，"今齐地方千里，百二十城，宫妇左右莫不私王，朝廷之臣莫不畏王，四境之内莫不有求于王：由此观之，王之蔽甚矣。"齐威王深以为然，下令："群臣吏民能面刺寡人之过者，受上赏；上书谏寡人者，受中赏；能谤讥于市朝，闻寡人之耳者，受下赏。"开始时群臣进谏，门庭若市，一年之后，虽欲言，无可进者。结果是燕、赵、韩、魏闻之，皆朝于齐。这就是"战胜于朝廷"，或称"不战而屈人之兵"，或称"不争而善胜"。诚如苏辙在《老子解》中所言："以吾不争，故能胜彼之争。若皆出于争，则未必胜矣。"不争所取得的胜利，能够安以久，是争未必能够得到的。

"为之下"，河上公注："善用人自辅佐者，常为人执谦下。"王弼注："用人而不为之下，则力不为用也。"合而言之，如果使人愿意辅佐自己，就要为人谦下，如果不谦下，就没有人愿意效命。这是就用人而言的。春秋战国时代，秦国从边鄙之国一跃成为强国，最终统一天下，绝非偶然，与历代秦君礼贤下士息息相关。秦穆公求士，得到了由余、百里奚、蹇叔、丕豹、公孙支，实现了称霸西戎；秦孝公用商鞅，移风易俗、国以富强；秦惠王用张仪，散六国之纵，使西面事秦；秦昭王得范雎，使秦成帝业。对于这些人才，秦国君主致他们以礼遇、给他们以高位、授他们以大权、予他们以荣耀，这些人莫不尽心竭力、殚精竭虑以强秦国。因此李斯在《谏逐客书中》说："向使四君却客而不内，疏士而不用，是使国无富利之实，而秦无强大之名也。"这是事实。如果作为君主嫉贤妒能，一味任用唯命是从的庸才，是不会成就功业的。与秦孝公、秦惠文王同时代的魏惠王，认为自己国力强大而傲于士人，失掉了商鞅、公孙衍、张仪等人，这些人无一例外到了秦国。尤其是对商鞅的错失，是魏惠王之大憾。商鞅少好刑名之学，开始时事魏相公叔座为中庶子，公叔座病重时向魏惠王举荐了商鞅，魏惠王却不以为意。公叔座又建议，如果不用商鞅就必须杀了他，不要让其离开魏国。魏惠王满口答应。公叔座看出魏惠王不会任用商鞅，于是告诉商鞅自己已建议魏王杀他，让他赶紧逃跑。商鞅却说："他既然不能听你而任用我，又怎能听你而杀我呢?"就没有离开。果然，魏惠王既未任用商鞅，也未杀商鞅。商鞅听说秦孝公礼贤下士，于是西向入秦，魏国人才开始大量流失。从魏惠王开始，魏国逐渐走向衰落。苏辙《老子解》云："人皆有相上之心，故莫能相为用。诚能下之，则天下皆吾用也。"这是说，有能力的人往往互不谦让，这就很难互相帮助。如果能谦下对待，那么天下所有人都会为我所用。

不武、不怒、不与、为之下，表面是讲用兵作战之道，但从本质而言，既是用兵打仗，又是辩证思维。军事如此，处世亦然，遇事不急、不躁、不冲动，平心静气、细心分辨，就能找到解决问题的方法。

八、欲速不达之戒

这一命题在老子这里主要体现在"企者不立，跨者不行"上。前面讲的都是圣人肯定的观点，而在这里则是讲圣人反对的行为。

《道德经》第二十四章："企者不立；跨者不行；自见者不明；自是者不彰；自伐者无功；自矜者不长。其在道也，曰余食赘形。物或恶之，故有道者不处。"意思是，踮起脚跟想要站得高，反而站立不住；迈起大步想要跑得快，反而不能行远。自逞己见的反而得不到彰明；自以为是的反而声誉不高；自我夸耀的建立不起功勋；自高自大的反而不能超人。从道的角度看，以上这些急躁炫耀的行为，只能说是多余无用。因为它们是令人厌恶的东西，所以有道的人绝不这样做。

“企者不立”，河上公注：“跂，进也。谓贪权慕名，进取功荣也，则不可久立身行道也。”在河上公这里，“企”同“跂”，可以解释为冒进，是说贪慕权力功名而一意进取追名逐利，就不可能长久安身立命、践行大道。王弼注：“物尚进则失安，故曰企者不立。”是说凡事追求冒进就无法安稳，所以说是企者不立。合而言之，在河、王看来，企者不立超出了字面的含义，其内涵更加深刻。圣人行事，后其身、外其身、以言下之、以身后之，法地、法天、法道、法自然，必然不会关注功名利禄。如果一个人处圣人之事，而不行圣人之道，也就是说，身处高位而贪慕功名，就是“企者”。这样的“企者”，为功名会失去理智、会不择手段，不仅会祸国殃民，最终也会殃及自身。主父偃是西汉齐地临菑人，学习战国时代的纵横家的学说，郁郁不得志，直到晚年，去见大将军卫青。卫青屡次向汉武帝推荐他，后来他以一篇策论打动了汉武帝，于是汉武帝下令任命他为谒者，又升为中大夫。并在一年当中，四次擢升其职务。他虽为朝廷做了一些事情，但因贪财好功，大量受贿，行事阴险狠毒，故大臣们非常畏惧他。有人劝说主父偃：“你太蛮横了。”主父偃听后，说了这么一段极其著名的话：“臣结发游学四十余年，身不得遂，亲不以为子，昆弟不收，宾客弃我，我厄日久矣。且丈夫生不五鼎食，死即五鼎烹耳。吾日暮途远，故倒行暴施之。”大意是说，自从束发游学以来已四十多年，我的志向得不到实现，父母不把我当儿子看，兄弟们不肯收留我，宾客嫌弃我，我穷困的时日已很久了。况且大丈夫生于世间，如不能列五鼎而食，那么就受五鼎烹煮而死好了。我已到了人生暮年，但还有很多心愿未能达成，所以要倒行逆施，横暴行事。正因如此，主父偃得罪满朝大臣，朝臣群起而攻之，待到他被灭族而死的时候，没有人愿为他收尸，唯独洨县人孔车怜悯他，为他收尸并埋葬。主父偃位高权重，红极一时，可以说是处圣人之事；倒行逆施，又不行圣人之道。在追名逐利的道路上一路狂奔疾驰，导致立身不久，急于进取而失去平安。

“跨者不行”，河上公注：“自以为贵而跨于人，众人共蔽之，使不得行。”这是说人如果自以为尊贵而跨越他人之上，那么众人就会一起蒙蔽他，让他无法行动。这与通常解释的“迈开大步想要跑得快却无法行远”有所不同，但也很有深意。一个人越自以为高、自以为无人能及，就越令人反感，不但得不到别人的帮助，反而会被拆台。三国时期的魏延是一个很有性格的将军。刘备曾大会群臣，问魏延：“今委卿以重任，卿居之欲云何？”魏延回答：“若曹操举天下而来，请为大王拒之；偏将十万之众至，请为大王吞之。”真是极其豪迈，刘备称善，众人也被他的豪言壮语所震撼。诸葛亮北伐时，魏延披坚执锐，还曾提出子午谷奇谋，但未被采纳。后来就经常认为诸葛亮胆怯，叹恨自己才华得不到施展。《三国志》记载：“延既善养士卒，勇猛过人，又性矜高，当时皆避下之。”由此观之，魏延的高傲是令人生畏的。诸葛亮病逝之际，魏延不服调遣，意欲谋反，但无人响应——“延士众知曲在延，莫为用命，军皆散”，魏延的军士都知道是他理亏，没人听命于他，尽皆散去。魏延在逃往汉中途中，被马岱追杀，令人扼腕。这是“跨者不行”的下场。

苏辙《老子解》也对“企者不立，跨者不行”做了解释：“人未有不能立且行者也，苟以立为未足而加之以跂，以行为未足而加之以跨，未有不丧失其行立者。”体现了“欲速则不达”的道理，与通解基本吻合。《论语·子路》云：“无欲速，无见小利。欲速则不达，见小利则大事不成。”这是儒家版的“企者不立，跨者不行”，与老子的思想息息相通，这就是所谓的“天下一致而百虑，同归而殊途”罢。

九、敢与不敢之道

老子在为政之德的否定思维中首先否定了“敢”，要勇于“不敢”：“勇于敢则杀，勇于不敢则活”。老子认为，不敢不是胆怯，而是天道，勇于敢坚强则死，勇于不敢柔弱则生。

《道德经》第七十三章：“勇于敢则杀，勇于不敢则活。此两者，或利或害。天之所恶，孰知其故？是以圣人犹难之。”意思是勇敢就会死亡，柔弱可以生存。这两者，有的得利，有的受害。上天厌恶勇敢，谁知道是什么缘故？因此圣人也难以回答这个问题。

这一章的前半部分阐明了敢与不敢的关系。“勇于敢则杀”，河上公注：“勇敢有为，即杀身也。”王弼注：“必不得其死也。”河、王之注意思相近，勇敢有为必然会死，并且不得善终。“勇于不敢则活”，河上公注：“勇于不敢有为，则活其身。”王弼注：“必齐命也。”意思是不勇敢有为就会生存，并能得善终。这倒是不难理解，但原因何在？老子做了解释：“此两者，或利或害。”敢与不敢，一个得利、一个遇害，活身为利，杀身为害。老子对于勇敢是极其反对的，在第四十二章就讲过“强梁者不得其死”。无独有偶，作为儒家思想创始人的孔子，也有类似主张。《论语·先进第十一》记载：闵子侍侧，訚訚如也；子路，行行如也；冉有、子贡，侃侃如也。子乐。“若由也，不得其死然。”闵子骞侍立在孔子身旁，一派和悦而温顺的样子；子路是一副刚强的样子；冉有、子贡是温和快乐的样子。孔子很高兴，但又说：“像仲由这样，只怕不得好死吧！”子路是孔子非常喜欢的学生，孔子断然是不会诅咒子路的。但子路这个人过于刚强不是终吉之道，孔子担心子路，惟恐他不会有好的结果。这是孔子据理而论，意欲损其过刚而就中道。

老子认为“勇于敢则杀，勇于不敢则活”，但又说“天之所恶，孰知其故？是以圣人犹难之”，这是说什么呢？“天之所恶”，河上公注：“恶有为也。”老子认为，上天厌恶勇于敢但又不知什么原因，不仅如此，连圣人都难以回答。在这个问题上，老子也充满了矛盾。在这里引用严遵《老子指归》作参照。严遵说：“天地之道，生杀之理，无去无就，无夺无与，自然而已。”意思是天地规律，生杀道理，没有取舍，没有夺与，顺其自然而已。这非常符合老子思想。接着讲到了生杀，“生为杀元，杀为生首，二者相形，吉凶着矣。故知生而不知杀者，逆天之纪也；知杀而不知生者，反地之要也……当怒不怒，子为豺狼，弟为兕虎。当斗不斗，妻为敌国，妾为大寇。当杀不杀，受天之害，为物所制。当喜不喜，蒙天之灾，获地之咎。当生不生，人君失国，庶人没命。”这是说，生是杀的开始，杀是生的源头，两者相互比较，吉凶就显现了。因此只知道生而不知道杀是违背了上天的纪纲，只知道杀而不知道生是违反了地的法则。如果该发怒而不发怒，儿子会成为伤害自己的豺狼，兄弟会成为伤害自己的猛兽；如果应该斗争而不斗争，妻子会成为自己的对头，小妾会成为自己的大敌；当杀不杀，就会受到上天降下的灾害，反被外物所制约；当喜不喜，就会蒙受上天降下的灾难，受到来自地下的灾祸；当生不生，君主就会失去国家，百姓就会丧命。这段话非常深刻，也非常符合老子思想的基本原理。所以，“勇于敢”和“勇于不敢”，何者当生、何者会死，要遵循天道。《左传·庄公十年·曹刿论战》中讲的“夫战，勇气也，一鼓作气，再而衰，三而竭”，就是用兵中的“勇于敢”；孙武《孙子·军事》中讲的“归师勿遏，围师必阙，穷寇勿追”，意思是踏上归程的军队不要拦截，围困敌军时要给他留有缺口，狼狈绝望的敌人不要追赶，这就是用兵中的“勇于不敢”。

苏辙《老子解》进一步解释：“勇于敢则死，勇于不敢则生，此物理之大常也。然而敢者或以得生，不敢者或以得死，世遂以侥幸其或然，而忽其常理。夫天道之远，其有一或然者，孰知其好恶之所从来哉？故虽圣人犹以常为正，其于勇敢未尝不难之。列子曰：迎天意，揣利害，不如其已。患天道之难知，是以历陈之也。”勇于敢则死，勇于不敢则生，这是万物公理的普遍规律。但勇于敢者有的得以生存，勇于不敢者有的却不免于死，于是有世人以此偶然侥幸，而忽视普遍规律。天道广大，即便有偶然，谁知道它会出现在哪里呢？因此，虽然圣人仍然以常道为正理，但对于勇敢也难以判断。列子说：迎合天意，揣测利害，不如停止。害怕天道难知，所以一一陈述。苏辙这段话的逻辑比较杂乱，他认可“勇于敢则死，勇于不敢则生”是常理，不应当用偶然性代替常态性，这是极其高明的见解；但他又对偶然性没有把握，给不出指导性对策，只能用列子的话规劝众人不要妄动，这无异于画蛇添足、狗尾续貂。

由此观之，“勇于敢”或是“勇于不敢”的选择，要符合天地之道。应当勇敢而不勇敢，或不免于死；应当不勇敢而勇敢，“抑或不免于死”。应当勇敢而勇敢，会得以生存；应当不勇敢而不勇敢，亦会得以生存。

十、功遂身退之道

这一命题是整个不敢为先这一否定思维的最终结果。

“功遂身退”与“功成而弗居”是不一样的，“功遂身退”是决绝不居其位——“小舟从此逝，江海寄余生”。这一命题的内涵是对功名无所留恋的洒脱与自在，这是为政之终。

《道德经》第九章：“持而盈之，不如其已；揣而锐之，不可长保。金玉满堂，莫之能守；富贵而骄，自遗其咎。功遂身退，天之道。”意思是，执持盈满，不如适时停止；把铁器磨尖磨利，锐势难以保持长久。金玉满堂，无法守藏；如因富贵而生骄横，是自己招致灾祸。功成名就之后，退身避位，符合自然规律。

“功遂身退，天之道”，河上公注：“言人所为，功成事立，名迹称遂，不退身避位则遇于害，此乃天之常道也。譬如日中则移，月满则亏，物盛则衰，乐极则哀。”意思是，人在功成名就之后，居功贪位就会遭遇祸害，这是自然之理。就如太阳升至正午必然西下，月亮满盈之后必然走向亏缺，事物繁盛过后就将衰败，高兴到极点就会转向悲哀，正所谓“欢乐极兮哀情多”。王弼注：“四时更运，功成则移。”意为如同四季运行，功成之后必然离去。在这一问题上，河、王观点一致，功成之后，要退位、离去。河上公用以比喻的自然现象是太阳，王弼用以比喻的自然现象是四时。太阳、四时循环往复、没有停止，人同样不能永远停留于一点，历史推动一切向前发展。一事完成，必有另事，恋恋不舍，反遭其殃。功成身不退，自古多愆尤，韩信、文种是也。张九龄概括老子这一思想为“功遂身谢，名由实美”。宋太祖以“杯酒释兵权”自上而下实现了一干人等的“功遂身退”。赵普认为，自唐末以来，君弱臣强是天下不安的主要原因，宋太祖深以为然。于是请石守信、高怀德等饮酒，酒至半酣，跟他们讲：“我非尔曹之力，不得至此，念汝之德，无有穷已。”这是首先肯定了这些人的功绩，但功成身不退，对彼此都有危害。所以太祖接着讲：“然为天子亦大艰难，殊不若为节度使之乐，吾今终夕未尝安枕而卧也。”就是当了皇帝还不如从前当节度使快乐，整天寝不安席。守信等问原因。太祖说：“居此位者，谁不欲为之？”守信等人皆称不敢，太祖却说，你们虽然无心，但能保证你们手下人不想富贵吗？一旦有人将你们中的一个黄袍加身，你想不干都不行。由此可见，虽然功成事遂，但不退身，很多事情难以预料。守信等人请皇帝指给生路。太祖说：“汝曹何不释去兵权，择上好田宅市之，王翦、萧何所以免祸……君臣之间，两无稍嫌，不亦善乎？”第二天石守信等人皆称病请解兵权。二百多年的统治弊病，宋太祖在谈笑之间将其解决。整个宋代一直没有强臣之患，究其原因，就是宋太祖采纳了赵普的建议，用老子的思想，帮助权臣“功遂身退”，最终君臣得安。

或曰，“功成身退”当为功成名就之后，不再身居其位，而应适时退下，“身退”并不是退隐山林，而是不居功贪位。这种观点是不对的，前面所讲“功成而弗居”是这一意思。“功成身退”就是退避隐藏，远离功名。

又问，“功遂身退”多见于将相，鲜闻于帝王，原因何在。诚如所言。将相辅佐君王，建功立业，有其特定使命，使命完成，即为功成，如若不退，祸莫大焉：尺短寸长，善打天下不一定善安天下，使命改变，用人亦变，所谓“江山代有才人出”，此其一；功高震主，为君猜忌，此其二；大功之下，难免骄横，此其三。故公孙衍让位张仪、范雎举荐蔡泽，正所谓“一朝功勋不能光耀万世”，功成身退，以让来者，天之道也。“功遂身退”是人臣明智之选。对于帝王而言，又有不同。何为帝王，老子有言：“受国之垢，是为社稷主；受国不祥，是为天下王。”帝王乃天下所归，人臣共主，不可轻易得之，亦不可轻易失之。帝王帅众以得天下，当此之时，将相已功成名就，自当身退；但对帝王而言，尚功业未就，百废待兴、万事待举——夺取全国胜利，这只是万里长征走完了第一步——故不退。帝王何时算功成？纵观历史，唐玄宗实现开元盛世即是功成，康熙帝平三藩、收台湾、实现康熙盛世即是功成，当此身退，圣之大矣。以其不退，故唐玄宗有“安史之乱”之祸、康熙帝有

“九子夺嫡”之忧。

苏辙《老子解》有言：“日中则移，月满则亏，四时之运，功成者去。天地尚然，而况于人乎?”中则移、盈则亏，时势造英雄、英雄随时势，“时来天地皆同力，运去英雄不自由”“飘风不终朝，骤雨不终日”，天地尚不能长久，而况人乎？苏子之言，盖此。

第三章

03

老子思想与为事之道

老子思想为事之道的纲领，就是《道德经》第四十章："反者道之动，弱者道之用。天下万物生于有，有生于无。"

司马迁在《史记》中说："道家无为，又曰无不为，其实易行，其辞难知。其术以虚无为本，以因循为用。无成执，无常形，故能究万物之情。不为物先，不为物后，故能为万物主。有法无法，因时为业，有度无度，因物与合，故曰：圣人不朽，时变是守。虚者道之常也，因者君之纲也，群臣并至，使多明也。"

晋代哲学家王弼（226—249）在《老子指略》中说："老子之书，其几乎可一言以蔽之。噫！崇本息末而已矣。"

在《道德经》里，反复出现"事物的矛盾和对立转化是永恒不变的规律"，概括了自然和人类社会的现象与本质，这是闪耀历史光辉的精辟见解。"反者道之动"，是说矛盾着的对立物各自向着自己的对立面转化；"弱者道之用"，是说"道"在发挥作用的时候，用的是柔弱的方法。"天下万物生于有，有生于无"，这句话很容易顺势得出"无—有—万物"的公式，并得出万物是从"无"而来的结论。其实，老子讲"有"和"无"，并未把"无"当作第一性的东西、把"有"当作第二性的东西，他是把"有"与"无"当成相互对立的两个哲学范畴，"有"与"无"都是道的属性，是道产生天地万物时由无形质落向有形质的活动过程。"天下万物生于有"——天下万物生于天地，天地有形；"有生于无"——天地神明皆生于道，道无形。这极为深刻。古棣、关桐所著的《老子十讲》将"无"与"有"解释为"常无"和"常有"，它们是"道"的两个名字，同出而异名，"常无"是说"道"永远不会变成具体事物，"常有"是说"道"永远不会消逝，也有一定道理。

品悟老子思想中的为事之道，就需要认真研究"反者道之动，弱者道之用""天下万物生于有，有生于无"这一为政纲领。

第一节 有无相生——为事之道的矛盾思维

《道德经》通篇使用了大量对比概念强调有无相生、正反相依的两点论，从而克服人思维上的错误，也就是非此即彼的绝对的思维方式。老子认为天下万物相对相成，在《道德经》第二章，老子说："天下皆知美之为美，斯恶已；皆知善之为善，斯不善已。故有无相生，难易相成，长短相形，高下相倾，音声相和，前后相随。"意思是，天下人都知道美之所以为美，那是由于有丑陋的存在；都知道善之所以为善，那是因为有恶的存在。所以有和无互相转化，难和易相反相成，长和短互相显现，高和下互相充实，音与声互相应和，前和后相伴相随。老子把有和无、阴与阳、美和恶、善和不善、福和祸、轻和重、荣和辱、高和下、长和短、枉和直、虚和盈、曲和全、智和愚、巧和拙、难和易、柔弱和刚强、正和反、正和奇等，都看作是对立的统一，是辩证关系，对立的双方相互依存，一方不存在，另一方也就不能存在。

一、有无相生之道

有与无是老子思想中最重要的一对概念，贯穿《道德经》一书始终。比如，有无相生；天下万物生于有，有生于无；有之以为利，无之以为用；等等。

关于有与无，《道德经》第十一章讲得最为透彻："三十辐共一毂，当其无，有车之用。埏埴以为器，当其无，有器之用。凿户牖以为室，当其无，有室之用。故有之以为利，无之以为用。"

在这里，老子就人造的器物来说明"有"和"无"的相反相成。

"三十辐共一毂"，是说三十根辐条围绕中心构成一个车轮，"无"指的是毂中有洞可以插轴，"有"指车轮的实体，有实体、有空间。"无"，河上公注："无为空虚。毂中空虚，车得去行，舆中空虚，人能载其上也。"就是说，毂中空虚，车得以行走，车中空虚，人能载其上，才会有车之用。

"埏埴以为器"，是和泥制作陶器，"无"指的是器皿中的空间——河上公注："器中空虚，故得有所盛受"；"有"是指器皿的实体。有实体、有空间，能够有所盛受，才会有器皿的用处。

“凿户牖以为室”，是说辟开门窗建筑房屋，“无”指的是户牖的空虚和室中空虚——河上公注：“言户牖空虚，人得以出入观；视室中空虚，人得以居处，是其用”；“有”指的是房屋实体架构。有实体、有空间，人得出入和居处，才有房屋的用处。

举了三个例子之后，老子得出下面这个结论：“有之以为利，无之以为用。”河上公注：“利，物也，利于行用。虚空者可以盛受万物，故曰虚无能制有形。”利就是物，“无”要发挥作用，需要以有形之器为载体；只有空虚才能有所盛受，没有空虚（无），有形将失去意义。因此王弼说：“言无者，有之所以为利，皆赖无以为用也。”从人造器物的角度看，各种器物既有实体，又有空无，两者配合起来，才有车辆、器皿和房屋的用处。没有空间，这些器物就丧失了它们的功用，也就没有意义了。买房子的实质是买空间，是买“无”；但如果没有钢筋混凝土的架构，空间就无法形成。所以说这些人造器物是有无相成、缺一不可，所以老子说“有之以为利，无之以为用”。在这里我们关注老子思想中的有与无，不是从抽象的“道”来理解，而是具体化的有与无，只有这样才更有利于我们去理解、运用。苏辙《老子解》说：“竭知尽物以为器，而器之用常在无有中。非有则无无以致其用，非无则有有（此“有”当为‘无’）以施其利。”意为人们都知道将物尽量做成器具，而器具之所以能用是因为器中空虚。没有“有”，“无”就无法使用，没有“无”，“有”就成为摆设。

正确处理有无关系，就如我国传统艺术中的“留白”，留白就是在作品中留下相应的空白，在文学作品、绘画和话剧上都有留白。绘画需要留白，艺术大师往往都是留白的大师，方寸之地亦显天地之宽。

处理好有与无关系，是为事之道重要方面。在工作中，眼睛不能光盯着看得见的，还要留意看不见的。“功成不必在我”是对有无关系的深刻认识。“功成不必在我”并不是消极、怠政、不作为，而是正确的政绩观，既做看得见、摸得着、得实惠的实事，也做为后人做铺垫、打基础、利长远的好事。既做显功，也做潜功，不计较个人功名。“显功”和“潜功”就是有与无的关系。“显功”为“有”，“潜功”为“无”，“显功”易觉，“潜功”难察，但“潜”和“显”却并不对立，要有“潜”之积累才有“显”之效果，“显”若持续必须根植于“潜”。今日之“显”奠定于昨日之“潜”，今日之“潜”造就明日之“显”，如此循环往复才有国家社会的不断发展。在当前的经济社会中，可以这样讲，经济发展为“显”为“有”，生态文明为“潜”为“无”，只有两者共同发展，才是真正的发展，破坏生态文明的经济发展，最终必然归零。只有思考长远、考虑周到、默默付出、久久为功才能在最终显现结果。因此，深刻把握有与无的辩证关系，是为事之道必备的重要思维能力。

二、阴阳平衡之道

阴阳这一概念源自中国古代先民的自然观，古人“仰则观象于天，俯则观法于地”，观察到自然界中各种现象既对立又相联，如天地、昼夜、寒暑、男女、牝牡、内外等，后经过长期实践，将其抽象为“阴阳”这一概念。

阴阳是构成“道”的两个基本元素。

《道德经》第四十二章：“道生一，一生二，二生三，三生万物。万物负阴而抱阳，冲气以为和。”意思是道是绝对无偶的，其本身包含阴阳二气，二气相交继续分化（四象八卦、天地人），继而衍生万物。万物背阴而向阳，阴阳二气互相冲突交和而成为均匀和谐状态，从而形成新的统一体。

“道生一，一生二，二生三，三生万物”，河上公注：“道始所生者，一也。一生阴与阳也。阴阳生和、清、浊三气，分为天地人也。天地共生万物也，天施地化，人长养之也。”在这里，河上公认为一是道始所生，没有说明构成；二为阴阳；三为和、清、浊三气，分为天地人；天地共生万物，对万物天地施化、人生长养育。

“万物负阴而抱阳，冲气以为和”，河上公注：“万物无有不负阴而向阳，回心而就日。万物中皆有元气，得以和柔。若胸中有藏，骨中有髓，草木中有空虚，与气通，故得久生也。”大意是万物背阴向阳，都藏有元气，阴阳二气相互交流而达到和谐，这是它们长久生存的原因。

对阴阳的理解，惯常思维是把它和封建迷信联系在一起，这是错误的。我国古代朴素的唯物主义思想家，把矛盾运动中的万事万物概括为阴阳两个对立的范畴，并以双方变化的原理来说明物质世界的运动变化。简单讲，阴阳就是矛盾的对立统一，体现在自然、社会的方方面面。阴阳关系概括起来，有五个特性：阴阳相互相关性、阴阳互动变化性、阴阳互根同一性、阴阳量变之极的转化性、阴阳动态平衡性。

阴阳相互相关性。老子的思想中含有非常丰富的唯物辩证法，一切事物都有自己的对立面，比如寒暑、内外、雌雄、大小、美丑、善恶等，因此，有阳必有阴。认识它们，有助于我们顺应自然，遵循事物的发展规律。所以老子提出一系列这方面的主张，如“重为轻根、静为躁君”“天下大事必作于细，天下难事必作于易”“图大于其细，图难于其易”“以其终不为大，故能成其大”等。在阴阳的相互依存中，有主次、有正负，所以会有主要矛盾和次要矛盾、矛盾的主要方面和矛盾的次要方面。很多情况下，对负面问题的把握更能显示出正面的价值，比如，“能容小人，方为君子”。

阴阳互动变化性。自然、宇宙一切事物都在变化之中，阴阳也不是固定不变的。《黄帝内经》云：“阴阳者，天地之道也，万物之纲纪，变化之父母，生杀之本始，神明之府也。”这里特别强调，阴阳为变化之父母。老子从阴阳互动变化的特性中领悟到：善恶、贵贱、是非、美丑、曲直等都是相对且随环境发生变化的，没有一成不变的。所以老子说“曲则全，枉则直，洼则盈，敝则新，少则得，多则惑”“正复为奇，善复为妖”“祸兮福之所倚，福兮祸之所伏”。

阴阳互根同一性。一个整体往往包含着阴阳的两个方面，比如前胸为阳，后背为阴；手臂外侧为阳，内侧为阴；山南为阳，山北为阴；等等。它们本是一体，凡事凡物都是阴阳的统一体，无阴阳则不成物。所以老子讲“道生一”，“一”中有阴阳。《周易·系辞上》云：“是故易有太极，是生两仪”。两仪即是阴阳。所以，不能将阴阳割裂开来。

阴阳量变之极的转化性。阴阳之道极则必反。周庙有攲器（古代一种倾斜易覆的礼器，置于座右以戒满），满则覆，虚则攲，中则正。自然界的昼夜、四季运行，就是阴阳互动变化的结果，《周易·系辞下》云：“日往则月来，月往则日来，日月相推而明生焉；寒往则暑来，暑往则寒来，寒暑相推而岁成焉。”《周易》中有复卦，“复”是阴极状态下的一阳来复，是自然界的常见现象，像日月东升西落、生物生老病死，四季更替、暑往寒来、节物风光、碧海桑田等，呈现的是一种周而复始的规律性运动，这种运动，实质上是阴阳的运动。

阴阳动态平衡性。从总体来看，阴阳一定是平衡的，但这种平衡既不是同一水平的平衡，也不是静止不变的平衡，而是动态平衡。我们知道《周易》有六十四卦，每卦是六爻，六十四卦就是三百八十四爻，这三百八十四爻阴阳各半——各为一百九十二爻，这是一个平衡；在六十四卦方圆图中，三百八十四爻被平均分配到一年四季中，每一个季节是九十六爻，这又是一个平衡；夏季六十四阳爻、三十二阴爻，冬季是六十四阴爻、三十二阳爻，春秋阴阳各半，这又是一个平衡，但这是一个春秋平分、冬夏互补的平衡。无论怎么运行，这个平衡不会变，并且周而复始，遵循“反者道之动”规律。

客观认识阴阳，就是尊重自然、尊重规律。比如，《周易》中的泰卦揭示的是“君子道长、小人道消”的规律，否卦揭示的是“小人道长、君子道消”的规律。这就提示我们，要深知消息盈虚，全面掌握有利和不利的因素，综合考虑，顺势而为，方能立于不败之地。

三、虚心实腹之道

这一命题揭示了治国之道的为与不为，是弱其志强其骨、为腹不为目之道。

《道德经》第三章：“……是以圣人之治，虚其心，实其腹，弱其志，强其骨，常使民无知无欲，使夫智者不敢为也。为无为，则无不治。”意思是圣人治理国家的原则是：减少民众的思虑，填饱他们的肚子；减弱民众的欲望，增强他们的体魄。永远使民众没有智巧，没有欲望。使那些有才智的人不敢胡乱作为。以无为而为，天下就会太平。

“虚其心，实其腹”，是老子的圣人之治的方略之一。对此，河上公注：“除嗜欲，去乱烦。怀道抱一，守五神也。”这是说，消除百姓的嗜欲，去掉纷乱干扰，怀抱道朴，守住五神（五种精神活动，即神、魄、魂、意、志）。王弼将“心”与“腹”的功能作了区别并加以引导，王弼注：“心怀智而腹怀食，虚有智而实无知也。”意思是“心”的功能是怀藏智慧，腹的功能是怀藏食物。让有智慧的功能空虚，让无智慧的功能充实。

庄子继承了老子的思想，在很多思想主张上，老子说其然，庄子说其所以然。《庄子·天地》篇有一则小故事，很好地解释了“虚其心”用意。子贡南游于楚国，返回时经过晋国，过汉阴时，看见一个长者正在菜地里劳作，他凿了一条隧道通入井内，抱着一个陶瓮下到井里取水浇灌，用力多而功效甚微。子贡见了说道：“有一种器械，一天能灌溉一百畦，用力很少但功效很大，您不想用吗？”灌溉的老者抬起头看了看子贡说：“这是什么样的东西啊？”子贡说：“用木头制成机械，后重前轻，提水如同抽引，水流下来如同沸水翻腾，这个机械叫作桔槔。”老者面露愤怒之色，冷笑道：“我听我的老师说过，使用机械的人必定有投机取巧之事，有投机取巧之事的人一定有机变之心。机变之心存于胸中，则纯洁清白的品质就没有了。纯洁清白的品质没有了，就会心神不定，心神不定之人，大道就会离弃他。我不是不知道那种器械，而是耻于使用它。”子贡满面羞惭，低头不语。由此我们可以领悟，道家并不是不懂得机巧、不懂得智慧，而是不屑于使用。道家认为，一旦人有了机变之心，也就是“实其心”，那么就会纯朴不在，偏离大道，就会妄作，老子称之为“不知常，妄作凶”。

关于“实其腹”，老子还有一处类似论断，即第十二章的“为腹不为目”。王弼对此解释极为深刻：“为腹者以物养己。为目者以物役己。故圣人不为目也。”意思是只求吃饱是以外物奉养自己，耳目享受是以外物役使自己，所以圣人不追求耳目享受。盲目追求耳目享受最终必会疲惫不堪，同样必然也会偏离大道。有这样一则故事，鲁国国君听说颜阖是个有道之人，便派人送给他些钱币以致敬意。当时颜阖穷守陋巷，穿着粗布衣服，自己喂牛。鲁国国君的使者到来后，颜阖亲自接待他。使者问：“这是颜阖的家吗?”颜阖回答说：“这是颜阖的家。”使者送上钱币，颜阖说：“我怕您听错了名字而给您带来处罚，还是回去弄清楚为好。”使者回去核对完之后再回来找颜阖，已经找不到了。因此，像颜阖这样的人，并不是厌恶富贵，是由于重视生命才厌恶它。世上的君主大多凭借富贵来傲视有道之人，但他们并不了解有道之人，这实在是太可悲了。由此，《吕氏春秋·仲春纪第二·贵生》云：“道之真，以持身；其绪馀，以为国家；其土苴，以治天下。由此观之，帝王之功，圣人之馀事也，非所以完身养生之道也。今世俗之君子，危身弃生以徇物，彼且奚以此之也？彼且奚以此为也?”意思是大道之中最精华的部分是用来保全身体的；它的残余部分才用来治理国家；剩下的渣滓才用来治理天下。以此来看，帝王的功业，不过是圣人闲暇之时随便做的事情，并不是用以全身养生的方法。当今所谓世俗君子，不惜危害身体、舍弃生命去追求外物，他们要以此达到什么目的呢?他们为什么要这样做呢?

“虚其心，实其腹”是一体之两面，一则损之，一则益之，其思想主宰则是无为为之，故云：“为无为，则无不治。”

四、宠上辱下之辨

“宠”是得意、得志的状态，“辱”是失意、失志的状态。它们本相互对立，但又有共性，即它们都不是平和的状态，是人情绪的波动，“得即高歌失即休”“仰天大笑出门去”“人生得意须尽欢”“人逢喜事精神爽，闷来愁肠盹睡多”等，皆属此类。老子用“宠辱若惊”这一论断来概括，是非常深刻的。

《道德经》第十三章：“宠辱若惊，贵大患若身。何谓宠辱若惊？宠为上，辱为下，得之若惊，失之若惊，是谓宠辱若惊。”意思是说，受到宠爱和受到侮辱都感到惊慌失措，把荣辱这样的大患看得与自身生命一样珍贵。什么叫作得宠和受辱都感到惊慌失措？人们把受宠看得高贵，把受辱看得卑下，所以得宠惊慌失措，失宠也惊慌失措。这就叫作“宠辱若惊”。

何谓宠辱，河上公注：“问何为宠？何为辱？宠者尊荣，辱者耻辱。及身还自问者，以晓人也。”河上公认为，宠是尊贵荣耀，辱是羞耻、羞辱。河上公为突出其重要性，又补充了一句：已经亲身感受宠辱滋味，还要再问自己，这是要晓谕别人。

在老子看来，世俗之人对宠辱的反应是宠辱若惊。河上公对此的解释是“身宠亦惊，身辱亦惊”。宠辱若惊最根本的原因是把荣辱看得太重，本质上是过于在意得失。所以老子说“得之若惊、失之若惊”。世俗之人在人生紧要关头总是精神紧张，正是宠辱若惊的表现，其根本在于对得失的在意，如果对得失毫不在意，自然会平静洒脱。

“得之若惊”，河上公注：“得荣宠惊者，处高位如临深危也。贵不敢骄，富不敢奢。”意思是如果得到了荣宠，就会因为处在高位而如临深渊，贵不敢骄矜，富不敢奢侈。春秋时期宋国大夫正考父在家庙的鼎上铸下铭训：“一命而偻，再命而伛，三命而俯。循墙而走，亦莫余敢侮。饘于是，鬻于是，以糊余口。”意思是说，接受权位的册命，一命时欠身前倾，二命时弯腰鞠躬，三命时俯身如弓；谦恭而行，生活简朴。官做得越大，越是战战兢兢。其谨慎也如此。

“失之若惊”，河上公注：“失者，失宠处辱也。惊者，恐祸重来也。”意思是失去荣宠处于耻辱，害怕祸患卷土重来。唐末五代时期诗人、文学家、思想家罗隐，至京师应进士试，历七年不第。后自编其文为《谗书》，益为统治阶级所憎恶，总共考了十多次，最终还是铩羽而归，史称“十上不第”。因为渴望及第，但又性格狂傲，罗隐对得失有着深刻的感悟，所以他的《自遣》是这样写的：得即高歌失即休，多愁多恨亦悠悠。今朝有酒今朝醉，明日愁来明日愁。对得失的敏感已经到了极限，甚至是病态的程度。

王弼对“得之若惊、失之若惊”的解释更接近世俗，对我们启发更大。王弼注：“宠必有辱，荣必有患，惊辱等，荣患同也。为下得宠辱荣患若惊，则不足以乱天下也。”意为得宠虽荣必有侮辱，得荣虽宠必有祸患，惊与辱共存，荣与患同在。这段话颇为拗口、难懂，但表达的思想就是“祸兮福之所倚，福兮祸之所伏”，所以在任何情况下都不能得意忘形。正因如此，王弼认为这是好事，因为处在下面的人在宠、辱、荣、患中能害怕，就不会扰乱天下。因此王弼的解释对世俗社会的启示更大。

苏辙《老子解》对宠辱若惊的解释，可以说是对王弼的补充。苏辙说："所谓宠辱非两物也，辱生于宠而世不悟，以宠为上，而以辱为下者皆是也。若知辱生于宠，则宠顾为下矣。故古之达人，得宠若惊，失宠若惊，未尝安宠而惊辱也。所谓若惊者，非实惊也，若惊而已。"苏辙认为，宠辱不是两件事情，辱产生于宠，但世人却不知道，以宠为上、以辱为下的人比比皆是。如果知道辱生于宠，那么宠反而在下面了。所以古代通达之人得宠若惊、失宠若惊，未曾有安于宠而惊辱的。对于通达之人来讲，所谓的惊，并不是真害怕，只是好像害怕而已。这是从宠辱若惊走向了宠辱不惊。

讲宠辱若惊就不可避免会涉及宠辱不惊。《菜根谭》有云："宠辱不惊，闲看庭前花开花落；去留无意，漫随天外云卷云舒。"可见，宠辱不惊是一种境界。王阳明出自书香门第，少年成名，考进士却不第。王阳明不以为意，说："世以不得第为耻，吾以不得第动心为耻。"意思是世间人把没有中进士当作耻辱，而我却把因没有中进士而动摇意志当作耻辱。王阳明可谓圣矣。

五、上下先后之道

上与下、先与后本是方位概念，但在老子思想中，它们超越了方位性，成为哲学命题，是圣人处理与民众的关系之道。

《道德经》第六十六章："江海之所以能为百谷王者，以其善下之，故能为百谷王。是以圣人欲上民，必以言下之；欲先民，必以身后之。是以圣人处上而民不重，处前而民不害。是以天下乐推而不厌。"意思是江海之所以能够成为百川河流所汇聚的地方，是因为它善于处在低处，所以能够成为百川之王。因此，圣人要居于民众之上，必须以谦和卑下之言对待民众；要居于民众之先，必须把自己摆在民众之后。所以，圣人虽然地位居于民众之上，而人民并不感到负担沉重；居于民众之前，而民众并不感到受害。因此，天下人都愿意推举他而不厌烦他。

以"上""下"言，"上"与"下"的核心问题是"下"的问题，是"上"要处"下"。"上"指的是居于上位的执政者，"下"指的是居于下位的民众，下有所呼，上有所应。执政者要想安居上位，就需要获得下位民众的支持，"下"是本，本固则邦宁。"天道下济而光明，地道卑而上行"，阳气下降普济万物才能带来光明，阴气从地下源源上升才能与阳气交流，君主要想获得民众的支持，就必须下济。"以言下之"，不仅要在言语上，更要在行动上，这样，民众就不会感到有负担，当然乐推而不厌。"圣人处上而民不重"，河上公注："圣人在民上为主，不以尊贵虐下，故民戴而不为重。"意思是圣人在民众之上治理国家，不会因地位高贵而虐待民众，因此民众拥戴他而不感到有负担。

上下关系不但体现在君主与民众层面，也体现在大国小国之间，核心仍是"下"，是"大者宜为下"。《道德经》第六十一章："大国者下流，天下之牝，天下之交也。牝常以静胜牡，以静为下。故大国以下小国，则取小国；小国以下大国，则取大国。故或下以取，或下而取。大国不过欲兼畜人，小国不过欲入事人。夫两者各得其所欲，大者宜为下。"老子在本章讲了一系列的"下"：大国者下流、以静为下、大国以下小国、小国以下大国、大者宜为下。

"大国者下流"，河上公注："治大国，当如居下流，不逆其细微。"意思是治理大国，就要像江海居于下游一样，不择细流，故能就其深。王弼注："江海居大而处下，则百川流之。大国居大而处下，则天下流之，故曰大国下流也。"意思是因为江海容量大却处于下位，所以百川归之。大国强大却居于下位，天下归之，所以说大国下流。河、王之注已完备，故不再赘述。

"大者宜为下"，河上公注："大国小国各欲得其所，大国又宜为谦下。"意思是大国小国都想要各得其所，大国更应谦下。王弼注："小国修下，自全而已，不能令天下归之。大国修下，则天下归之。故曰各得其所欲，则大者宜为下也。"意思是小国以谦下自修，不过是保全自身的生存之道而已，不能让天下归附自己。大国以谦下自修，天下就会归附它。因此说大国宜为下。王注比河注更为具体，让读者更为明了。由此可见，身在上位而以谦下待人，是天道。对人谦下则得人的拥护，对国谦下则得国家拥护，对天下谦下则得天下拥护，天下相处之道是谦下为上。因此，欲上人者，必先下人；欲上天下者，必先下天下，这就是老子的"为天下溪""为天下谷"的道理。

以"先""后"言，"先"与"后"的核心问题是"后"的问题，是"先"要处"后"。老子说："欲先民，必以身后之""处前而民不害"。河上公注："圣人在民前，不以光明蔽后。民亲之若父母，无有欲害之心也。"意思是圣人在民众之前，不会以自己的光明伤害民众，民众爱他如父母，对他没有伤害之心。与之相对，老子在第七章说"圣人后其身而身先"，圣人以民众在先，自己在后，是不与民争利，从而达到"以其不争，故天下莫能与之争"的太平和合境界。神农氏尝百草，为医民病付出生命，是在民先；舜躬耕劳作，胫无毛、股无胈，是在民先；大禹治水，三过家门而不入，是在民先；周文王为使民众免于战祸，宁肯不要土地举家搬迁，是在民先。故而百姓对他们乐推而不厌。

老子的“上”与“下”、“先”与“后”是辩证统一的，上位需要下位支持和拥护，下位需要上位管理和庇护，上下一体，但应以“上谦下、大居下”为宜，可称之为卑损之道。严遵《指归》对此总结说：“卑损之为道也大矣！百害不能伤，知力不能取，不战而强，不威而武，默然无为，与万物市。夫溪谷为卑不为东西，故能达而不穷；江海处下不为广大，故能王而不休。”以此概言老子的上下先后之道，可谓精妙。

六、善恶相形之道

善与恶本是伦理学的一对范畴，用于对人的行为进行道德评价。《周易·大有》象辞有“君子以遏恶扬善，顺天休命”之语。善与恶是对立统一的关系，在中国伦理思想发展史上，善恶的起源往往是和人性问题的论述联系在一起的。而在善恶的标准上，则与“义”“利”之争有密切关系，孔子、孟子等认为，行为的善恶主要以是否合于“义”为标准——“君子喻于义，小人喻于利”；而功利论者则认为，善恶的标准主要看它是有利还是有害。而在老子这里，善与恶已经超越了道德伦理范畴，成为一对辩证的哲学概念。

《道德经》第二十章：“唯之与阿，相去几何？善之与恶，相去若何？人之所畏，不可不畏。”意思是，唯唯诺诺和仗义执言，相距多远？美好和丑恶，区别多大？人们所畏惧的，不能不畏惧。在老子这里，唯唯诺诺和仗义执言、美好和丑恶实际上是没有多大差别的。在这之后又说“人之所畏，不可不畏”，由此可见，老子这里所讲的是处世原则问题。正确理解善恶、处理善恶是一门很大的学问。

“善之与恶，相去若何”，河上公注：“善者和誉，恶者谏争，能相去何如？疾时恶忠直，用邪佞也。”意思是，所谓善者，遇事和顺称誉；所谓恶者，遇事直言规劝，两者能相差多远呢？这是痛恨当时（老子时代）人们厌恶忠直之人，喜欢奸邪小人。根据河上公注，在老子看来，善与恶之间没有严格的界限，主观认定之善不一定是真善，主观认定之恶也不一定是真恶。《世说新语·尤悔》记载，大将军王敦谋反，其从弟丞相王导等跪在宫外请罪。周顗（字伯仁）特别担忧王氏一门，特地进宫求情。王导看到周顗说：“我们一家就拜托你了！”周顗为避嫌，没有理会王导。进宫后极力为王导一家开脱。事情解决后，周顗极为兴奋，喝了酒。等到出宫时，王氏一家仍然跪在宫外，周顗说：“今年杀除乱臣贼子，定会拿到斗大金印。”王敦攻陷石头城（南京）

后，问王导说："周侯（周顗）可以做三公吗？"王导不回答。又问："可以做尚书令吗？"王导又不回答。王敦就说："这样，只能杀了他！"王导再次默不作声。等到周顗被杀后，王导才知道周顗曾尽力救过自家，他叹息说："我虽不杀伯仁，伯仁由我而死！"周顗对王导似恶而真善，王导对周顗似善而实恶，皆不在表象。

善与恶也不是一成不变的，有本欲善而为恶，有本欲恶而成善；有一念之差弃善为恶，有一念之仁改恶向善；有似恶而为善，有似善而为恶；有无心之恶，有有心之善。熙宁变法，本欲扭转贫弱、消除弊病，结果急于求成、用人不当、新法难行、引起党争，是本欲善而反恶；王祥事后母至孝，而后母常欲杀之，时有风雨之夜，母往暗斫，值王祥私起，空斫得被，后母深感遗憾，王祥于是跪前请死，后母于是感悟，爱王祥如己子，此本欲恶而成善；渣滓洞中，有人在酷刑威逼下未曾屈服，但念及革命将胜自己却要面对死亡，便心有不甘，后叛党投敌，且振振有词，此为一念之差弃善为恶；集中营里，有人因贪生怕死而叛变，面对特务追逼、狱友鄙视，极为痛苦，亦悔恨不已，深感生不如死，即拒绝与特务合作，最终遭到杀害，是为一念之仁改恶向善。有路人口渴难耐，主人以瓢饮之，随手撒上谷糠，路人不解，饥渴之下畅快痛饮伤身莫大，撒上谷糠，让其小口慢饮，此似恶而为善。李林甫为相，阳与人善，奉以甘言，而阴陷之，"口有蜜，腹有剑"，此似善而为恶。意外伤人，是无心为恶，无心为恶，虽恶不罚；以善求利，是有心为善，有心为善，虽善不赏。

历史上不乏这样一些人，他们以老好人形象示人，一不贪污、二不腐败，强调官员以"德"为本，一向以清流自居。他们可能守住了个人私德，却在更广阔的层面丧失了一名官员的公德。为官不为，无视法纪，凡事习惯"好好好"，回避矛盾，明哲保身，只求平安，不问民生，既不弘扬正气，也不惩治邪恶，表面上看他的所作所为是"善"，但从为政、为事来看，不敢担当就是"恶"。这种一无立场、二无原则、三无底线的好人主义，实际上是侵蚀良好政治生态的害人主义、坏人主义。由此可见，"善"与"恶"绝不仅仅是做事先做人那么简单，光做"好人"没有担当不是真正的"善"，即使是所谓的"好人"，丧失了原则，也就成了"恶"。

唯之与阿、善之与恶并非泾渭分明，相去几何实难把握，因此老子说，人之所畏，不可不畏。

七、轻重本末之别

轻重本是相对的，无分主次。但在老子看来，“轻”与“重”是分主次的：重为轻根。“轻”依于“重”，基础不牢，地动山摇。

《道德经》第二十六章：“重为轻根，静为躁君。是以君子终日行不离辎重。虽有荣观，燕处超然。奈何万乘之主，而以身轻天下？轻则失本，躁则失君。”意思是，重是轻的根本，静是躁的主宰。因此君子终日行走，不会离开辎重车辆，虽然有胜景吸引，却能处之安然。为什么大国的君主，却要轻率躁动以治天下呢？轻率就会失去根本；急躁就会丧失主导。

“重为轻根”，河上公注：“人君不重则不尊，治身不重则失神。草木之花叶轻，故零落，根重故常存也。”这是说君主不厚重就没有威严，修身不厚重就会失去元神。草木花叶因轻而凋落，其根因重而长存。王弼注：“凡物轻不能载重，小不能镇大。”意为轻物不能承载重物，小物不能镇住大物。从自然现象看，草木之花叶为末，末附于本，所以每年都会凋零；草木之根为本，本重则树固，树固则枝荣，枝荣则叶茂，根不重则树必死，所以根重长存。从器物功用看，车辆要想行稳致远，自重要够，物轻不能载重，物小不能镇大，因有“鲲之大，不知几千里”“鹏之背，不知几千里”，才会有“水击三千里，抟扶摇而上者九万里”。从做人方面看，人要以重治身，“人君不重则不尊，治身不重则失神。”周幽王烽火戏诸侯是人君不重，戏弄诸侯、信用丧失，最终在骊山之下死于犬戎之祸。《庄子》中的单豹与张毅，一个是不幸遇饿虎被杀而食，一个是四十岁患内热之病以死，究其原因，是豹养其内而虎食其外，毅养其外而病攻其内，是治身不重之故。

“轻则失本”，河上公注：“王者轻淫则失其臣，治身轻淫则失其精。”意思是君王轻浮纵欲就会失去大臣，修身轻浮纵欲就会失去精气。夫差以酣酒亡，是君王轻则臣知其不足赖；范雎睚眦必报，为治身轻则君知其忘于利。这都是轻失其本。

老子因为深切感到“重”之价值，所以提出“君子终日行不离辎重。虽有荣观，燕处超然”。老子将辎重比喻成国家机器，君主不离辎重，就是要牢牢掌握住国家机器以驾驭臣下。《韩非子・喻老》对此做了深入解读。韩非子认为，“制在己曰重”“重则能使轻”，掌握政权是君主统治的根本，“君子终日行不离辎重”。如果相反，就会是“轻则失本”“躁则失君”。《韩非子・喻老》云：“邦者，人君之辎重也。主父生传其邦，此离其辎重者也，故虽有代、云中之乐，超然已无赵矣。主父，万乘之主，而以身轻于天下。无势之谓轻，离位之谓躁，是以生幽而死。故曰：‘轻则失臣，躁则失君’。主父之谓也。”韩非子用赵武灵王的故事来说明“制在己曰重”：赵武灵王正值人生壮年就把君位传给幼子赵何，是为赵惠文王，自号“主父”。赵武灵王本想自己执掌军队，赵惠文王管理国政。但赵何小小年纪很快掌握君主之道，赵武灵王大权旁落，很是失意。赵武灵王的继承者本应是长子赵章，但赵武灵王以一己之私传位少子，颇有悔意，于是与长子赵章一起谋划想夺回权力，结果赵章在沙丘宫被杀，赵武灵王被活活饿死。所以韩非子说“轻则失臣，躁则失君”，主父之谓也。赵武灵王胡服骑射、开疆拓土，可以说是功绩赫赫，死后本应获得美谥，但却得“灵”，“灵”不是美谥。之所以谥为“武灵王”，“武”是说他武功威震敌国；“灵”是说在选择继承人问题上造成内乱，但未大损，乱而不损，就叫“灵”。

作为君主，做到“制在己”还不够，还要善于经略。唐代赵蕤在《长短经》中说：“天下大器也，群生重蓄也。器大不可以独理，蓄重不可以自守。”意思是天下是大器，百姓重视财物，大器不能靠君主一人治理，财物不能归君主一人所有。执守重器而不能驾驭重器，同样会轻则失本、躁则失君。

老子用重、静、轻、躁来讲万乘之主怎样才能够巩固和保持自己统治地位，一国之主，应当“静”“重”，而不能“轻”“躁”，这样才能巩固自身的统治。苏辙《老子解》云：“人主以身任天下，而轻其身，则不足以任天下矣。”这对当代为事之道也颇具重要借鉴价值。

八、静躁相制之道

老子将轻与重、静与躁归于一处，前面讲重是轻的根本，这里要说的是静是躁的主宰。静的本义是松开争夺的手去看天蓝色，引申为“停止下来”；躁的本义是出现众多的事物要动，引申为“性急不冷静”。通常认为，动与静是一对矛盾，一动一静合乎逻辑，但静的反面不是动，而是“躁”。

关于“静”与“躁”，《道德经》中出现两次：“静为躁君、躁则失君”（第二十六章）；“躁胜寒，静胜热。清静为天下正”（第四十五章）。

关于“静为躁君、躁则失君”，《道德经》第二十六章说：“重为轻根，静为躁君。是以君子终日行不离辎重。虽有荣观，燕处超然。奈何万乘之主，而以身轻天下？轻则失本，躁则失君。”意思是，重是轻的根本，静是躁的主宰。因此君子终日行走，不会离开辎重车辆，虽然有胜景吸引，却能处之安然。为什么大国的君主，却要轻率躁动以治天下呢？轻率就会失去根本；急躁就会丧失主导。

“静为躁君”，河上公注：“人君不静则失威，治身不静则身危。龙静故能变化，虎躁故夭亏也。”意思是作为君主如果不静就会失去威严，修身不静就会陷入危险，龙静故能变化无穷，虎躁故会夭损寿命。王弼注：“小不能镇大……不动者制动……静比为躁君也。”王弼这段注，是与“重为轻根”在一起的，在此只引用与“静为躁君”相关的部分。王弼认为，静为大、躁为小，静不动、躁者动，所以他说小不能镇大，不动者制动，因此静必然为躁的主宰。

“躁则失君”，河上公注：“王者行躁疾则失其君位，治身躁疾则失其精神也。”意思是说，君主做事太急躁就会失去君位，修身急躁就会丧失精气元神。王弼注：“失君为失君位也。”王弼不同于河上公之处在于“失君”指向单一，仅指君位，不包括修身。

静之所以能主宰躁，是因为静从“中”来。何为“中”？《中庸》中说：“喜怒哀乐之未发谓之中。”“中”是一种无私无欲的状态，最为冷静。喜怒哀乐发动起来之后，情绪就会出现波动，《庄子·在宥篇》说：“人大喜邪，毗于阳；大怒邪，毗于阴。”人过分欢乐，会伤害阳气；人过分愤怒，会伤害阴气。大喜、大怒都是兴奋状态，即为躁。冷静的时候所做的决策往往是正确的，兴奋的时候所做的决策往往是不确定的。因此静能止躁。刘备被仇恨驱使兴兵伐吴，躁以进，终致夷陵之败；孔明以大局为重和吴拒魏，静以退，得以转危为安。《荀子·劝学》云：“蚓无爪牙之利，筋骨之强，上食埃土，下饮黄泉，用心一也。蟹六跪而二螯，非蛇鳝之穴无可寄托者，用心躁也。”静则一，躁则浮；一则可化腐朽为神奇，躁则能变神奇为平庸。故曰：“静为躁君。”

关于“躁胜寒，静胜热。清静为天下正”，《道德经》第四十五章云：“大成若缺，其用不弊。大盈若冲，其用不穷。大直若屈，大巧若拙，大辩若讷。躁胜寒，静胜热。清静为天下正。”意思是，最完满的东西好像有残缺，但它的作用永远不会衰竭；最充盈的东西好像是空虚，但是它的作用是不会穷尽的。最正直的东西好像有弯曲，最灵巧的东西好像是笨拙的，最卓越的辩才好像不善言辞一样。躁极而寒，寒则零落死亡；静极则热，热者是生命之源。清静无为才能统治天下。

“躁胜寒”，河上公注：“胜，极也。春夏阳气躁疾于上，万物盛大。极则寒，寒则零落死亡也，言人不当刚躁也。”如果把“躁胜寒”简单地理解为刚躁可以战胜寒冷，那么“躁”还是有可取之处的，就无法解释静为躁君。因此在这个注里，河上公认为，胜是极盛的意思。春夏时节地面阳气旺盛，万物勃发。阳达到极盛后就会一阴复生，开始寒冷，寒冷则万物凋零，这是告诫人不应该刚强急躁。

“静胜热”，河上公注：“秋冬万物静于黄泉之下，极则热，热者生之源。”由上面逻辑而来，河上公认为，到秋冬时，万物静处于地下，寒极则生热（阴极盛则一阳复生），热是生命之源。

南宋范应元对“躁胜寒，静胜热”的解释延续了河上公的观点，并加以发扬。他说：“躁极则寒，寒则万物凋零；静极则热，热则万物生长。是知躁动者，死之根；清静者，生之根。故知清静者，为天下之正也。”讲得非常深刻，并把“躁极则寒、静极则热”落实到“清静为天下正”上。当今学者多把“躁胜寒，静胜热”理解为“运动可以驱除寒冷、安静可以战胜炎热”，虽有一定道理，但也似有牵强之嫌。

“清静为天下正”是老子关于静躁最后的落脚点，也是结论。河上公注：“能清静则为天下长，持正则无终已时也。”能做到清静就可以成为天下的尊长，守正就不会被终结。王弼注：“躁罢然后胜寒，静无为以胜热，以此推之，则清静为天下正也。静则全物之真，躁则犯物之性，故唯清静乃得如上诸大也。”意思是躁极而寒，静极而热，从这可以推出，清静才是天下正道。静才能保全万物本真，躁会损伤万物本性，只有清静才能实现这些根本。这就不难理解为什么老子在讲“躁胜寒，静胜热，清静为天下正”之前，用了一系列形象的比喻——大成若缺、大盈若冲、大直若屈、大巧若拙、大辩若讷，真正的王者不是咄咄逼人、不是满盈、不是“躁”，而是虚怀若谷、气定神闲，是“静”，是“每临大事有静气，不信今人无古贤”。清静修内则心性正，清静理外则天下正。

九、损益得失之道

损就是减少，益就是增加，在《道德经》中，这是一对辩证的命题。

《道德经》第四十二章：“故物或损之而益，或益之而损。人之所教，我亦教之。”意思是一切事物，想减损它反而得到增加；想增加却反而得到减损。别人这样教导我，我也这样去教导别人。

世上之事，以阴阳视之，整体平衡。但整体平衡并不意味着局部平衡，从来都是有得有失、有损有益，无论得失损益，都要以辩证、发展的观点来看，“塞翁失马，焉知非福”就是这个道理。老子称之为“或损之而益，或益之而损”。

“损之而益”，河上公注：“引之不得，推之必还。”意思是索取得不到的，推辞却得到了。

“益之而损”，河上公注：“夫增高者崩，贪富者致患。”意思是一味增高容易崩塌，贪图富贵容易招致灾祸。大有“峣峣者易折，皎皎者易污”的意味。

王弼从老子“道生一，一生二，二生三，三生万物”这一逻辑，对“或损之而益，或益之而损”进行了解释。王弼注：“万物万形，其归一也。何由致一？由于无也。由无乃一，一可谓无。已谓之一，岂得无言乎？有言有一，非二如何？有一有二，遂生乎三。从无之有，数尽乎斯，过此以往，非道之流。故万物之生，吾知其主，虽有万形，冲气一焉。百姓有心，异国殊风，而得一者，王侯主焉。以一为主，一何可舍？愈多愈远，损则近之，损之至尽，乃得其极。既谓之一，犹乃至三，况本不一，而道可近乎？损之而益，岂虚言也。”王弼认为，世间万物形状不同，但它们最终归宿是“一”。是什么原因让它们归于“一”呢？是因为“无”。由“无”产生“一”，“一”可以称作“无”。既然已经有“一”了，怎么能没有言语呢？有言语又有“一”，不是“二”是什么呢？有“一”有“二”，于是产生“三”。从无到有，数（shù，指的是能列举的属于道的范畴）到“三”就结束了，从“三”往后，就不再是“道”的范畴。因此万物产生，我知道源自哪里，虽然它们外形不同，但阴阳和谐是一样的。百姓皆有意志，各国风俗不同，王侯会让那些得道之人管理国家。既然让得道之人管理国家，“一”怎么可能被舍弃？欲望越多，离道越远，只有减损才能近道，将欲望减损干净，就会达到最高境界。即便是“一”，都能成“三”，何况不是“一”，怎么能近道呢？由此看来，损之而益，怎么是空话呢？这么看，王弼的解释还是非常深刻的。

对于为什么会“损之而益，益之而损”，老子以王公为例，用“人之所恶，唯孤寡不穀，而王公以为称”来说明“物或损之而益，或益之而损”是天之道。“孤寡不穀”，都是自损之辞，但王侯自损，天下归之，这是自损而人益之。楚庄王以绝缨之宴容纳唐狡，乃有唐狡奋死赴敌；秦穆公不罪盗马之人，遂有韩原破晋之围；信陵君以侯嬴为上客，青史传窃符救赵之壮举；孟尝君不以冯谖为卑贱，方享三窟无忧高枕之乐，此皆“或损之而益”。如若王侯贵己而贱人、自大而蔑小，恃勇而轻敌，便会亲戚叛之，难有天下，这是自益而人损之。秦统六国，便修驰道、筑长城、盖阿房、建骊山，取尽锱铢，用如泥沙，销锋镝、愚黔首，以为天下已平，日益骄固，然区区戍卒发难，便天下大乱，二世而斩，此是“或益之而损”。

孙叔敖疾将死，嘱其子：如若楚王封赏，只要寝丘，此地不利，而名甚恶，觊觎者少，反而易守，此损之而益之理。蛇固无足，安能为之足？为蛇足者，终亡其酒，此则益之而损、过犹不及之理。

损与益是内涵极其丰富的辩证关系，需要察其两端，不能偏执其一或是停留于表象。

十、三“孰”之间之道

名与身、身与货、得与亡，这是三对关系，是物我之间选择的问题，这三问命题是：“名与身孰亲？身与货孰多？得与亡孰病?”老子给了明确回答——甚爱必大费、多藏必厚亡。但在利益驱使下，很多人身不由己铸成大错。

《道德经》第四十四章：“名与身孰亲？身与货孰多？得与亡孰病？甚爱必大费；多藏必厚亡。”意思是，名声和性命相比哪个更亲？生命和财货相比哪个更贵重？得到和失去相比，哪个更有害？过分爱惜必定要付出更多代价；过于积敛必定会遭受更大损失。

“名与身孰亲”，王弼注：“尚名好高，其身又疏。”河上公注：“名遂，则身退也。”河、王解释互为补充，合而言之，如果人过于追求名声，必然疏远肉体、忽视健康。一旦功成名就，就要退隐去位，正所谓“生我名者杀我身”。

“身与货孰多”，河上公注：“财多，则害身也。”王弼注：“贪货无厌，其身必少。”财多则害身，贪得无厌，必然轻视自己的身体，很少爱惜，正所谓“益我货者损我神”。由于这一问题，古往今来“人为财死、鸟为食亡”成为一些人的人生信条。

“得与亡孰病”，河上公注：“好得利则病于行也。”王弼注：“得多利而亡其身，何者为病也。”总喜欢获得利益，做事一定会出问题，为获得更多利益而丢掉性命，到底问题出在哪？公元前 263 年，秦将白起攻韩国，韩国上党危急，郡守冯亭不愿降秦，欲以上党归赵。赵国平阳君赵豹认为秦服其劳而赵受其利，会得罪秦国；平原君赵胜认为不可失此大利。赵王听信平原君。于是秦赵交恶，引发长平之战，赵国惨败，从此一蹶不振直至灭亡。得与亡孰病？匹夫贪利，则亡其身；君主贪利，则亡其国。

由此观之，凡贪名、贪货、贪得之人，都是不知自守于内、自足于心而向外求取之人，欲以物欲的满足填补精神的虚空。但人生有涯，品类无尽，以有涯随无尽，必定疲惫不堪，甚至有性命之虞。

《庄子·骈拇》有一段论述，分析了人贪名、贪货、贪得的原因是迷惑。庄子认为，“小惑易方，大惑易性”。“自三代以下者，天下莫不以物易其性矣！小人则以身殉利；士则以身殉名；大夫则以身殉家；圣人则以身殉天下。故此数子者，事业不同，名声异号，其于伤性以身为殉，一也。”庄子以其汪洋恣意、纵横捭阖的犀利言辞，对人性进行了鞭辟入里的分析，令人难以置喙。庄子的论证是，自夏商周三代以来，人们没有不被物欲改变了本性的。小人牺牲自身求利，士牺牲自身求名，大夫牺牲自身求家，圣人牺牲自身求天下。这些人，事业不同，名声也不一样，但对于残伤本性、牺牲自身来讲，是一样的。接着，庄子举例说，伯夷为名死于首阳山下，盗跖为利死在东陵城上，这两个人，死法不同，但对残生伤性是一样的，为什么就认为伯夷是对的而盗跖就是错的呢？庄子得出结论：“天下尽殉也：彼其所殉仁义也，则俗谓之君子；其所殉货财也，则俗谓之小人。其殉一也，则有君子焉，有小人焉。若其残生损性，则盗跖亦伯夷已，又恶取君子小人于其间哉！”天下人都在牺牲自身，那些为仁义牺牲自身的人，就是世俗所说的君子；那些为财货牺牲自身的人，就是世俗所说的小人。同样是牺牲自身，却有君子和小人的区别。就其残生损性来讲，盗跖跟伯夷是一样的，为什么要用君子和小人来区分他们呢？庄子一气呵成，将世俗的高尚与卑鄙一并踏平，这是道家思想的魅力。

老子得出结论，叫作“甚爱必大费，多藏必厚亡”。

“甚爱必大费”，河上公注：“甚爱色，费精神；甚爱财，遇祸患。所爱者少，所亡者多，故言大费。”过分爱色就会耗费精神，过分爱财就会招致祸患，得到的和失去的相比，失去的要远远大于所得，所以说“甚爱必大费”。

“多藏必厚亡”，河上公注：“生多藏于府库，死多藏于丘墓。生有功劫之忧，死有掘冢探柩之患。”一个人对财富的占有，活着的时候多藏在自己家里和仓库中，死后多埋藏于自己的坟墓中。在活着的时候会有被人偷盗抢劫的危险，死后就会有被人盗坟掘墓的忧患。所藏越多，惦记的人就越多，自己的危险就越大，所以说“多藏必厚亡”。

王弼对“甚爱必大费，多藏必厚亡”的注解是：“甚爱，不与物通；多藏，不与物散。求之者多，攻之者众，为物所病，故大费厚亡也。”这是说甚爱财，就会阻滞物的流通；多藏物，就不会散与众人。请求他的人多，攻击他的人广，为物所累，所以叫大费、厚亡。

物之生产无有穷竭，世间之物不可尽占，人役于物欲壑难填，行险侥幸不是常道。所以老子劝诫世人："知足不辱，知止不殆，可以长久。"这也是处理名与身、身与货、得与亡的良方。

十一、正奇互补之道

在老子的思想体系中，"正"指无为、清静之道；"奇"是奇巧、诡秘之事。老子将这两个相对的命题结合在一起，治国要正，用兵要奇。老子的用兵之计与治国安邦有截然的区别，治国必以正道，而用兵是一种诡秘、奇诈的行为。

《道德经》第五十七章："以正治国，以奇用兵，以无事取天下。"意思是，以无为、清静之道去治理国家，以奇巧、诡秘的办法去用兵，以不扰害人民来治理天下。

"以正治国"，河上公注："以，至也。天使正身之人，使至有国也。"意为天道要求使用正身之人，让他拥有、治理国家。

"以奇用兵"，河上公注："奇，诈也。天使诈伪之人，使用兵也。"意为上天使用诈伪之人，让他带兵打仗。

什么是正？止于一者之谓正，一生于道，老子说"抱一以为天下式"，即为守正以为天下式。正则能中，中则能正，既中且正，则合于道。何为以正治国？在《论语·颜渊》中，有季康子问政于孔子，孔子对曰："政者，正也，子帅以正，孰敢不正?""政者，正也"即是以正治国，上梁不正下梁歪，中梁不正塌下来，上正下自正。季康子患盗，问于孔子，孔子对曰："苟子之不欲，虽赏之不窃。"季康子忧虑盗贼横行，问计于孔子，孔子说，如果你不贪，你即使以赏赐鼓励偷窃，人们也不会去偷窃。就是说，当权者少私寡欲，清静自正，下面自然不贪，虽赏赐而不为。这也是正人先正己的道理。《荀子·宥坐》也有一则孔子的故事：孔子为鲁司寇，有父子讼者，孔子拘二人，关了三个月老父撤诉，孔子就将父子二人释放。季孙闻之不悦，认为孔子欺骗自己，糊弄政事。孔子知道后慨然而叹，说：上面失政，下杀百姓，怎么可以呢！不教民众，待民众有罪则杀之，是杀无辜。所以孔子认为，要使用刑罚，前提是要改正"嫚令谨诛""生也有时，敛也无时""不教而责成功"这三个问题。"嫚令谨诛"是法令松弛而刑罚却很严厉；"生也有时，敛也无时"是作物生长受季节影响，而国家征敛不顾时节；“不教而责成功”是不教育百姓就想让他们达到预期效果。这些都是“不正”之列，非治国之道。

什么是奇？奇为诈、为术。正以守一为道，奇以多方为术。如《三国演义》中诸葛亮所言：“能去能就，能柔能刚；能进能退，能弱能强。不动如山岳，难测如阴阳；无穷如天地，充实如太仓；浩渺如四海，眩曜如三光。预知天文之旱涝，先识地理之平康；察阵势之期会，揣敌人之短长。”老子不愿意用兵，认为“兵者，不祥之器”，不得已而用之。若万不得已而用之，就要立于不败之地，所以要“以奇用兵”，“兵者，诡道也”。故兵家多主以权诈用兵，以阴谋用兵。《孙子兵法》专门研究用兵，但老子仅言“以奇用兵”，上兵伐谋，其次伐交，其次伐兵。上之上者，大战无创，大胜无胜；“不战而屈人之兵，不攻而取人之地”；“亡人之国，而不失其人心”，方为奇之至奇。因此萧天石有言：“以兵战胜，不若以政战胜；以政战胜，不若以道战胜。以道战胜，常能化人而无形，胜人而不失人心。”

“以正治国，以奇用兵，以无事取天下”，这三者是联系在一起的。王弼注：“夫以道治国，崇本以息末；以正治国，立辟以攻末。本不立而末浅，民无所及，故必至于奇用兵也。”说的是以道治国，要崇尚根本、止息末端，即追求根本不纠缠于具体问题；以正治国，是制定法律以规范具体问题。如果不立根本社会就会杂乱无章，民众就无所依托，到最后天下大乱，必然会发展到“以奇用兵”。

苏辙《老子解》对“以正治国，以奇用兵，以无事取天下”的解释，真正贯通了老子的思想：“古之圣人柔远能迩，无意于用兵，唯不得已，然后有征伐之事。故以治国为正，以用兵为奇。虽然，此亦未足以取天下。天下神器，不可为也，为者败之，执者失之，唯体道者廓然无事，虽不取天下而天下归之矣。”苏辙认为，治国以正能柔远人而怀诸侯，不战而屈人之兵，以正治国者根本没有动兵之念，只有在万不得已的情况下才会用兵。但这不足以取天下，因为天下作为神器，既不能为也不能执，取天下只有无为而已。虽然“以正治国”“以奇用兵”可以称善，但不是“善之善者”。

十二、福祸转化之道

福与祸是既对立又统一的两个方面，人们惯常好福而恶祸，但福祸不会依照人们的好恶来运行。

《道德经》第五十八章：“祸兮福之所倚，福兮祸之所伏。”这句话是说祸中潜藏着福，福中潜伏着祸。福祸相互转化，永无止境。

“祸兮福之所倚”，河上公注：“倚，因也。夫祸因福而生，人遭祸而能悔过责已，修善行道，则祸去而福来。”意思是祸是因福而生的，人遭到祸患就能悔恨过错、责罚自己，修善行道，那么自然祸去福来。

“福兮祸之所伏”，河上公注：“祸伏匿于福中，人得福而为骄恣，则福去而祸来。”意思是祸患隐匿于福中，人在福中不免骄傲放纵，这样就会福去祸来。

韩非子在其《解老》篇中将福与祸的相互转化解释得更为详尽：人有祸害，内心就恐惧；内心恐惧，行为就正直；行为正直，思虑就成熟；思虑成熟，就能明白事理。行为正直，就没有祸害；没有祸害，就能享尽天年。明白事理，就能成就功业；享尽天年，就能全身长寿；成就功业，就会得到富贵。全寿富贵叫作福。由此看来，福本源于有祸，所以老子说：“祸兮福之所倚。”相反，人有福，富贵就来到；富贵来到，衣食就美好；衣食美好，骄傲之心就产生；骄傲之心产生，就会行为放纵而悖逆常理；行为放纵就会早死；悖逆常理就不会成就功业。本身有早死的灾难又无成功的名声，也就成了大祸。由此看来，祸根源于有福，所以老子说：“福兮祸之所伏。”

欧阳修在《新五代史・伶官传序》中，总结了后唐庄宗李存勖的教训。“盛衰之理，虽曰天命，岂非人事哉！原庄宗之所以得天下，与其所以失之者，可以知之矣。”就是说从李存勖的身上可以知道盛衰的道理。李存勖之父李克用临终之时，赐给他三支箭，让他为自己报仇，仇敌三个：梁、燕王、契丹。李存勖继先父之志，他骁勇善战，长于谋略，生擒燕王、斩杀后梁君臣，极其雄壮。后北却契丹、东取河北、西并河中，中兴唐朝霸业。但是当仇雠已灭，天下已定之后，他沉湎于声色，治国乏术，用人无方，纵容皇后干政，重用伶人、宦官，疏忌杀戮功臣，横征暴敛，又吝惜钱财，以致百姓困苦、藩镇怨愤、士卒离心，后死于兴教门之变。欧阳修得出的结论是“忧劳可以兴国，逸豫可以亡身”，从根本上说，这就是老子的“祸兮福之所倚，福兮祸之所伏”的思想。

福祸相依的辩证关系在当前为事之道中仍有其现实意义。我们一直强调“四大危险”：精神懈怠的危险、能力不足的危险、脱离群众的危险、消极腐败的危险。这“四大危险”之间不是并列关系，而是递进关系：一旦功成名就之后，认为自己贡献很大，于是产生了放松一下、享受一下的念头，如此一来，精神必然懈怠；精神懈怠之后，就会失去向上的动力，懒于学习、怠于事务，时间长了自然就会能力不足；能力不足就会在工作中陷入主观主义、经验主义、官僚主义，不会深入实际、深入群众，自然而然就会脱离群众；脱离群众就会高高在上，消极腐败，不知民间疾苦，不知人民诉求，贪欲无度、不加节制，终致身败名裂，由福致祸。所以，“四大危险”最根本的危险是精神懈怠的危险。所以要慎福而避祸。

福与祸相互转化，是客观规律，苏辙《老子解》云：“盖福倚于祸，祸伏于福，譬如昼夜寒暑之相代。”身在福中时要有忧患意识；身处祸患时要有进取意识。这样，无论身处顺境还是逆境，都会进退有据、处之泰然。

十三、大细难易之道

大与细（小）、难与易，这里面蕴含着发展的观点，从易到难、从小到大是一个发展的过程，老子告诫世人要及早处理问题，不要等到积重难返时再去处理。

《道德经》第六十三章：“为无为，事无事，味无味。大小多少，报怨以德。图难于其易，为大于其细。天下难事，必作于易，天下大事，必作于细。是以圣人终不为大，故能成其大。”意思是以无为的态度去有所作为，以不滋事的方法去处理事物，以恬淡无味当作有味。以小为大，以少为多，以德报怨。处理问题要从容易的地方入手，做大事要从细微的地方入手。天下的难事，一定从简易的地方做起；天下的大事，一定从微细的部分开端。因此，有“道”的圣人始终不追求做大事，所以才能做成大事。

凡有形者，大必由小发展而来；持久之物，多必自少积聚而成。所以要在事物细小的时候想办法去制约它。

从“大”与“细”（小）来看，有“为大于其细”“天下大事，必作于细”。

“为大于其细”，河上公注：“欲为大事，必作于小，祸乱从小来也。”意思是欲成大事，必从小做起，祸乱也是从小处发展而来的。

“大”与“细”（小）包含了两个方面的哲理。一是大与细（小）的相对性。《庄子・齐物论》：“天下莫大于秋毫之末，而泰山为小；莫寿于殇子，而彭祖为夭。”意思是说天下最大的是秋毫之末，而泰山很小；最长寿的是还没出襁褓就死去的婴儿，而活了八百年的彭祖却是短命的。万物莫不为大，因为总有比它小的东西；万物莫不为小，因为世间没有最大的东西。“天下莫大于秋毫之末，而泰山为小”，是从两个相反的视角得出的结论，后人称为“两莫”命题：天下毫末最大，是相对于比它小的微观世界来说；天下泰山最小，是相对于比它大的宏观世界来说。二是大与细（小）的转化性。积小成大，积少成多，欲为大事，必作于小。荀子《劝学》中的一段话对此诠释得很好："积土成山，风雨兴焉；积水成渊，蛟龙生焉；积善成德，而神明自得，圣心备焉。故不积跬步，无以至千里；不积小流，无以成江海。骐骥一跃，不能十步；驽马十驾，功在不舍。锲而舍之，朽木不折；锲而不舍，金石可镂。"荀子以大量的事例——积土、积水、积善、积跬步、积小流、锲而不舍，来说明大从小来。所以，不能够忽视任何一个微小的力量。

从难与易来看，有"图难于其易""天下难事，必作于易"。

"图难于其易"，河上公对此作出解释说："欲图难事，当于易时，未及成也。"意思是要处理难的问题，就要在它容易的时候处理，不要等到它完全形成，要把问题消灭在萌芽状态。如果等到事态扩大到难以收拾的地步，只能是束手无策，只能眼睁睁看着"千丈之堤，以蝼蚁之穴溃；百尺之室，以突隙之烟焚"。要防患未然，就要"图难于其易"——塞其蚁穴、堵其间隙，方能无事。这是慎易以避难的道理。

"天下难事，必作于易"，河上公对此作出的解释是"从易生难"，意思是难的事情是从容易的事情做起的。清人彭端淑在《为学》中说："天下事有难易乎，为之，则难者亦易已；不为，则易者亦难矣。"愚公移山、精卫填海，虽说是寓言、神话故事，但也反映了我们民族的精神，只要持之以恒、脚踏实地、不好高骛远、不半途而废，就一定会取得巨大成就。

"世上无难事，只要肯登攀""宰相必起于州部，猛将必发于卒伍""小人以小善为无益而弗为也，以小恶为无伤而弗去也，故恶积而不可掩，罪大而不可解"，这都是从不同的角度解释难与易、大与细（小）的关系。苏辙《老子解》云："世人莫不畏大而侮小，难多而易少。至于难而后图，大而后为，则事常不济矣。圣人齐大小，一多少，无所不畏，无所不难，而安有不济者哉?"意思是世人没有不畏惧大而轻视小、认为多者难而少者易的，这就往往造成等事情难了才想去做、等问题严重了才想解决，结果很多事情没有成功。圣人对大小多少一视同仁，对所有事情都一样重视，怎么会有不成功的事情呢？这是对大与细（小）、难与易极为深刻的总结。

十四、终始互济之道

终是结束，始是开始。"终"与"始"连在一起是具有多重含义的命题：有开始就有结束，循环往复，叫作"消息盈虚，终则有始"；做事情要有好的开头，也要有好的结尾，叫作“善始善终”；做事情谨慎收尾，如同开始时一样，叫作“慎终如始”。

《道德经》第六十四章：“其安易持，其未兆易谋。其脆易泮，其微易散。为之于未有，治之于未乱。合抱之木，生于毫末；九层之台，起于累土；千里之行，始于足下……民之从事，常于几成而败之。慎终如始，则无败事。”意思是，局面安定时容易保持维护，事情变化未出现迹象时容易图谋，事物脆弱时容易消解，事物细微时容易消散。在事情尚未发生前就做好预备，在祸乱未产生前就处理得当。合抱之树，长于细枝；九层高台，源于堆土；千里远行，始于脚下……人们做事情，总是在快要成功时失败，所以谨慎收尾，如同开始时一样，就不会失败。

“其安易持，其未兆易谋”，王弼注：“以其安不忘危，持之不忘亡，谋之无功之势，故曰易也。”意思是安全时不忘危险，执守之时不忘失去之际，在没有迹象时就及早谋划，所以说容易解决。这近似于“安而不忘危，存而不忘亡，治而不忘乱。”

“其脆易泮，其微易散”，王弼注：“虽失无入有，以其微脆之故，未足以兴大功，故易也。”意思是虽然从无到有（由“道”到“物”），因为物刚萌生还十分微小脆弱，还不足以成大事，因此容易应对。

对于其安、其未兆、其脆、其微这四个方面，王弼认为，虽然说的是慎终，但实际是善始。善持其安，善谋其未兆，善泮其脆，善散其微，就是为之于未形之始。王弼注：“此四者，皆说慎终也。不可以无之故而不持，不可以微之故而弗散也。无而弗持，则生有焉；微而不散，则生大焉。故虑终之患如始之祸，则无败事。”大意是，不能因为局面安定而不去持守，不能因为事物微小脆弱而不去消散。局面安定而不去持守危险就会产生，微小脆弱而不去消散大事就会出现，因此担忧后面的祸患如同开始的祸端，就不会有失败。

这就是说，其始易为，其末难治，因此老子提出“为之于未有，治之于未乱”。“为之于未有”，河上公注：“欲有所为，当于未有萌芽之时，塞其端也。”王弼认为，未有就是“其安未兆”。“治之于未乱”，河上公注：“治身治国，于未乱之时，当豫闭其门也。”王弼认为未乱就是“微脆”。这就是说，当事物还没有萌芽的时候，就阻止其源头，在还没有出现祸乱的时候，就预先关闭欲望的门径。《韩非子·喻老》以史明道，讲了两个故事，一个故事是重耳出亡，路过郑国，郑国大夫叔瞻认为重耳是贤公子，两谏郑君：一为“君厚待之，可以积德”，二为“不若杀之，无令有后患”，郑君皆不听，招致后来晋国大举伐郑。另一个故事是晋献公以垂棘之璧假道于虞而伐虢，宫之奇以“唇亡齿寒”劝虞君不可借，虞君不听，借道于晋，晋取虢之后，反灭虞国。韩非子说，叔瞻与宫之奇都是在事物处于萌芽状态时据理力争，但他们的国君都未采纳，如若采纳则郑不破、虞不亡。因此，虽说其安易持、未兆易谋，但要“为之于未有，治之于未乱”。苏辙《老子解》进一步说：“方其未有，持而谋之足矣。及其将然，非浮而散之不去也，然犹愈于既成也。故为之于未有者上也，治之于未乱者次也。”苏辙特别强调“为之于未有”高于“治之于未乱”。

“合抱之木，生于毫末；九层之台，起于累土；千里之行，始于足下”，河上公注：“从小成大，从卑至高，从近至远。”这是极其朴素的真理：沧海桑田起源于微小的力量，这是“始”的重要性。庄子将其概括为“其作始也简，其将毕也必巨”——初始之时微不足道，等到将要完成的时候就一定发展得非常巨大。1945 年 4 月，毛泽东在党的七大预备会议上说：“我们中国《庄子》上有句话说：‘其作始也简，其将毕也必巨。’现在我们还没有‘毕’，已经很大。”

强调善始，更要慎终。所以老子说：“民之从事，常于几成而败之。慎终如始，则无败事。”

“民之从事，常于几成而败之”，这是老子对社会普遍现象的总结。我们常说的“功败垂成”，其根本原因在于没有遵循自然规律，心存轻忽。河上公注：“民之为事，常于功德几成，而贪位好名，奢泰盈满而自败也。”王弼说得更直接：“不慎终也。”民众做事，经常在大业即将完成之时，因为贪慕权位、喜好名声，追求奢侈与安逸、心生骄恣，自招失败。这是没有谨慎对待收尾造成的。

“慎终如始，则无败事”，这是老子开出的良方。河上公注：“终当如始，不当懈怠。”应当在即将结束时像开始一样认真，不应有丝毫懈怠。唐明皇在开元盛世之后纵情酒色，终酿安史之祸，大唐由此走向衰败；吴王夫差励精图治灭掉吴国，恃霸弃雄才，贪色醉美酒，为勾践所败，自刎身亡。《诗经·大雅·荡》云：“靡不有初，鲜克有终。”

“功成名就时做到居安思危、保持创业初期那种励精图治的精神状态不容易；执掌政权后做到节俭内敛、敬终如始不容易；承平时期严以治吏、防腐戒奢不容易；重大变革关头顺乎潮流、顺应民心不容易。”如果能够悟透这四个“不容易”，那么对“终”与“始”的辩证关系庶几矣。

十五、表里相背之道

表，本义指外衣，引申为外面；里，本义指衣物的内层，引申为内部。表里连在一起是指事务的内外情况，表是现象，里是本质，表与里的辩证关系是现象和本质的辩证关系。

《道德经》第七十章："知我者希，则我者贵。是以圣人被褐而怀玉。"意思是，能理解我的人很少，能取法于我的人就更难得了。因此，有道的圣人总是穿着粗布衣服，怀里揣着美玉。

表与里在老子的思想里体现为"被褐而怀玉"，褐为表，玉为里。河上公注："被褐者薄外，怀玉者厚内，匿宝藏怀，不以示人也。"意思是说，穿着粗陋是因为不在意外表，怀揣美玉是重视内在（知识和才能），把宝玉藏匿怀中，是不想被别人知晓。苏轼将其形容为"粗缯大布裹生涯"，即便如此，也难掩"腹有诗书气自华"。从这一点讲，"被褐怀玉"其实是一种无奈，是乱世之中的退隐，不愿与当权者合作。黔娄是战国时期齐国稷下先生，有名的隐士和道学家。鲁恭公曾聘他为相，齐威王请他为卿，皆被其拒绝。后隐居于济之南山（今济南千佛山），凿石为洞，终年不下，曾著书四篇（已失传），言道家之务，号黔娄子。黔娄死时，"覆以布被，手足不敛"，即便如此，其夫人仍坚持"斜之有余，不若正之不足"，后被传为佳话。尽显"被褐者薄外"之本色。曾参问其妻："先生之终，何以为谥?"黔娄妻回答："以'康'为谥。"曾参认为黔娄生不得其美，死不得其荣，不应谥为"康"。黔娄妻正色道："昔先生君尝欲授之政，以为国相，辞而不为，是有余贵也。君尝赐之粟三十钟，先生辞而不受，是有余富也。彼先生者，甘天下之淡味，安天下之卑位。不戚戚于贫贱，不忻忻于富贵。求仁而得仁，求义而得义。其谥为康，不亦宜乎!"真是铿锵有力、掷地有声!"怀玉者厚内"跃然眼前。

王弼对"被褐怀玉"的理解与河上公有所差异，认为是本质藏于表象之内。王弼注："被褐者，同其尘。怀玉者，宝其真也。圣人之所以难知，以其同尘而不殊，怀玉而不渝，故难知而为贵也。"意思是圣人穿着粗陋，是表明圣人与世俗之人相同，不露锋芒。怀揣美玉，是以真理为宝。圣人之所以难以了解，是因为他们不轻易显露自己的才华，表面上与世俗之人并无不同，虽身怀绝技，却不愿改变自己的志向，所以难知且尤为可贵。圣人之所以"披褐怀玉"，是因为不去追求众人尊崇，而是珍惜知心者少。《庄子·大宗师》中将此类人命曰"畸人"，即不合于俗的人。这种人"畸于人而侔于天。故曰，天之小人，人之君子；人之君子，天之小人也”。畸人不合于俗而合于自然，与天齐一。所以说，自然中的小人乃是人间的君子，人间的君子乃是自然中的小人。这是极其深刻的。萧天石有言：“尚利者，必役于利而死于利；尚名者，必役于名而死于名。”“披褐怀玉”者则能超越世俗名利，宝其真、同于道。

表与里的关系并非仅有“被褐怀玉”一种情形，还有表里一致的存在，即“表里一体”，可以透过现象看到本真。比如“见瓶水之冰而知日月之寒”、“尝一脔肉而知一鼎之调”、一叶知秋等。《说苑》第十三卷记载，齐桓公与管仲谋划讨伐莒国，谋划还未成形，可消息已经传遍全国。桓公对此非常奇怪，就问管仲。管仲说：“我们国内一定有高人。”桓公叹了口气，说：“唉！我注意到白天服劳役的人中，有一个执柘木杵的人，远远地看了咱俩说话，应该就是这个人吧！”于是把前一天服役的人又重新召回，要求不许找人替代。时间不长，东郭垂来了。管仲说：“一定是这个人。”就把他叫到跟前，问道：“你就是那个散布要讨伐莒国消息的人吧?”东郭垂说：“是。”管仲问：“我并没有说讨伐莒国，你怎么能说我要讨伐莒国呢?”东郭垂说：“我听说君子善于谋划，小人善于揣测，我是通过揣测知道的。”管仲问：“我没有说伐莒，你凭什么揣测呢?”东郭垂说：“我听说君子有三色：怡然而乐的，是钟鼓之色；严肃清净的，是居丧之色；勃然愤怒的，是兵革之色。昨天我远远看见您在高台之上，充满勃然愤怒之色，这是兵革之色；虽然我只看到您的嘴唇在动而听不见声音，但从口型判断应该说的是莒国；再看您举手臂所指的方向也是莒国。我暗里思忖：周围小的诸侯国没有臣服的，只有莒国，所以我判断我国要攻打莒国。”东郭垂可以说是善于以表知里。这就是现象与本质的统一性。

在道德领域，也存在表与里的问题，我们所倡导的，是表与里的一致性。

另外，还有一种表里关系叫作“金玉其外，败絮其中”——出之烨然，玉质而金色；视其中，则干若败絮。如刘基《卖柑者言》所列举：那些手握兵权、不可一世的将军，真有孙子、吴起的韬略吗？那些戴着高帽器宇轩昂的大人，真能建立伊尹、皋陶的功业吗？盗贼蜂起而不知抵抗，百姓困苦而不知救助，官吏奸诈而不知禁止，法度败坏而不知治理。那些官员坐高堂、骑大马、饮美酒、食羔羊，貌似威风凛凛、仪表堂堂，又何往而不金玉其外，败絮其中呢？听来也是振聋发聩。

所以，“表”与“里”看似简单，实则意义丰富，既有老子所言的“被褐而怀玉”，又有一体两面的“表里如一”，还有与老子所言完全相反的“金玉其外，败絮其中”。深刻理解，在观察事物、为人处世上会有助于我们洞察是非、明辨善恶。

十六、疏而不失之道

这一命题是老子的人生哲学。老子认为，自然万物都要按照自然规律变化和发展，这样自然会有好结果，不会有任何遗漏。这就是“天网恢恢，疏而不失”。

《道德经》第七十三章：“天之道，不争而善胜，不言而善应，不召而自来，繟然而善谋。天网恢恢，疏而不失。”意思是天的运行规律是不争斗而善于取胜，不言语而善于应答，不召唤而自动到来，坦然而善于筹划。天如一张大网广大无边，网孔虽然稀疏但并不漏失。

在这里，老子先是强调不争善胜、不言善应、不召自来、繟然善谋是符合天道的，符合天道就会有好结果，这是必然。

“不争而善胜”，河上公注：“天不与人争贵贱，而人自畏之。”王弼注：“天唯不争，故天下莫能与之争。”

“不言而善应”，河上公注：“天不言，万物自动以应时。”意思是天不言说，万物自然应时而动。王弼注：“顺则吉，逆则凶，不言而善应也。”意思是顺应规律就会吉利，违背规律就有凶祸，不用说话却善于应答。

“不召而自来”，河上公注：“天不呼召，万物皆负阴而向阳。”意思是天不必召唤，万物自然背负阴而怀抱阳。王弼注：“处下则物自归。”意思是善于处下万物自然归附。

“繟然而善谋”，河上公注：“繟，宽也。天道虽宽博，善谋虑人事，修善行恶，各蒙其报也。”这是说善恶到头终有报。王弼注：“垂象而见吉凶，先事而设诚，安而不忘危，未召而谋之，故曰繟然而善谋也。”意思是从征兆就可以预见吉凶，做事之前要有诚意，安定时不忘危险，未有祸患就去预防，所以称作“繟然而善谋”。

最后的结论就是“天网恢恢，疏而不失”。

“天网恢恢，疏而不失”，河上公注：“天所网罗恢恢甚大，虽疏远，司察人善恶，无有所失。”意思是天所笼罩的范围非常广大，虽然有的地方非常遥远，但督察人之善恶，没有任何缺失。

由此观之，“天网恢恢，疏而不失”这一命题，“不失”在老子思想的本原意思，既包括“善”，也包括“恶”，既有“好”，也有“坏”，具有中性特征。

现在一般理解“天网恢恢，疏而不失”，意思就是天道公平，作恶就要受到惩罚，它看起来似乎很不周密，但最终不会放过一个坏人。比喻作恶的人终究逃脱不了天法的惩处。这对我们来讲不难理解，不做赘述。

天网真的疏而不失吗？有些作恶之人没有受到惩罚该做何解释呢？苏辙对此专门做了解释，在其《老子解》中说：“世以耳目观天，见其一曲而不睹其大全。有以善而得祸，恶而得福者，未有不疑天网之疏而多失也。惟能要其终始，而尽其变化，然后知其恢恢广大，虽疏而不失也。”意思是世人以耳目来观察天，看见的只是局部而不会是全貌。看到世间存在有人行善却招致灾祸、有人作恶却得到福报的情况，没有人不怀疑天网过于稀疏失之太多。只有能够让他有始有终，所有变化全部完成，然后就会知道真的是“天网恢恢，疏而不失”。苏辙告诉我们要纵观整个大局，不要局限于一时一地。比如《三国演义》中的曹操，杀了很多无辜之人，包括吕伯奢一家、粮官王垕、董贵妃等，尤其是残忍杀害伏皇后、鸩杀二皇子，毛纶点评：“读至此，令人发上指冠。”但曹操最后以六十六岁善终。这岂不是“疏而有失”？其实不然，这就要好好理解苏辙“世以耳目观天，见其一曲而不睹其大全”这句话，曹操得善终是局部，而不是全貌，还需要看后面。当曹操曾孙曹芳为帝之时，司马师、司马昭兄弟专权，国丈张缉密谋衣带诏讨伐司马氏兄弟，最终事泄，死于非命。张缉之女张皇后被司马师下令绞死。此处有诗曰：“当年伏后出宫门，跣足哀号别至尊。司马今朝依此例，天教还报在儿孙。”由此可见，这里的大局是家族的整个历史，而不是某个人，曹操虽善终，但其子孙必然蒙祸。因此《增广贤文》谆谆告诫：“见色而起淫心，报在妻女；匿怨用暗箭伤人，祸延子孙。”

还有一个问题，我们还听过一句话，叫作“天网恢恢，疏而不漏”。这句话最早出自《魏书·任城王传》。很多人认为它与“天网恢恢，疏而不失”意思一样，但实则不然。天网恢恢，肯定疏而不失，但也必然疏而有漏。比如《刑法》中的追诉时效规定，犯罪已过追诉时效期限的，不再追究刑事责任。这是明显的疏而有漏，但漏而不失。比如某个人犯罪，应判有期徒刑三年，但过了五年仍没有将其抓获。按照追诉时效规定就不再追究。表面看这个人逃脱了惩罚，但实际上在追逃期间，他一定是惶惶如丧家之犬、急急似漏网之鱼，食不甘味、寝不安席，即便他没有承受牢狱之难，也让他心力交瘁，实际上已经受到惩罚。这便是漏而不失。

深刻理解老子人生哲学的这一命题，就会尊重自然规律，按照自然规律行事，这样必然会有好的结果。

十七、强弱存亡之道

在儒家的思想中，孔子认为强弱的标准不在于体力，而在于精神力量。而在老子的思想体系中，是将强与弱统一在一起，辩证地去看待两者之间的关系，并且得出“强大处下，柔弱处上”“柔弱胜刚强”的结论。

《道德经》第七十六章最为集中地阐释了强与弱的关系：“人之生也柔弱，其死也坚强。万物草木之生也柔脆，其死也枯槁。故坚强者死之徒，柔弱者生之徒。是以兵强则灭，木强则折。强大处下，柔弱处上。”意思是说，人活着的时候身体是柔软的，死了以后身体就变得僵硬。万物草木生长时是柔软脆弱的，死了以后就变得干硬枯槁了。所以坚强的东西属于死亡的一类，柔弱的东西属于生长的一类。因此，用兵逞强就会遭到灭亡，树木强大了就会遭到砍伐摧折。凡是强大的，总是处于下位，凡是柔弱的，反而居于上位。

“人之生也柔弱，其死也坚强”，河上公注：“人生含和气，抱精神，故柔弱也。人死和气竭，精神亡，故坚强也。”这是说人活着的时候含有和气，抱持精神，所以柔弱；人死了之后和气枯竭，精神灭亡，因此僵硬。

“万物草木之生也柔脆，其死也枯槁”，河上公注：“和气存也。和气亡也。”意思是，草木柔弱是因为存有和气，草木死亡是因为失去和气。

河上公认为，人与万物之所以生，是因为存有和气；之所以死亡，是因为和气衰竭。存有和气则柔软，和气衰竭则僵硬，故而坚强者死、柔弱者生。

老子之所以教人贵柔尚弱而戒刚强，是因为老子深知“强梁者不得其死”。《列子·黄帝篇》有这样一段精辟之语：“天下有常胜之道，有常不胜之道。常胜之道曰柔，常不胜之道曰强。二者易知，而人未之知。故上古之言：强，先不己若者；柔，先出于己者。先不己若者，至于若己，则殆矣；先出于己者，无所殆矣。以此胜一身若徒，以此任天下若徒。……粥子曰：‘欲刚必以柔守之，欲强必以柔保之。积于柔必刚，积于弱必强；观其所积，以知祸福之乡。’强胜不若己，至于若己者刚；柔胜出于己者，其力不可量。”大意是，天下有常胜之道，有常不胜之道。常胜之道叫作柔弱，常不胜之道叫作刚强，这二者显而易见，但人们大多不知道。所以上古有言：依靠刚强，只能战胜不如自己的人；依靠柔弱，却能战胜强于自己的人。如果只能战胜不如自己的人，若遇到强于自己的人，就危险了。如果能战胜超过自己的人，便没有这种危险。用来战胜自身的是这个道理，用来应对天下的也是这个道理。……粥子说：‘要想刚，必须靠柔来护养；要想强，必须靠弱来维护。柔积蓄起来必定刚，弱积蓄起来必定强。观察它们所积蓄的东西，便可知道祸福的走向。’刚强能战胜不如自己的人，但遇到与自己相当的人就会遇到挫折；柔弱能战胜超过自己的人，它的力量不可限量。”老子得出结论：“兵强则灭，木强则折；坚强者死之徒，柔弱者生之徒。”

老子之师常枞病重，老子前去探望。常枞张开嘴给老子看，问道：“我的舌头还在吗？”老子说：“还在。”常枞又问：“我的牙齿还在吗？”老子说：“不在了。”常枞又问：“你知道这是为什么吗？”老子回答说：“那舌头所以存在，难道不是因为它是柔软的吗？牙齿不存在，难道不是因为它的坚硬吗？”常枞说：“好啊！是这样的。世界上的事情都已包容尽了，我还有什么可以再告诉你的呢！”这就是“舌存齿亡”的道理。

柔弱胜刚强在周易中也有所体现，《易·坤·文言》：“坤至柔而动也刚，至静而德方，后得主而有常，含万物而化光。”大地之德极为柔顺，但变动时则显示刚强，虽然极为安静，但品德方正。尽管后来主持万物，但却遵循规律、包容万物让它们生长光大。因此柔非绵软，有刚存焉；弱非怯懦，有强存焉。因此《道德经》第七十八章说：“天下莫柔弱于水，而攻坚强者莫之能胜。”

柔弱胜刚强是老子哲学的一个重要命题。但老子并不绝对否定“强”，比如“自胜者强”“强行者有志”“守柔曰强”等，都是肯定了“强”。柔弱胜刚强是柔弱者更强，“更强”胜“强”。在这里讲人“其死也坚强”对应草木“其死也枯槁”，其中的“坚强”包含着僵硬、僵化的含义。无论自然界、社会界都是一样，动植物僵硬意味着死亡，社会制度的僵化意味着没有活力，所以才会有“坚强者死之徒，柔弱者生之徒”。因为老子认为柔弱胜刚强，所以他说：“兵强则灭，木强则折。”木强则折是好理解的，为什么说兵强则灭呢？河上公注：“强大之兵轻战乐杀，毒流怨结，众弱为一，强固不胜。”强大之兵轻战乐杀，结怨太多，得不到民众的支持，就会失败。王弼注：“强兵以暴于天下者，物之所恶也，故必不得胜。”意思是，强兵暴行天下，为天下所厌恶，所以不会胜利。这都有一定道理。贾谊在《过秦论》中说，秦始皇统一六国之后，“良将劲弩守要害之处，信臣精卒陈利兵而谁何。天下已定，始皇之心，自以为关中之固，金城千里，子孙帝王万世之业也”，可谓兵强已极。但是“一夫作难而七庙隳，身死人手，为天下笑”，为什么呢？“仁义不施而攻守之势异也”。所以兵强之后，骄横跋扈，侵伐不休，劫掠百姓，不行仁义，那就必然灭亡。最后结论就是“强大处下，柔弱处上”。因此，大道抑强扶弱，强者只有不逞强好胜、谦卑示弱，才能立于不败之地。

总之，柔弱胜刚强之柔弱并非弱不禁风，而是更具韧性、更具抗压性，是处强不示强、是不以强凌弱，这才是真正的强者，故能长存。

十八、正反辩证之道

关于正与反的辩证关系，老子用的是“正言若反”。事物常在对反的关系中产生，这就要求我们必须对事物的两端都加以彻察，必须从正面去透视负面的意义，在很大程度上，对于负面意义的把握，更能显示出正面的内涵。

《道德经》第七十八章：“是以圣人云：受国之垢，是谓社稷主；受国不祥，是为天下王。正言若反。”意思是承担了一个国家的屈辱，才能成为这个国家的君主；承担了一个国家的灾难，才能成为天下的君王。正面的话好像在反说一样。

“正言若反”，河上公注：“此乃正直之言，世人不知，以为反言。”意思是世人不解正直之言而曲解。范应元注：“夫谦下柔弱，本是法道，而人以为垢污之行；孤寡不毂，本以喻一喻虚，而人以为不祥之称，故正言似与俗反也。”范应元的解释比河上公要易懂，是说圣人谦下柔弱，不被世俗理解，反被认为是垢污与不祥。以范应元的观点，谦下柔弱不是一般主体，是有条件的，那就是自己本身要强大，本身不强大，就没有谦下柔弱的资格。世俗以为圣人谦下柔弱是垢污之行、孤寡不毂是不祥之称，只能说明世俗眼光是一叶障目不见泰山。因此苏辙在《老子解》中称之为“正言合道而反俗”。

《左传·宣公十五年》记载：“谚曰：‘高下在心，川泽纳污，山薮藏疾，瑾瑜匿瑕。’国君含垢，天之道也。”意思是做事要斟酌情况，采取适当办法，河流大泽中也容纳污水，深山草野中也会藏瘴疠之气，美玉中也会微有瑕疵。国君忍受屈辱，这是天之道啊！老子的“正言若反”，是对其极其深刻的总结。“受国之垢”“受国不祥”，在情感上似乎令人难以接受，因为国君要保持尊严，殊不知国君的尊严恰恰来自对国家的责任，来自为国“受垢”“受辱”。“正言若反”是告诉国君，一方面要法道而行，不能被世俗之见所束缚；另一方面，对听到的意见，需要加以思考，正直之言，世人不知，以为反言，不要一听到逆耳之言就直接拒绝。《韩非子·喻老》中有一个故事，讲扁鹊见蔡桓公。扁鹊三见蔡桓公，告其有疾“在腠理”“在肌肤”“在肠胃”，桓公骄横自信、讳疾忌医，认为扁鹊是“医之好治不病以为功”，以正言为反言。最后

“病在骨髓”，无可救药。这深刻揭示了“正言若反”的道理。

对正与反的理解，萧天石《道德经圣解》也给我们很多启示：“因老子深叹柔之胜刚，弱之胜强，天下莫不知，莫能行。推而言之，则反之胜正，阴之胜阳，后之胜先，静之胜动；无形之胜有形，无用之胜有用；天下莫能知者，自莫能行也。是以最后引古圣人之言曰：‘受国之垢，是谓社稷主；受国之不祥，是谓天下王。’而结之以无上圣教曰‘正言若反’。于此亦可以曰：‘正道若反，顺道若逆。’以天道如圜，圆行无端，无始无终，莫可纪极也。故君人者，宜为天下溪，为天下谷；处天下之所恶，居天下之所弃；取人之所不取，欲人之所不欲；故天下莫与之争，亦莫能与之争也。以其与世反矣，与俗反矣。反其所反，则适得其正；逆其所逆，则适得其顺；此天道也，亦为本章之神髓所在。余皆为举事以喻道明道，而不可执滞不化也。”萧天石认为，老子深感柔之胜刚，弱之胜强，天下莫不知，莫能行，因此才有“受国之垢，是谓社稷主；受国之不祥，是谓天下王”。这就是“正言若反”。萧天石认为“正言若反”也可以表述为“正道若反，顺道若逆”，作为君主，要善于处下、处众人之所恶，反世俗之所反，就会适得其正；逆世俗之所逆，就会适得其顺，故天下莫能与之争。这是极为深刻的认识。

由此可见，全面地看问题，彻查事物的两端，尤其是透视负面的意义，对于正面的内涵的把握，是多么重要。

上面第一节所讲的十八个方面的对反关系，包罗宇宙天地、自然万物、社会发展、为人处世等各个方面，内涵深刻、外延广阔，通篇贯穿了辩证思维，是老子思想体系的重要基石，对帮助理解老子思想的为政之德与为事之道有重大意义。

第二节 反者道之动——为事之道的逆向思维

喜欢逞雄、争先、登高、据有，是很多人尤其是自命不凡的人的性格特点。争强好胜的人往往会一意孤行，看不到物极必反、水满则溢、事物的发展必然走向相反方向的规律，即便有些人看到，在利益与意气的驱使下，也知进而不知退、知得而不知丧，最终走向败亡。老子辩证思想的深刻之处，就在于他洞明事物的反面，进而悟出以反彰正、以反取正、反反得正的道理，这就是反者道之动，它揭示了事物运动变化的原因和动力。“问题意识、问题导向”就是“反者道之动”思维的当代发展。

在这里，我们将用老子一系列形象化的概念，来解读“反者道之动”的为事启示。

一、美恶有分，彰之有道

这一命题是《道德经》第二章“天下皆知美之为美，斯恶已”的思想概言，揭示的是美恶之间的辩证关系。

《道德经》第二章：“天下皆知美之为美，斯恶已；皆知善之为善，斯不善已。”关于这段话的解释有很多种，因此不做翻译。

“天下皆知美之为美，斯恶已”，河上公注：“自扬已美，使彰显也，有危亡也。”意思是自我宣扬美名使天下皆知，就是丑恶的，就有危险了。

“天下皆知美之为美，斯恶已；皆知善之为善，斯不善已。”王弼注：“美者，人心之所进乐也。恶者，人心之所恶疾也。美恶，犹喜怒也。善不善，犹是非也。喜怒同根，是非同门，故不可得偏举也。此六者，皆陈自然不可偏举之明数也。”意思是美是人心都喜欢的，恶是人心所厌恶的。美恶就如喜怒。善与不善，犹如是非。喜怒同源、是非同门，这样的辩证关系不能一一列举，这六个方面含在其中。王弼认为美与恶、善与不善是一种辩证关系，有此必有彼，有彼必有此。

除了河上公、王弼解释之外，还有如下观点：

观点一：天下的人都知道美之所以为美，那是由于有丑陋的存在；都知道善之所以为善，那是因为有恶的存在。

观点二：天下的人都知道美的东西是美的，这个东西就成了丑恶的了；都知道善的事情是善的，天下就没有善的事情了。

观点三：天下的人都知道美的东西是美的，那么丑恶的东西就显露出来了；都知道善的事情是善的，不善的事情就显露出来了。

观点一比较牵强，也比较费解。观点二从字面来看似乎能解释通，但实际上美与恶、善与不善的矛盾是客观存在的，并不因为人们的知与不知而改变，所以这种解释也值得商榷。观点三可以讲通，因为它与后面所讲的“有无相生，难易相成，长短相形，高下相倾，音声相和，前后相随”，在逻辑上是贯通的，是对立面的相互依存，但这种解释相对浅显，且与后面重复。

合而观之，河上公的解释最为深刻：自我宣扬美名使天下皆知，就是丑恶的。这与后面所讲的“生而不有，为而不恃，功成而弗居”，在思想上一气呵成。

桃李不言，下自成蹊。一个人的美名不是自己宣扬出来的，而是用实际行动被别人所认可的。鲁迅先生从未自诩过什么，他以自己的思想、自己的著作、自己的教育救国救民。毛泽东评价鲁迅：鲁迅是文化新军的最伟大和最英勇的旗手，是中国文化革命的主将，是伟大的文学家、思想家和革命家，鲁迅的骨头是最硬的、鲁迅是在文化战线上的民族英雄、鲁迅的方向就是中华民族新文化的方向。到了二十一世纪的今天，鲁迅的精神和他的作品仍在鼓舞和激励着中国人民。

相反，如果寸功必表、自我彰显，会令人生厌，给自己带来危险。三国时期蜀国杨仪，是刘备在荆州旧部，刘备与诸葛亮都比较爱惜他的才干，一直重用他。诸葛亮卒于五丈原，杨仪领军回还，又诛讨魏延，自以为功勋至大，应当代替诸葛亮执政，但诸葛亮临终托付之人是蒋琬。杨仪认为自己资格比蒋琬老，能力比蒋琬强，才华比蒋琬高，所以怒形于色，愤然不平。费祎对其进行了安抚，但杨仪口出狂言：“如果当初丞相去世时，我带军投魏，怎么能这么落魄呢？真是追悔莫及！”费祎如实上奏。后杨仪被贬为庶民，遭流放，至流放地，仍然上书诽谤，于是后主下令逮捕杨仪，杨仪自杀。这是自彰己美反而不美的恶果。

老子一贯秉持无为而治，反对功名，更反对宣扬美名。如果当权者过于宣扬功名与美名，引导世人追求功名、美名，那么不择手段获取功名、美名的人就会层出不穷。刘秀年少时，一句“仕宦当作执金吾，娶妻当得阴丽华”的感慨，引发了多少人的向往与追求。宋真宗一首《励学篇》“书中自有千钟粟，书中自有黄金屋，书中自有颜如玉，书中车马多如簇”，将多少人的世界观、价值观引向歧途。当此之时，我们更应深思老子的这句：“天下皆知美之为美，斯恶已；皆知善之为善，斯不善已。”

还有一种情况，自我彰显美名的时候，却在有意无意间暴露了别人的短处，也会招致怨恨。《庄子·内篇·人间世》中说：“且德厚信矼，未达人气；名闻不争，未达人心。而强以仁义绳墨之言术暴人之前者，是以人恶有其美也，命之曰灾人。灾人者，人必反灾之。”意思是一个人虽然德行纯厚笃实，可未必能和别人声气相通；一个人虽然不争名声，可未必能被广泛地理解。这种情况下强要用仁义规范之类的言辞规劝别人，这是用别人的丑行来彰显自己的美德，这样的人叫作不祥之人。这样的人一定会被别人所害。这也是自扬己美有危亡的佐证。

因此，美恶虽相互对立，但也并非截然分开，过分为美，反而致恶。我们要牢记老子的忠告：美恶有分，彰之有道。

二、功成不居，福德常在

这一命题是对“天下皆知美之为美，斯恶已；皆知善之为善，斯不善已”的进一步发挥，老子称作“夫唯弗居，是以不去”。

《道德经》第二章后半部分：“是以圣人处无为之事，行不言之教。万物作焉而不辞，生而不有，为而不恃，功成而弗居。夫唯弗居，是以不去。”意思是圣人用无为的方式对待世事，用不言的方式施行教化：听任万物自然兴起而不阻止，生养万物但不将它们据为己有，有所施为但不居功，功成业就而不自居。正由于不居功，功勋就永远不会失去。

“夫唯弗居，是以不去”，河上公注：“夫惟功成，不居其位。福德常在，不去其身也。”王弼注：“使功在己，则功不可久也。”河、王分别从正反两面对此解释，合在一起相得益彰：河上公认为，只要成功了，就不要再居其位了，这样福德就不离其身；王弼认为，如果将功劳据为己有，功劳也不能长久维护。这与“功成身退”的主张基本是一致的，它们之间的区别，前面已经讲过，在此不再赘述。

严遵《道德真经指归》对此做了更深层的探讨：“夫唯不敢宁居而增修其德者，则忘功而功存，故不居而不去。化与道均，不望其功；德与天齐，不求其报；遁功逃名，深藏玄域。虽欲不居，是以不去也。”意思是说，只有那些不敢心安理得居功自持并不断增加道德修养的人，才能够忘记自己的功劳而不会失去功劳，所以功劳长存而不会失去。只要变化与道一致，就不会期望有功；德行与自然规律相协调，就不会谋求回报；躲避功劳逃脱功名，从而深藏于天地之间。虽然想不居功，但功勋却不会消失。由是观之，功之不去，不是荣华富贵之用，而是流芳百世之美。

“生而不有，为而不恃，功成而弗居。夫唯弗居，是以不去”是本章这部分最深刻的论断。

一个人为国家、社会立下功劳，能不能居功自恃呢？答案是不能。因为一个人功业的取得需要内部外部、主观客观等诸多条件，光凭一己之力无论如何也不可能立下大功。《周易》革卦的彖辞说：“汤武革命，顺乎天而应乎人。”

商汤、周武王虽然文治武功、才能卓著，但取得成功的关键是“顺乎天应乎人”，离开人民的支持、不顺应社会发展规律，是不会成功的。所以任何人都没有居功自傲的理由和借口。1935年10月19日，党中央和红军抗日先遣队结束了长征，到达陕北保安的吴起镇。红军长征胜利后，蒋介石派5个骑兵团尾随而至。为了防止敌军进入陕北革命根据地，彭德怀指挥先遣队在吴起镇附近进行了“切尾巴”战斗。歼灭敌军一个骑兵团，取得了中央红军到达陕北后第一场胜仗。为此，毛泽东特作诗赠予彭德怀——《六言诗·给彭德怀同志》：“山高路远坑深，大军纵横驰奔。谁敢横刀立马？唯我彭大将军。”彭德怀收到诗后，诚惶诚恐，将诗末句“唯我彭大将军”改为“惟我英勇红军”，并把原诗还给毛泽东。历史发展到今天，有谁会忘记彭德怀为国家和人民作出的贡献？

蓝玉是明朝开国将领，有胆有谋，勇敢善战，屡立战功。朱元璋对其优礼有加，但其居功自傲、锋芒甚健，日益恣意骄横，蓄养家奴，横行霸道。皇帝闻知，心甚不快。后传闻蓝玉与元妃有私，致使元妃羞愧自杀，皇帝为此切责蓝玉，但蓝玉仍我行我素。洪武二十六年（1393年），锦衣卫指挥蒋瓛告发蓝玉谋反，鞫讯后以谋反罪将其逮捕下狱，并被剥皮实草、抄家、灭三族。自公侯伯以至文武官员，因“蓝玉案”被杀者约一万五千人。这是居功自恃的下场。

苏辙《老子解》对“夫唯弗居，是以不去”还有新的见解：“圣人居于贫贱而无贫贱之忧，居于富贵而无富贵之累，此所谓不居也。我且不居，彼尚何从去哉，此则居之至也。”意为圣人居贫贱而没有贫贱的忧虑，居富贵而没有富贵的拖累，这就是所谓的不居。我（圣人）尚且不居功，那功还会到哪儿去呢？这是居功的最高境界。这也与“非以其无私耶，故能成其私”前后照应。为事者要有“生而不有，为而不恃，功成而弗居”的情怀，就必然“夫唯弗居，是以不去”，就会得人心、行大道。

二、无私成私之道

这一命题揭示的哲理是无私成私：“非以其无私邪？故能成其私。”

《道德经》第七章：“天长地久。天地所以能长且久者，以其不自生，故能长生。是以圣人后其身而身先，外其身而身存。非以其无私邪？故能成其私。”意思是，天长地久，天地所以能长久存在，是因为它们的存在不是为了自己，所以能够长久生存。圣人由此领悟到把自己置身后面反而能领先；将自己置之度外，反而能够生存。这不正是因为他无私吗？所以能成就他的自身。

“非以其无私邪”，河上公注：“圣人为人所爱，神明所佑，非以其公正无私所致乎？”王弼注：“无为于身也。”这是说，圣人被人们所爱戴、被神明所保佑，是因为他们公正无私、从不为个人谋利。

“故能成其私”，河上公注：“人以为私者，欲以厚已者。圣人无私而已自厚，故能成其私也。”意思是，人们通常认为，“私”就是厚待自己。圣人没有私心但地位仍然很高，是无私成就了他自身。王弼注：“身先身存，故曰能成其私也。”意思是圣人后其身而身先，外其身而身存，所以能够成就自身。

古公亶父是“无私成私”的典型代表。古公亶父是周文王祖父，后被追尊为周太王。古公亶父执政时，致力于豳地的开发，积德行义，得到民众的爱戴。当时，熏育和戎狄进攻周族，想要夺取财物，古公亶父就给了他们。后又来攻，要取得周族的土地和人口，民众非常愤怒，想要抵抗。古公亶父说道：“民众拥立君主，是为了让君主为民众谋利。如今戎狄来攻，是为了我的土地和臣民，而臣民归我还是归他，又有什么区别呢？你们要为我而战，会杀死很多人的父子，通过这种办法让我当国君，我不忍心做。”于是古公亶父带着家人和亲随离开了豳，到岐山之下安顿了下来。豳地的人全都扶老携弱，又跟随古公亶父到岐山之下。其他国家的百姓听说古公亶父仁德，也多归附。于是古公亶父改革戎狄的风俗，营造城郭房舍，让人们分别居住，并设置五官，各司其职。人民安居乐业，都歌颂周太王的功德。周朝的事业开始蓬勃发展。这个故事生动地解释了“以其无私，故能成其私”，在古公亶父这里，无私不仅成就了他自身，也成就了他的功业。

“圣人后其身而身先，外其身而身存。非以其无私邪？故能成其私。”如果把它放在更高的站位，即以天地、自然和社会为出发点，就会领悟到，天地如果没有万物的生生不息，就不能成为天地；圣人如果没有百姓的生生不息，就不能成为圣人。

为什么说“后其身而身先”？因为天地不把自身视为自身，而是把世间万物当作自身；同样，圣人不把自身视为自身，而是把天下百姓当作自身。如果天地与万物竞争，那么天地就只是万物之一而已；如果圣人与百姓竞争，那么圣人就只是百姓之一而已。圣人不与百姓竞争，没有自己的私心，以百姓心为心，则天下治，天下治则圣人治。所以叫作“后其身而身先”。士尹池为楚国出使宋国，宋国司城子罕在家招待他喝酒。子罕家南墙突兀不直，西邻家积水经过他家的院子流过。士尹池问其缘由，子罕说：“南面邻居是工匠，做鞋子的，我想让他搬走，他父亲说：‘我们只会做鞋，已经三代以此为业了，如果搬走，那些要做鞋子的人不知道我们的新住处，我们就没有生意了，没有生意就会没有饭吃，希望相国体谅我们生活的难处。’因此我没让他搬走。西邻家地势高，我家地势低，他家的积水流经我家比较方便，所以我没堵它。”士尹池回到楚国，正赶上楚国要兴兵攻打宋国，士尹池进谏楚王说：“宋国不可攻打，他们君主贤德，相国仁义。贤者能得民心，仁者能用人力，攻打他们不会成功，会被天下人耻笑。”于是楚国放弃宋国转而攻打郑国。子罕以“后其身”而得仁德，获得百姓拥戴；其仁德又帮助宋国定国安邦，保其社稷。

为什么说“外其身而身存”？圣人心中没有自身，他是把天下当作自身，以天下为己身，将个人置之度外，所以叫作“外其身”。以天下为己身，则天下不可能不治，天下治则圣人全，圣人全则圣道兴。所以叫作“外其身而身存”。春秋时齐国陈恒要杀齐简公，派六位勇士劫持了子渊栖。子渊栖说：“你想让我帮助你，是因为我明智吗？臣子弑杀君主，是不明智的！是因为我仁德吗？为利益而背叛君主，是不仁德的！是因为我勇敢吗？你用武力劫持我，如果我惧怕而屈服于你，是不勇敢的。假如我没有智、仁、勇这三样，对你有什么帮助呢？如果我有这三样，是不会屈服于你的！”陈恒没有办法，就把他放了。此之谓“外其身而身存”。

为什么说“非以其无私邪？故能成其私”？圣人将自身置于人后，是无私心；将个人置之度外，是无邪念。无私心、无邪念则合于正道。合于正道则天下为公、天下为正。公就会平，正就会安。天下长治久安，百姓生生不息，天下成其全，则圣人其身成、其愿成，故“成其私”。在此需要指出的是，“成其私”并非成就自己的私利，而是对自己的完善。在《道德经》第四十九章有“德善”“德信”之言，河上公将其注为“百姓德化，圣人为善”“百姓德化，圣人为信”，这与无私成私一脉贯通，所以“成其私”绝非成就个人私利。

“非以其无私邪？故能成其私”这一命题，与老子所主张的“功成事遂身退，天之道”的思想又完全契合。因此，老子的这一思想有“无私成私”的结果，但绝不能完全简单、肤浅地理解为“以‘无私’为手段，以达‘成其私’的目的”。

四、善政善事之道

“政善治，事善能”这一命题是老子思想的善政善事之道，为政要善于治理，行事要善于发挥所长。

《道德经》第八章："居善地，心善渊，与善仁，言善信，政善治，事善能，动善时。"意思是，居处要选择好的地方，心胸要保持沉静深邃，与人交往要真诚友爱，说话要恪守信用，为政要善于治理，行事要发挥所长，行动要把握时机。这几个"善"是一个有机整体，它们共同源自"上善若水"，形成了一个完整的逻辑关系。居善地，居处择好地方，则进退有据，可止则止；心善渊，心态深沉大度，则雅量宽宏，容人容物；与善仁，交往仁民爱物，则裒多益寡，称物平施；言善信，言语笃实守信，则敬事而信，人心归附；政善治，政事柔和有序，则政通人和，人尽其力；事善能，行事各尽其能，则智尽其谋，勇竭其力；动善时，行动审时度势，则节用爱人，使民以时。在这七个"善"之中，"居善地，心善渊，与善仁，言善信，动善时"是为"政善治，事善能"服务的，这构成了为政、为事之道的良方。

"政善治"，河上公注："无有不洗，清且平也。"意思是，政善治就像水，能够洗涤所有，清澈又平正。

"事善能"，河上公注："能方能圆，曲直随形。"意思是事善能如水，能方能圆，方圆曲直取决于容器的形状。

政善治、事善能，对执政者提出了要求，政之所施，要清正公平，要如水一样洗涤污秽，均平高下，要因地制宜，不拘泥于制。汉代桓宽在《盐铁论》中说"明者因时而变，知者随事而制"，是"政善治，事善能"的具体体现，意思是，聪明人会随着时代的变化而改变策略，有智慧的人会按照世事变化情况而制定法则。《左传》中有《曹刿论战》，讲的是齐鲁长勺之战。毛泽东同志在《中国革命战争的战略问题》一文中说过："春秋时候，鲁与齐战，鲁庄公起初不待齐军疲惫就要出战，后来被曹刿阻止了，采取了'敌疲我打'的方针，打胜了齐军，造成了中国战史中弱军战胜强军的有名的战例。""文中指出了战前的政治准备——取信于民；叙述了利于转入反攻的阵地——长勺；叙述了利于开始反攻的时机——彼竭我盈之时；叙述了追击开始的时机——辙乱旗靡之时。"曹刿的战前分析、战中应对都是建立在实事求是的基础上，随着战争进程不断变化而采取相应对策，最终赢得了战役的胜利。

宓子贱治单父，体现了鲁君善治、宓子贱善能的绝妙组合。鲁君派宓子贱担任单父长官。子贱辞行时，向鲁君借用了两个善于书写的人，帮助自己书写法律、教令之书，鲁君同意了。到了单父，子贱让他们书写，他们书写的时候，子贱就去拉扯其肘。字写得不好，就训斥他们；写得好，就又去拉扯其肘。这两个人很苦恼，便向宓子贱请辞。他们回去后就把这件事告诉了鲁君，鲁君说："子贱这是担心我干扰他，使他不能实施自己的美好政令啊！"于是命令相关官员不得擅自干涉单父之事，单父民风于是大治。孔子对此评价说："君子哉子贱，鲁无君子者，斯安取斯？"意思是宓子贱真是君子啊！鲁国要是没有君子，好品德从哪来呢？

问题意识、问题导向，就是"政善治，事善能"的当代应用。问题是时代的声音，每个时代都有属于自己的问题，人类社会文明能够进步，就是根源于问题意识。"钻燧生于茹毛，上栋生于营窟"就是问题导向，人类最初吃生食，后发现烧熟的食物更好吃、更容易消化，于是发明了钻木取火；人类最初居住于山洞、地穴，但阴暗潮湿，为解决这个问题，人类建造了房屋。问题是事物矛盾的表现形式，强调问题意识、坚持问题导向，就是承认矛盾的普遍性、客观性，并且直面矛盾，在解决矛盾的过程中推动事物发展。近代以来，中国的发展史就是不断提出问题、解决问题的历史，从积贫积弱到站起来，从站起来到富起来，从富起来到强起来，无一不是在解决时代课题。问题在实践中产生，也要在实践中解决，没有问题就没有目标，没有目标就无从谈起善治、善能。"政善治，事善能"，就是要有发现问题的敏锐、直面问题的担当、解决问题的办法，归根结底取决于我们自身的能力和素养，这需要"居善地，心善渊，与善仁，言善信，动善时"。否则，在不熟悉不了解的东西越来越多、面临的问题越来越复杂、越来越艰难的情况下，势必会出现本领恐慌，以至于出现"新办法不会用，老办法不管用，硬办法不敢用，软办法不顶用"的情况，解决它唯一的途径就是增强本领。"政善治，事善能"，增强问题意识、坚持问题导向，是求真务实的科学态度，是一种责任担当，为我们增强发现问题的敏锐性、正视问题的清醒性、解决问题的自觉性提供了科学指导。

善政善事之道是老子"政善治，事善能"这一思想的概言，真正理解它需要与"居善地，心善渊，与善仁，言善信，动善时"相结合，同时又要不断了解新情况、发现新问题，在解决问题中不断发展，这样才能立于不败之地。

五、莫能与争之道

"夫唯不争，故天下莫能与之争"，这一命题所蕴含的哲理就是谦下不争，因为不争，才无人能争。自古以来社会充满竞争，物竞天择，适者生存，现代社会竞争更加激烈。老子却反其道而行之，提出不争与守柔，与现实社会形成了强烈的反差。

《道德经》第二十二章："不自见，故明；不自是，故彰；不自伐，故有功；不自矜，故长。夫唯不争，故天下莫能与之争。"意思是，不自我表现反而能显现；不自以为是反而能是非彰明；不自夸其功反而能有功劳；不自我炫耀反而能长久。正因为不与人争，所以天下没有人能与他争。

"夫唯不争，故天下莫能与之争"，河上公注："此言天下贤与不肖，无能与不争者争也。"这是说天下无论贤能之人，还是普通之人，都没有能力与不争的人相争。

《道德经》中明确提到的"不争"共有八处："不尚贤，使民不争"（第三章）；"上善若水，水善利万物而不争"（第八章）；"夫唯不争，故无尤"（第八章）；"夫唯不争，故天下莫能与之争"（第二十二章）；"以其不争，故天下莫能与之争"（第六十六章）；"是谓不争之德，是谓用人之力，是谓配天古之极"（第六十八章）；"天之道，不争而善胜"（第七十三章）；"天之道，利而不害；圣人之道，为而不争"（第八十一章）。

在这里老子反复强调：只有不争，才没有人能与之相争。但我们所能见到的事实是，争是自然法则，争是生存技能，物种在竞争中得以进化，人类在竞争中实现价值，社会在竞争中不断发展，人在竞争中不断进步。这做何解释？老子生活的年代，正是礼崩乐坏，战乱频繁、百姓流离、社会无序的状态，而这时正是竞争最为激烈的时候，诸侯不争则失位、公卿不争则失禄、大夫不争则失家、小人不争则失身，人类社会俨然就是一部争斗的历史，不争就没有希望，"争"才会有未来。

在老子看来，却不是这样。老子站在时代前沿，认为不争是修养、是德行、是学问、是大智慧。大到"争地以战，杀人盈野，争城以战，杀人盈城"，小到"布衣之怒，亦免冠徒跣，以头抢地"，都不是智慧的行为。争来争去，两败俱伤不说，最遭殃的是普通百姓，争不是解决争端的最佳方式。春秋无义战，司马迁在《太史公自序》里写道："《春秋》之中，弑君三十六，亡国五十二，诸侯奔走不得保其社稷者不可胜数。察其所以，皆失其本已。"就是说，不修其本而致力于争，只能是自取其祸。时至今日，西方大国一直坚持以自己的绝对优势盘剥世界，锱铢必较、睚眦必报，迷信丛林法则，这是争之极点。这种行径在春秋时期就已经被我们的先祖所抛弃，而西方大国奉为圭臬，只能说明他们的思维与我们没有处在同一时代。

诉讼是"争"的重要方式，在中国文化中也是不被提倡的。《周易·讼卦》的卦辞是："讼，有孚，窒惕，中吉，终凶。"意思是讼卦象征着诉讼，要有诚信，心中警惕戒惧，打官司中途停止吉利，打到最后两败俱伤，是凶。北宋杨万里在《诚斋易传》里解释说："险者狡而工于争，健者强而力于争。"意思是阴险的人因狡猾而善于争斗，刚健的人因为强壮而致力于争斗。但斗到最后就是"强梁者不得其死，好胜者必遇其敌"。《三国演义》中吕布武功最高，《隋唐演义》中李元霸力大无穷，他们都有共同特点——好勇斗狠，认为武力可以解决一切问题，其结局也完全一样，没有善终，并且早早出局。

老子不争的实质也是"争"，但争之有道，是争"下"、争"德"、争"与"。

争"下"就是将自己置于卑下之处，善利万物不与相争。"处众人之所恶"，是争下；"人之所恶，唯孤、寡、不谷，而王公以为称"，是争下；"以言下之、以身后之"，是争下；"后其身、外其身"，是争下……吴起为将，与最下级的士卒同吃同住，卧不设席，行不骑马，亲自背粮，与士卒同甘共苦，因此士兵打起仗来战不旋踵`(勇往直前)，此以争下得之。

争"德"就是以德服人。在争"德"上，老子主张不自见、不自是、不自伐、不自矜，这样才不会自彰己功，自然受到人们的爱戴、推举，天下莫能与之争。禹汤罪己，就是以德服人，故其兴也勃焉；桀纣罪人，就是以势压人，故其亡也忽焉。

争"与"，就是争"给予别人"。就是老子说的"圣人不积，既以为人己愈有，既以与人己愈多。"在"给予别人"的同时，还要"取"——取"垢"、取"不祥"，"受国之垢是谓社稷主，受国不祥是为天下王"。为什么只有中国共产党能够领导中国人民走向中华民族伟大复兴，根本原因就在于中国共产党最无私、最英勇、最有奉献精神、最具担当品格、最能为广大人民群众的利益忘我奋斗和勇于牺牲，就是勇于"受国之垢""受国不祥"。

老子的不争不同于一般的取胜之道，他的不争是不争私利，是谦下之德，是和谐之道，是"不争之争"，这正是不争的现实意义。世俗上的争权夺势、争名逐利、争强好胜是无法与之相提并论的，这就是老子能够得出"夫唯不争，故无尤""夫唯不争，故天下莫能与之争""以其不争，故天下莫能与之争""天之道不争而善胜"这些结论的重要原因。

六、锋芒毕露，盈不可久

这一论断在《道德经》里的表述是"揣而锐之，不可长保"，所揭示的道理就是显露锋芒，不可持久。

《道德经》第九章："持而盈之，不如其已；揣而锐之，不可长保。金玉满堂，莫之能守；富贵而骄，自遗其咎。功遂身退，天之道。"意思是，执持盈满，不如适时停止；打磨利器使其尖锐锋利，难以保持长久。金玉满堂，无人能守得住；如果身处富贵而骄横跋扈，那是自己给自己留下祸根。大功告成之后就要自行隐退，这是符合自然规律的。

"揣而锐之，不可长保"，河上公注："揣，治也。先揣之，后必弃捐。"揣是治办。先锤击，过后一定会被扔掉。王弼注："既揣末令尖，又锐之令利，势必摧衄（读"nǜ"，意为鼻出血；损伤，挫败），故不可常保也。"意思是既锤击末端使其尖锐，又磨它使其锋利，最终一定会损伤，所以不能保持长久。利刃虽有锐利无比之能，但也有钝折挫伤之害。因为锐利太过，所以不能长久，矢上加尖，反而不利。这告诉我们，过于尖刻，必定受挫。年羹尧历任康熙、雍正两朝，在康熙朝平步青云，至雍正朝君臣知遇。年羹尧才气雄劲，倚仗雍正优待，带兵打仗屡立战功，但骄横放纵，不把诸官放在眼里。雍正不愿看到他误入歧途，适时给了他一道谕旨，可谓用心良苦："凡人臣，图功易成功难，成功易守功难，守功易终功难；为君者，施恩易当恩难，当恩易保恩难，保恩易全恩难。若倚功造过，必致返恩为仇，此从来人情常有者。"但年羹尧仍置若罔闻，我行我素，终致天怒人怨、君臣共愤，朝廷议政大臣给年羹尧开列 92 款大罪，几乎每款都是死罪，年羹尧最终身败名裂、家破人亡。对年羹尧而言，巅峰既不是时期，也不是时代，只是一个时刻而已，极其短暂，未能长保。

从世界格局看，环球航行实现后，葡萄牙、西班牙、荷兰殖民地遍布全球；18 世纪工业革命后，英国成为世界第一强国，被称作"日不落帝国"；第二次世界大战之后，美国成为世界霸主；当下，世界格局又在发生变化，正在经历"百年未有之大变局"，堪称"你方唱罢我登场"。当列强鼎盛的时候，"揣末令尖，又锐之令利"，强大无比，予取予夺，举天下之力而莫能与之争。但霸权毕竟不能长久，当它们衰落的时候，无论怎样不舍、如何挣扎，都逃不过历史车轮的碾压。这是任何力量都不能改变的客观规律。

"揣而锐之，不可长保"也有极强的现实意义。锐意进取是当代时代精神的象征，是全社会都在大力弘扬、每个人都应该积极践行的。从古至今，锐意进取的成功范例不胜枚举，从精英到百姓，创造了世界的辉煌历史，每一个锐意进取成功的人，都有可歌可泣的动人故事。比如，王进喜"宁可少活二十年，拼命也要拿下大油田”的精神，焦裕禄“鞠躬尽瘁，死而后已”的精神，等等。但问题在于，“张而不弛，文武弗能；弛而不张，文武弗为；一张一弛，文武之道。”工作不能一天做完，业绩也不能一夕取得，需要张弛有度。现代社会无论是生存还是发展，压力都非常大，有些人工作起来废寝忘食、夜以继日，在短期内会取得很大的成绩，甚至有的人一夜成名，这就是“揣而锐之”，也许此刻就是他的人生巅峰。在“揣而锐之”过程中，他们不知不觉透支了健康、预付了潜能，有精英“过劳死”的、有功成名就后消极懈怠安于享乐的、有在取得成功后不堪重负而被压垮的、有在实现目标后失去动力浑浑噩噩的，这都是“不可长保”。

严遵《道德真经玄德纂疏》对此做了深刻总结：“砥心锐志，运筹策蓍，智能爵尊，名达身进，神去安可长保也！”意思是说，磨砺心志，谋略筹划，智慧超群、爵位尊贵，名声显达、地位崇高，但精神一旦丧失，这一切将不再拥有！“揣而锐之”是不可倚重的。

七、绝圣弃智之道

这一命题揭示了智慧的两面性。智慧可以创造价值，智慧可以带来财富，智慧可以让人思辨，智慧可以让人与天地并列为三，没有智慧人类就不能成为“万物之灵”。但智慧又有其消极的一面，“人心险于山川，难知于天，天犹有春秋冬夏旦暮之期，人者厚貌深情”。老子深刻地认识到这一点，将其概括为“智慧出，有大伪”。

《道德经》第十八章：“大道废，有仁义；智慧出，有大伪；六亲不和，有孝慈；国家昏乱，有忠臣。”意思是说，大道颓废，才需要提倡仁义以挽颓风；有了智慧就有了虚伪；家庭不睦，才能显示出孝与慈；国家混乱，才能显出忠臣。

“大道废，有仁义”，是说如果大道盛行，人们会按照“道”的原则做事，就不会出现悖逆之事、不会有弱势群体，仁义自然就没有发挥作用的空间，就没有必要提倡仁义。“智慧出，有大伪”，智慧让人工于心计，使简单的事情复杂化，让整个世界扑朔迷离，大家要为应付世故人情劳心费神，不符合“道”的精神，也与老子提倡的“弱其志，强其骨，虚其心，实其腹”的思想相背离。“六亲不和，有孝慈”，是说如果家庭和顺，所有的家庭成员都父慈子孝，就显示不出孝慈的地位；如果家庭矛盾重重，绝大多数人都不孝慈，只有个别人孝慈，这时才会显示出孝慈的价值。“国家昏乱，有忠臣”，是说如果国家政治清明，大臣们都忠于国家、忠于君主，忠臣就不会被凸显出来；如果国家政治混乱，绝大多数人是奸诈之人，只有少数忠臣，那么忠臣的地位就被显示出来了。这是辩证关系。在这四对关系中，“智慧出，有大伪”居于主导地位，因为其他三个方面都与智慧有关。

“智慧出，有大伪”，河上公注：“智慧之君，贱德而贵言，贱质而贵文，下则应之以大伪奸诈。”意思是，有智慧的君主，轻视道德而重视言语，轻视质朴而重视文饰，相应地，大臣们就用虚伪奸诈来应对他。苏辙《老子解》中解释说：“世不知道之足以澹足万物也，而以智慧加之，于是民始以伪报之矣。”意思是世人不懂得“道”足以让万物安然淡泊，却用智慧加在万物之上，于是民众就以虚伪来回报他。这与河上公观点基本一致，但扩大到了民众的层面。王弼注：“行术用明，以查奸伪，趣睹形见，物知避之，故智慧出则大伪生也。”意思是，通行的办法，是用智慧来审查奸诈虚伪，促使奸诈虚伪原形毕露，人们就知道来躲避它，所以有了智慧，虚伪就会被发现。由此可见，河上公的意思是“智慧产生奸诈”，王弼的意思是“智慧识破奸诈”，二者不同，各有道理，但河上公的解释更符合老子思想的本原。

秦二世为世人所熟悉。他是在赵高政治势力的裹挟之下加入争夺帝位大战的，并最终成功。为了保住自己的君主之位，他与赵高集团密谋，以一系列“莫须有”的罪名逼死了兄长扶苏、诛杀了蒙恬蒙毅兄弟、将至亲骨肉赶尽杀绝，以为天下稳固，从此可以纵情享乐。《史记》中说，秦二世问赵高：“夫人生居世间也，譬犹骋六骥过决隙也。吾既已临天下矣，欲悉耳目之所好，穷心志之所乐，以安宗庙而乐万姓，长有天下，以终吾年寿，可乎?”赵高说：“此贤主之所能行，而昏乱主之所禁也。”秦二世的意思是说，人生苦短，如同驾六马之车越过一道缝隙的那一瞬间，我现在已经君临天下，决定要放纵我的视听爱好，享用我想享受的一切，行吗?赵高回答说，这是贤明君主想做、昏乱君主所禁止的，有什么不可?!秦二世就这样被蒙蔽在深宫大院纵情享受，天下大事任凭赵高胡作非为，起义军进逼咸阳，秦二世还以为天下太平。由于秦二世轻视道德而重视言语、轻视质朴而重视文饰，所以赵高等就用虚伪奸诈来应对他，最终国亡身死。

有人以己为智，以人为愚，表里不一，亵渎智慧，终致为人所弃。齐桓公到郊外出游，看见已经亡国的郭氏旧城废墟。问当地人：“这是什么废墟?”当地人回答：“是郭氏废墟。”桓公问：“郭氏旧城为什么变成了废墟?”当地人说：“郭氏崇尚善、厌恶恶。”桓公奇怪：“崇尚善、厌恶恶，是人的善行，这样做居然还让自己的城郭变成废墟，是什么原因呢?”当地人说：“崇尚善却做不到，厌恶恶却不禁止，所以变成废墟。”如果说秦二世是被赵高所欺骗，那么郭氏则是欺众愚人，他们最终的结局是一样的。

随着现代高科技的发展，人们越来越充分享受智能化给我们带来的便利。但随着智能化的发展，高科技犯罪也层出不穷，各种骗术令人们防不胜防，人们的信息不断公开，越来越没有隐私可言。随着网上交流的便利化，传统的书信往来、当面交流已经越来越少，很多时候你不知道与你交流的人到底是谁，人与人之间的真情也被格式化的应付所代替。在这个时候，会让人更真切地感受到“智慧出，有大伪”。

总之，智慧有两面性，其正面价值是主要的，不容否定，但我们也必须去洞察它的反面，只有真正理解了“智慧出，有大伪”，才能更好发挥智慧的正面价值。

八、以智治国之危

这一命题就是“以智治国，国之贼”，是承接前面的“智慧出，有大伪”的，是对智慧问题认识的进一步深化，是在明确智慧与治国之间的关系。老子的观点是，以智治国，国之贼；不以智治国，国之福。

《道德经》第六十五章：“古之善为道者，非以明民，将以愚之。民之难治，以其智多。故以智治国，国之贼；不以智治国，国之福。”意思是，古代善于治国的人，不是使民众懂得智巧，而是教导他们淳厚朴实。民众之所以难以治理，就是因为他们智慧太多。所以用智慧治理国家，就会危害国家，不用智慧治理国家，就是国家的幸福。

“以智治国，国之贼”，河上公注：“使智慧之人治国之政事，必远道德，妄作威福，为国之贼。”意思是，让有智慧的人治理国家政事，一定会偏离道德，任意作威作福，是国家的危害。王弼注：“智犹治也。以智而治国，所以谓之贼者，故谓之智也。民之难治，以其多智也，当务塞兑闭门，令无知无欲。而以智术动民邪心，既动复以巧术防民之伪。民知其术，防随而避之，思惟密巧，奸伪益滋。故曰以智治国，国之贼也。”意思是智就是以智治国。以智慧来治国，会被称为祸害，所以叫作智。民众难以治理的原因是他们多智慧，必须塞堵嗜欲的孔窍、关闭嗜欲的门径，让他们无知无欲。如果以智慧谋略激起他们的邪念，只能再用巧术防止他们的虚伪。民众了解了执政者的巧术之后，就会去避开，并且思维越来越缜密，奸诈虚伪将日甚一日。所以说以智治国，国之贼也。两相比较，王弼注更能体现“贼”之因由，皆是由发挥智慧、彼此争斗而起，更符合老子思想。

严遵《道德真经指归》解释比较详细：“安者，民之所利也；生者，民之所归也。民之所以离安去生而难治者，以其知也。民知则欲生，欲生则事始，事始则功名作，功名作则忿争起，忿争起则大奸生，大奸生则难治矣。故以知为国，则天下智巧，诈伪滋生，奇物并起，嗜欲无穷；奢淫不止，邪枉纤纤，豪特争起，溪谷异名，大祸兴矣；臣惑其主，子乱其父，以白为黑，以亡为有，名变实异，劫杀生矣。”大致意思是说，安定是民众的利益所在，生存是民众的根本诉求。民众之所以放弃安定、不顾生死而制造事端、难以治理，是因为有智慧。民众有智慧就会产生欲望，产生欲望就开始有所作为，有所作为就会产生功名，产生功名就会引起纷争，引起纷争就会产生各种奸诈，各种奸诈产生就难以治理了。所以用智慧治国，天下的机谋、巧诈、虚伪就会滋生，各种新奇的东西就会产生，那么人的感官欲望就会无穷无尽；如果奢侈淫乱持续不断，卑鄙奸邪之人层出不穷，豪强并起，溪谷颠倒，那么大祸也随之产生；如果大臣欺骗君主，儿子祸乱父亲，黑白颠倒，无中生有，名实不符，那么劫杀也就产生了。严遵思维缜密，层层递进，把以智治国的一系列后果不断演进，最后以“贼”终结，应当说是极为透彻的。

从上述注解当中我们可以看出，之所以说“以智治国，国之贼”，主要是两方面的原因。

第一，由于以智治国，就会提倡智慧。民众有了智慧，就会产生欲望，产生欲望就会有纷争，就会导致奸邪之事层出不穷。比如随着资本主义的兴起，由于对利益的追求，出现“羊吃人”的圈地运动。《乌托邦》的作者托马斯·莫尔在《关于最完美的国家制度和乌托邦新岛的既有益又有趣的金书》中写道：“绵羊本来是很驯服的，所欲无多，现在它们却变得很贪婪和凶狠，甚至要把人吃掉，它们要踏平我们的田野、住宅和城市。”农民们丧失了自己的土地，苦不堪言。马克思和恩格斯在《共产党宣言》里说资产阶级“用公开的、无耻的、直接的、露骨的剥削代替了由宗教幻想和政治幻想掩盖着的剥削”。

第二，由于以智治国，政府会不断有所作为。从执政者初衷来讲，这是要解决问题的。但这些作为，有的解决了问题，有的没解决问题；有的解决了旧问题又产生了新问题，有的旧问题未解决却产生了新问题。这样就要再出台新的政策来解决再次产生的问题，如此一来，循环往复，永无停止。从民众来讲，他们要不断地适应新的政策，造成治理上的混乱。还有，无论多好的政策，对于投机钻营者，永远都有漏洞，正所谓“上有政策，下有对策”，不仅消耗各种社会资源，还容易激起社会的矛盾。从这一点来讲，老子的这一思想有一定的警示作用。

纵观历史发展，没有智慧是无法治国的，即使是无为而治，也是充满智慧的无为而治。辛弃疾《菩萨蛮·书江西造口壁》中有“青山遮不住，毕竟东流去”之句，历史大潮滚滚向前，顺之者生、逆之者亡，抱残守缺、摒弃智慧就会被历史所淘汰。国家的现代治理以其科学和智能使整个社会日益井井有条，因此，当今时代，治国不可能不以智慧，不但要以智慧，还要有大智慧。但老子的“以智治国，国之贼”的思想在某些领域还是能给我们以启示：作为政府要有正确的人民观和天下观，不要与民争利，不要无事生非，不要以智慧玩弄民众；要情为民所系，权为民所用，利为民所谋；要为人民谋幸福，为民族谋复兴，为世界谋大同。这样民众不但希望“以智治国”，还会主动为“以智治国”出谋划策。

九、疾不能长、暴不能久

对于疾不能长、暴不能久，老子形象地概括为“飘风不终朝，骤雨不终日”。老子以飘风、骤雨必不持久做比喻，告诫统治者不要强制百姓，更不能施行暴政，而要行“清静无为”之政，才符合自然规律，才能使百姓安然畅适。

《道德经》第二十三章：“希言自然。故飘风不终朝，骤雨不终日。孰为此者？天地。天地尚不能久，而况于人乎?”意思是统治者少施加政令、不扰民是合乎于自然的。狂风刮不了一个早晨，暴雨下不了一整天。这是谁做的呢？是天地。天地的狂暴尚且不能长久，更何况是人呢?

“飘风不终朝，骤雨不终日”，河上公注：“飘风，疾风也。骤雨，暴雨也。言疾不能长，暴不能久也。”老子用天地发动的“飘风”“骤雨”不能长久存在，来说明人强推的事物更不能长久存在，“天地尚不能久，而况于人乎?”河上公对此解释说：“天地至神，合为飘风暴雨，尚不能使终朝至暮，何况人欲为暴卒乎?”意思是天地是最高主宰者，它们共同形成暴风骤雨，尚不能从早持续到晚，何况是人欲为突然冒进之事呢？汉武帝时期的桑弘羊改革，是赤裸裸的与民争利的全面政府垄断型改革。推行的主要措施有：酿酒业政府垄断经营；铁业彻底改为政府全面垄断采产销；政府垄断铸币权，并对流通领域进行了全面管制；在税收领域推行征收资产税。这场改革犹如政府抢劫，短短三年内中产阶层就悉数破产。再加上数十年的穷兵黩武政策，使得汉帝国开国七十年间积累起来的财富被迅速挥霍一空，汉帝国开始走向全面衰落，即使汉武帝后来下诏罪己，也是回天乏力。法国大革命中，雅各宾党人武力夺取政权后，为了实现他们的所谓伟大理想，不顾人民利益，依靠杀戮、抢劫推进他们的政策，最后被推上了历史的断头台。

猎豹虽快但不能长途奔袭，故以伏击取胜；鳄鱼虽凶但不能脱离水域，故以陆行而死。长于疾者少耐力，专于力者轻智慧；速胜者不固，强权者不稳；急功近利者欲速不达，鄙悖暴慢者虽令不从。陈灵公荒淫无道，与大夫孔宁、仪行父与夏姬（夏徵舒之母）通奸，三人甚至在朝堂上穿着夏姬的内衣嬉戏。大夫泄冶劝谏，陈灵公不听，并纵容孔宁、仪行父杀害了泄冶。公元前599年，陈灵公与孔宁、仪行父在夏徵舒家喝酒，三人开玩笑，互说夏徵舒长得像对方，因此激怒夏徵舒，夏徵舒射杀陈灵公。在陈灵公身上，充斥着“鄙悖暴慢”，必然不得善终。

疾不能长，暴不能久，不疾不徐，持之有恒。《周易》下经始于咸、恒两卦，咸卦上少女而下少男，是夫妻相恋的初始阶段；恒卦上长男而下长女，是夫妇相守的正常状态。这是说，一见钟情，炽烈如火之爱不能持久；执子之手，与子偕老才是恒久之爱。

苏辙《老子解》云：“阴阳不争，风雨时至，不疾不徐，尽其势之所至而后止。若夫阳亢于上，阴伏于下，否而不得泄，于是为飘风暴雨，若将不胜，然其势不能以终日。古之圣人言出于希，行出于夷，皆因其自然，故久而不穷。世或厌之，以为不若诡辫之悦耳，怪行之惊世，不知其不能久也。”大意是说阴阳不相争斗，风雨会按时而来，不快不慢，将其能量发挥出来之后就停止。如果阳高居于上，阴潜伏于下，互不交流而不能排解，积聚形成暴风骤雨，即使无法制服，但也不足以维持一整天。古代圣人很少说话，行事安闲，都是出于自然，因此能长久不衰。但世俗之人很多不喜欢这样，认为不如花言巧语美妙动听、行为怪异震惊世俗，却不知道这不能持久。这一解释也是极具哲理，灿烂的烟火只能绚之一时，所有的喧嚣终将归于平淡。

十、独立不改，周行不殆

这一命题揭示了无形之“道”独立存在，循环往复、永不停歇的本质。不只是道，万物乃至宇宙无不是在循环往复、永不停歇中周而复始。

《道德经》第二十五章：“有物混成，先天地生。寂兮寥兮，独立而不改，周行而不殆，可以为天地母。”意思是有一个东西混然而成，在天地形成之前就存在。无声无形，独立存在没有改变，循环运行而永不停息，可以作天地的创始。

“独立而不改，周行而不殆”是老子的“道”的重要特性。

“独立而不改”，河上公注：“独立者无匹双，不改者化有常。”王弼注：“无物匹之，故曰独立也。返化终始，不失其常，故曰不改也。”两者解释基本一致，“独立”是说“道”无同类；不改是说“道”无论怎么变化，其规律是不变的。

“周行而不殆”，河上公注：“道通行天地，无所不入，在阳不焦，托阴不腐，无不贯穿，不危殆也。”意思是，道通行于天地之间，无所不在，在阳不会焦煳，处阴不会腐烂，贯穿一切而不会有危险。

“周行而不殆”是自然的法则，也是社会的法则。

从自然法则来讲，是“花落花开年复年”，是“岁岁年年人不同”。四季轮回，生长荣枯，潮涨潮落，月圆月缺，长江后浪推前浪，浮事新人换旧人，永不停歇，并不以人的意志为转移。《周易》中蕴含着大智慧，它以“卦”的形式反映事物的产生、发展、壮大和结束，并且体现了循环往复——它的最后一卦是未济卦，也就是没有完成，意味着一个新的开始，体现了“周行而不殆”的智慧。六十四卦是一个大循环，其中还有小循环。比如十二消息卦：复—临—泰—大壮—夬—乾，这六卦是阴消阳息（生长）之势，至乾则一阴复生，为姤卦，此后六卦是阳消阴息之势，姤—遁—否—观—剥—坤，至坤则一阳复生，如此循环往复。

以社会法则来看，很多历史在重复上演。纪晓岚曾经说过一句话，“世间的道理与事情，都在古人的书中说尽。”非常精辟。我们在生活或工作中付出很大代价得到的一些心得，自以为很有创意，但翻开古人的书看看，发现古人早已说过。古代王朝更替也体现了循环往复、周而复始。任何一个王朝衰败和灭亡的轨迹都惊人地相似。尽管每一个王朝灭亡的具体方式可能千差万别，帝王或被俘沙场，或被捉宫廷，或身首异处，或客死他乡，或自焚宫中，或自缢身亡，或亡命天涯，或葬身鱼腹……但任何一个王朝由盛至衰，由衰至亡都不是朝夕之间的事，都是有迹可循的。即便所谓的清平盛世，也同样潜伏着危机，只不过被表面的繁华所掩盖。清代黄景仁有一首诗《癸巳除夕偶成》云：“千家笑语漏迟迟，忧患潜从物外知。悄立市桥人不识，一星如月看多时。”诗的前两句，描写了诗人看到除夕之夜千家万户守岁迎春、欢歌笑语的气氛，不禁思绪连绵，独生忧患。诗的后两句写诗人心中的忧闷无处排解，独立市桥、凝望星空。这首诗作于清乾隆三十八年（1773 年），正值乾隆盛世，但当时整个社会已经贫富对立，两极分化，流民遍野，世风日下，社会矛盾极为复杂。作者对社会即将发生的乱象有所预感，心中惆怅，有感而作。黄炎培曾用“其兴也勃焉，其亡也忽焉”来概括历史兴亡周期律，这是历史教训的“周行而不殆”。

随着时代的发展，“周行而不殆”也有了新的内涵。就个体人来讲，对人生的不同阶段要有不同规划，一个目标接着一个目标去完成，这样的人生才充实而有意义，这是人生发展的“周行而不殆”。对政权、政党来讲，其使命永远没有完成时，一个使命的完成，是下一个使命的开端，这是国家发展的“周行而不殆”。如果在完成某个使命之后，沉溺于功成名就的享乐之中而消极懈怠，就会重新陷入“其兴也勃焉，其亡也忽焉”的历史教训的“周行而不殆”。

十一、大制不割之道

这一命题所揭示的道理是道御天下，无伤本性。

《道德经》第二十八章：“朴散则为器，圣人用之，则为官长，故大制不割。”意思是纯朴破坏后被制作成器物，圣人顺应万物本性而运用，则成为百官之长，所以完善的治理是不伤害万物本性的。

“朴散则为器”，河上公注：“万物之朴散则为器用也。若道散则为神明，流为日月，分为五行也。”意思是万物纯朴之风消散就被制成可供使用的器具。大道消散就会变为神明、表现为日月、分化为五行。王弼注：“朴，真也。真散则百行出，殊类生，若器也。”意思是朴就是纯真。纯真消散就会出现各种行为、生出个性事物，就如各种器具一样。“朴”是纯朴，是人最宝贵的本性，是道赐予人的重礼。在本章中老子提出“三知、三守、三归”，即“知其雄，守其雌，复归于婴儿”“知其白，守其黑，复归于无极”“知其荣，守其辱，复归于朴”，就是要恢复失去的纯朴性。常德与纯朴是融为一体、不可分割的，朴散就是纯朴的丧失，老子对常德与纯朴的分割极为痛心。“器”是因人之欲望而产生，“器”与“道”相对，是形而下之物，是纯朴丧失后的碎片。故言“朴散则为器”。关于“朴散为器”，战国时代的庄子有更为透彻、更为畅快的质诘，《庄子·外篇·马蹄》云：“故纯朴不残，孰为牺尊！白玉不毁，孰为珪璋！道德不废，安取仁义！性情不离，安用礼乐！五色不乱，孰为文采！五声不乱，孰应六律！夫残朴以为器，工匠之罪也；毁道德以为仁义，圣人之过也。”意思是完整的树木不被砍伐，怎么会有酒器？白玉不被毁坏，怎么会有玉器？道德不被废弛，哪里需要仁义？真性不离人身，哪里需要礼乐？五色不被混乱，哪里会有文采？五声不被扰乱，哪里需要六律？残害原木制成器具，是工匠的罪过；毁坏道德而使用仁义，是圣人的罪过。庄子以马为例，马生活在陆地上，吃草喝水，自由自在，高兴时交颈摩擦，发怒时回身相踢。它们的生活方式如此简单。等到给马加上了车衡颈轭，装上各种佩饰，马就学会了不服驾驭、曲颈摆脱车轭、抵触车衣、吐掉嚼子、偷偷咬坏缰绳等富于反抗的行为。使马的心智与神态变得如同盗贼一样，难道不是伯乐的罪过吗？因此马自由地吃草、喝水，喜怒由己，就是纯朴；一旦被人驯化，则是残朴。

“圣人用之，则为官长”，河上公注：“圣人升用，则为百官之元长也。”圣人被提拔任用，成为百官之首。王弼注：“圣人因其分散，故为之立官长，以善为师，不善为资，移风易俗，复使归于一也。”意思是圣人因为万物纷乱，所以为它们确立官长，以善者为师、以不善者为资，移风易俗，使万物复归于道。河、王对此解释略有差异，河注认为是“立圣人为官长”，王注认为是“圣人为之立官长”，难以确定孰是孰非。但王注解释更为充分，并与第二十七章“无弃人”“无弃物”相沟通。朴犹如一件完整的艺术品，器犹如朴被打碎之后的碎片。艺术品不被打碎是最完美的状态，但不幸被打碎了，怎么办？这个时候，“圣人用之”——常善救人，故无弃人；常善救物，故无弃物。圣人不会抛弃碎片，会因地制宜、各尽其能，让它们根据自身特点发挥应有的作用。按照王弼的解释，圣人为它们立官长，并以善为师、以不善为资。其要义就如慎子所说：“立天子以为天下，非立天下以为天子也。立国君以为国，非立国以为君也。立官长以为官，非立官以为长也。”意思是立天子是用来治理天下的，并不是立天下来供养天子；立国君是用来治理国家的，并不是立国以奉养国君；立官长是用来管理事物的，并不是管理事物以尊奉官长。这就将第二十七章、第二十八章两章完美地结合在一起了。

“故大制不割”，河上公注：“圣人用之，则以大道制御天下，无所伤割；治身则以大道制御情欲，不害精神也。”意思是圣人如果被任用，则会以大道治理天下，不会伤害万物本性；治身就会以大道控制情欲，不使之伤害精神。王弼注：“大制者，以天下之心为心，故无割也。”意思是大制就是以天下心为己心，所以不会有所伤害。“大制不割”是前面论述的结论，“圣人用之以为官长”是“朴散为器”的举措，是不得已而为之，善之善者为“大制不割”。“大制不割”是不破纯朴，纯朴是最为宝贵的，是一定不能丢失的，因为与朴相比，器是微不足道的，圣人用之是不得已，是弃物之用。

苏辙在《老子解》中，也有自己的观点，他说：“圣人既归于朴，复散朴为器，以应万物。譬如人君分政以立官长，亦因其势之自然，虽制而非有所割裂也。”意思是圣人已经归于纯朴，又毁坏朴以为器物，用来应对万物。就如君主分割权力并确立官长的要求，虽有约束但并没有割裂。这一解释是从纯粹政治立场出发，虽有道理，但不如河、王之注恰切，自然也难说符合老子本意。

十二、物壮则老，不道早已

这一命题是老子辩证法思想的又一具体体现。

《道德经》第三十章：“以道佐人主者，不以兵强天下。其事好还。师之所处，荆棘生焉。大军之后，必有凶年……物壮则老，是谓不道，不道早已。”意思是，依照“道”的原则辅佐君主的人，不以兵力逞强于天下。穷兵黩武这种事必然会遭到报应。军队所驻扎过的地方，就会荆棘丛生，大战之后，一定会出现灾荒之年……短暂的突然强大过后，就会走向衰朽，这不符合“道”的原则，不符合“道”的原则，就会很快死亡。

“物壮则老”，河上公注：“草木壮极则枯落，人壮极则衰老也。言强者不可以壮。”意思是草木旺盛到极点就会枯萎凋落，人强盛到极点就会衰老。这是说强者不可以盛。王弼注：“壮，武力暴兴，喻以兵犯强于天下者也。故暴兴必不道早已。”意思是说，壮就是依靠武力猝然强大起来，用“壮”来比喻以强兵冒犯天下的人。王弼进一步借用老子的“飘风不终朝，骤雨不终日”，来说明突然而迅疾地兴起不符合道德法则，必定会早亡。“物壮则老”是与军事联系在一起的。秦皇扫六合、汉武帝开辟疆域、成吉思汗横扫欧亚，都是“物壮”之时，但也都是国运由盛转衰之际。

老子反对以武力逞强于天下，要以“道”的精神对待战争，因为战争造成的伤害极大，并难以恢复——“师之所处，荆棘生焉。大军之后，必有凶年”。在这个前提下，老子提出“物壮则老”的论断。可见，“物壮则老”是与战争有关的，叫作“物壮则老，是谓不道，不道早已”。短暂的猝然强大过后就会衰竭，这不符合道生生不息、永恒长久的法则，必定早亡。

王弼注比河上公注更符合老子思想。以第三十章通篇观之，“物壮则老”不同于“盛极而衰”“盈满则亏”。“盛极而衰”“盈满则亏”是事物的一个缓慢的发展过程，是符合事物发展规律的，客观上是无法避免的。而“物壮则老”则不是事物发展的规律，而是人为改变规律，所以说它“不道早已”，这个结果是可以避免的。比如黑社会性质组织犯罪，他们以暴力、威胁或者其他手段，为非作恶，欺压、残害民众，通过违法犯罪活动或者其他手段获取经济利益，或者利用国家工作人员的非法包庇、纵容，称霸一方，在一定区域或者行业内，形成非法控制或者产生重大影响，严重破坏经济、社会生活秩序。这是正常社会所不容的。在短时期内，可能由于相关部门疏于监管，或者有“保护伞”纵容，他们会嚣张跋扈、无法无天。任何一个国家都不会允许有法外之地，他们也无法与国家机器相抗衡，所以他们越逞强被消灭得就越快。这就叫作“物壮则老，是谓不道，不道早已”。

来俊臣是武则天时期的著名酷吏，他以无赖发家，因告密得宠，累任重职，大兴刑狱，编有《罗织经》，任意捏造罪状置人死地，大臣、宗室被其枉杀灭族者达数千家。他贪赃枉法，横行无忌，最后企图陷害武氏诸王、太平公主等人，被告发，终被武则天下令处死，延续十四年之久的恐怖“酷吏政治”才告结束。来俊臣以其权柄，倒行逆施，肆无忌惮，但这种飘风、骤雨是不道的、是不会长久的，当他“早已”的时候，也不会是软着陆。懂得了这个道理，就应该尊重规律，德才并重，脚踏实地，而不要盲目寻找捷径、构陷于人。

“物壮则老”的根源在于“不道”，所以老子认为要“以道佐人主”，这个道就是天道，自然而无为，这与前面所讲的“治人事天莫若啬”也是一脉相承。

十三、欲擒故纵之道

“将欲歙之，必固张之”是欲擒故纵之道，这一命题一方面体现了老子的辩证法思想，另一方面，这可以称作是老子思想中的兵法。

《道德经》第三十六章：“将欲歙之，必固张之；将欲弱之，必固强之；将欲废之，必固兴之；将欲取之，必固与之。是谓微明。”意思是，想要收敛它，必先扩张它；想要削弱它，必先加强它；想要废去它，必先振兴它；想要夺取它，必先给予它。这就叫作道理简单、成效显著。

河上公注：“先开张之者，欲极其奢淫；先强大之者，欲使遇祸患；先兴之者，欲使其骄危也；先与之者，欲极其贪心也。此四事，其道微，其效明也。”意思是先引起他的欲望，是想让他极尽奢侈淫逸；先让他强大起来，是想使他遭遇祸患；先让他兴盛起来，是想使他骄纵危险；先多多地给他，是想让他极尽贪欲。这四件事，道理很浅显，效果很显著。河上公认为，先张之、强大之、兴之、与之，是要激起他的贪欲，之后就会令他自取灭亡。

王弼注："将欲除强梁，去暴乱，当以此四者。因物之性，令其自戮，不假刑为大，以除将物也，故曰微明也。足其张，令之足，而又求其张，则众所歙也。与其张之不足，而改其求张者，愈益而已反危。"意思是想要除掉刚强横暴、行凶作乱之人，应当用这四种办法。根据他们的特点，让他们自相杀戮，高明的手段不借用刑罚，就能除掉强梁、暴乱，所以叫作微明。引起他大的欲望、不断让他得到满足，再让他的欲望更大，这时众人会群起而攻之。如果引起他的欲望不够大，并还想去改变他更大的欲望，这反而增加了我们自己的危险。这与《孙子兵法》的欲擒故纵、反客为主，还有西方的"上帝欲其灭亡，必先令其疯狂"基本一致，充满了无尽的智慧。

有人认为这一章讲的用兵之道和权术阴谋，是目的和手段的关系，在其列举的每一对矛盾中，前者是目的，后者是手段。这个不能否认，可以说是老子思想中的兵法。但从实质看，这一章主要讲的还是老子的辩证法思想。这四对矛盾对立的互相转化，是对"反者道之动"最生动的诠释，是"道"运行在"阴"面的法则和功用。

在事物发展的过程中，都会达到某个极限，之后必然会向相反的方向变化，这是老子所谓物极必反的辩证法思想。这里所讲的"歙"与"张"、"弱"与"强"、"废"与"兴"、"取"与"与"四对矛盾的对立统一体中，老子主张居于柔弱的一面。这是因为他认识到，柔弱的东西里面蕴含着内敛，往往更富于韧性，生命力更旺盛，发展的余地更大。相反，表面上强大刚强的东西，由于它的完全外露，没有韧性，因而不能持久。在柔弱与刚强的对立之中，老子断言柔弱胜刚强。

自古以来，这一辩证法思想无论是在军事上、政治上，还是在其他方面，都屡试不爽，抓住对手的弱点，不断满足他的贪欲，从而兵不血刃战胜对手。

春秋初期，晋献公积极拓展疆土。为了夺取崤函要地，决定南下攻打虢国，但虞国处在虢的北境，为攻虢必经之途。晋献公采用大夫荀息之计，先向虞借道攻虢，再伺机灭虞。晋献公派荀息携带美玉、骏马等贵重礼品献给虞公，请求借道攻虢。虞公贪利，又被荀息花言巧语所迷惑，遂不听大臣劝阻，不但应允借道，还自愿作攻虢先锋。宫之奇用"辅车相依，唇亡齿寒"的道理，说明虢、虞相连，利害攸关，劝虞公绝不能答应借道。但虞公拒不听劝。

荀息带兵消灭了虢国，回军时便顺势消灭了虞国。荀息拿着玉璧牵着骏马回来向晋献公报告。献公高兴地说："玉璧还是原来的样子，只是马的年龄稍微长了一点。"这就叫作"将欲取之，必固与之"。

三国时期，魏明帝曹睿死后，幼主曹芳即位，大权由曹爽和司马懿共同执掌。曹爽在何晏和丁谧的策划下，将司马懿转任太傅，对外以名号尊崇他，却没有实际的权力，自己控制大权。司马懿与曹爽之间开始有了嫌隙，之后司马懿开始称病，不参与政事。这样一来曹爽更加肆无忌惮，骄奢无度，饮食衣服都和皇帝类似；家中充斥着宫廷才有的珍奇玩好，又私自将明帝的才人当作歌舞乐伎；营造地下室，四壁装满雕饰花纹的窗户，经常和何晏等人在此纵饮。此后，司马懿又装作病入膏肓，不久人世，让曹爽等彻底不再防范司马懿。嘉平元年（249 年）正月，皇帝谒高平陵，曹爽与亲信随侍在侧。司马懿趁机在洛阳发动政变，曹爽没有任何防备，最后束手就擒。这就叫作"将欲废之，必固兴之"。

严遵《道德真经指归》对此也有深刻的解读："天地所化，阴阳所理，实者反虚，明者反晦，盛者反衰，张者反弛。虎豹欲据，反匿其爪；豺狼将食，不见其齿；圣人去意以顺道，智者反世以顺民；忠言逆耳以含其正，邪臣将起务顺其君。"意思是天地所化育的万物，阴阳所治理的一切，充实的实际上是空虚的，明亮的实际上是晦暗的，强盛的实际上是衰败的，紧张的实际上是松懈的。虎豹要抓捕猎物前，反而隐藏自己的利爪；豺狼在进食前，反而看不见它的牙齿；圣人去除自己的私欲以顺应天道，智者回归世俗以顺应民心；忠直劝告听起来不顺却是正确的，奸邪之臣想要有所作为一定会对君主曲意逢迎。这就是"将欲歙之，必固张之"的道理罢。

对老子的欲擒故纵之道，我们要有深刻的理解，正所谓圣人之道，善人不得不足以立，盗跖不得不足以行，这是说世人无论善恶，都在运用圣人之道，只不过是目的不同而已。因此善人在自己运用的同时，也要提防不善人以其道还身。

十四、鱼不脱渊，器不可睹

"鱼不可脱于渊，国之利器不可以示人"，这一命题是老子治国上的无为而治思想。

《道德经》第三十六章："鱼不可脱于渊，国之利器不可以示人。"说的是鱼不可以离开深水，国家利器不可以轻易拿出来使用。

这里的核心概念是“利器”。

河上公注：“鱼脱于渊，谓去刚得柔，不可复制也。利器，权道也，治国权者，不可以示执事之臣也。治身道者，不可以示非其人也。”意思是鱼离开水体，就是失去主动性而任人摆布，不可能再回去了。利器就是权道，治国的权道，是不可以交付给执行公务的大臣的。修身之道，不可以交给不能修身之人。从这里可以看出，河上公认为，老子这一思想是站在权谋的立场，即当权者不能够轻易让大权旁落，大权旁落犹如鱼脱于渊，去刚得柔。

王弼注：“利器，利国之器也。唯因物之性，不假刑以理物，器不可睹，而物各得其所，则国之利器也。示人者，任刑也。刑以利国，则失矣。鱼脱于渊则必见失矣，利国器而立刑以示人，亦必失也。”意思是，利器就是利于国家的重器。只有根据万物的本性，顺其自然，不用借助刑罚来治理民众，各种治国器物就没有用处，那么万物就各得其所，这才是真正的国之利器。治国借助各种政权设施，就是用刑治国。如果认为用刑治国才有利于国家，那就失之于正道。鱼离开深水就会失去生命，完善国家政权以刑治国，国家也必然会灭亡。王弼认为，治国不能任刑，不能将最严厉的手段拿出来，否则必然遭殃，要顺其自然，治以无为。这符合老子的一贯主张。

“鱼不可脱于渊，国之利器不可以示人”，在道家思想另一个代表人物庄子这里，有不同见解。庄子认为，“彼圣人者，天下之利器也。”为什么圣人是天下的利器呢？庄子所说的圣人是圣智之人，有智慧、有作为、管理天下的人，庄子对这些人深恶痛绝。庄子说：“彼窃钩者诛，窃国者为诸侯，诸侯之门而仁义存焉。则是非窃仁义圣知邪？故逐于大盗、揭诸侯、窃仁义并斗斛权衡符玺之利者，虽有轩冕之赏弗能劝，斧钺之威弗能禁。此重利盗跖而使不可禁者，是乃圣人之过也。”庄子认为，是圣智之人扰乱了天下，那些偷窃衣带钩的人受到刑戮杀害，而窃夺了整个国家的人却成为诸侯；诸侯之门才讲仁义。这不就是盗窃了仁义和圣智吗？所以，那些追随大盗、居于诸侯之位、窃取了仁义以及斗斛、秤具、符玺并获得利益的人，即使有高官厚禄的赏赐不可能劝勉，即使有斧钺杀戮的威严不可能禁止。造成给盗跖以重利也不能禁止他的后果，都是圣人的过错。庄子言辞极其犀利而深刻。

将老子“鱼不可脱于渊，国之利器不可以示人”权术化理解达到极致的是韩非子。《韩非子·喻老》用了浓墨重彩的一段来解析：“势重者，人君之渊也。君人者，势重于人臣之间，失则不可复得矣。简公失之于田成，晋公失之于六卿，而邦亡身死。故曰：‘鱼不可脱于深渊。’赏罚者，邦之利器也，在君则制臣，在臣则胜君。君见赏，臣则损之以为德；君见罚，臣则益之以为威。人君见赏，则人臣用其势；人君见罚，而人臣乘其威。故曰：‘邦之利器，不可以示人。’”剖析极其透彻！意思是说，权势是君主的深潭。君主的权势重于一切，失去后就不可能再得到了。齐简公权势落到田成子手中，晋国君权落到六卿（智氏、范氏、中行氏、韩、赵、魏）手中，最终国亡身死。所以《老子》说：“鱼不可脱于渊。”赏罚是国家的锐利武器，握在君主手中就能控制臣下，握在臣下手中就能制约君主。君主要进行奖赏，大臣就会扣除一部分用作自己的私赏；君主要进行惩罚，臣子就加重刑罚来炫耀私人威风。君主用奖赏的时候，大臣利用了他的权势；君主用惩罚的时候，大臣借用了他的威风。刑不可用，赏不可施。所以《老子》说：“国之利器不可以示人。”

苏辙《老子解》云：“鱼之为物，非有爪牙之利足以胜物也，然方其托于深渊，虽强有力者，莫能执之。及其脱渊而陆，则蠢然一物耳，何能为哉？圣人居于柔弱，而刚强者莫能伤，非徒莫能伤也，又将以前制其后，此不亦天下之利器也哉？鱼惟脱于渊，然后人得制之。圣人惟处于柔弱而不厌，故终能服天下，此岂与众人共之者哉？”大意是说鱼作为生物，没有爪牙之利来战胜别物，但当它在水里的时候，即使是强有力的人，也抓不住它。但它离开水到了陆上，就是一个笨拙的东西，能做什么呢？圣人居处柔弱，刚强的人也伤不了他，不但伤不了他，他还能以柔弱胜刚强，这不是天下真正的利器吗？鱼只有离开水才会被人制服。圣人只有处柔弱不厌烦，才会使天下宾服。苏辙将“圣人居于柔弱”视为天下之利器，算是与众不同，也是一个观点，但与老子思想不甚合拍。

关于“鱼不可脱于渊，国之利器不可以示人”这一思想的理解，具有代表性的观点总体上为这些，我们应从中得到一些启示。从无为而治的角度讲，那就是在治国理政中要顺势而为，不要无事生非、逆势奋进，保持国家社会的稳定与发展。从权术的角度看，我们要正确理解，慎重用好自己手中的权力，既不要以权、以势压人，也不要被小人所利用，使权力——这个为国家、为人民谋发展、谋福利的良器，变成小人攫取私利、祸害百姓的恶器。当然，老子、庄子、韩非子在认识上也有过于极端的倾向，我们也需要结合现实、与时俱进，批判地加以分辨、理解。

十五、不德有德之道

这一命题揭示了“德”要符合“道”的原则，韩非子解释为“德者，道之功也”；王弼亦曰：“何以得德？由乎道也。”

《道德经》第三十八章：“上德不德，是以有德；下德不失德，是以无德。上德无为而无以为；下德无为而有以为。”意思是说，上德之人不以德为德，因此他是真正有“德”；下德之人以德为德，因此他实际没“德”。上德之人顺应自然无心作为，下德之人碌碌多为而有心作为。

“上德不德，是以有德”，河上公注：“上德，谓太古无名号之君，德大无上，故言上德也。不德者，言其不以德教民，因循自然，养人性命，其德不见，故言不德也。言其德合于天地，和气流行，民德以全也。”意思是上德说的是太古之时无名号的君主，具有最高德行，所以说上德。不德是说他不用德来教化民众，顺其自然，养人性命，看不见他的德行，所以说不德。这是说他的德行与天地相合，阴阳之气交合运行，民众之德得以完备。王弼注：“是以上德之人，唯道是用，不德其德，无执无用，故能有德而无不为。”意思是上德之人，只依道行事，不以己德为德，无所执守、无所运用，所以能有德且无所不为。由此可见，“不德”是不以德为德，将“德”视为分内之事。

“下德不失德，是以无德”，河上公注：“下德，谓号谥之君，德不及上德，故言下德也。不失德者，其德可见，其功可称也。以有名号及其身故。”意思是，下德说的是有谥号的君主，他们的德行不如上德，所以称下德。不失德，是说他们的德行可以看见，他们的功劳可以称道。原因是有名号加于其身。王弼注：“下德求而得之，为而成之，则立善以治物，故德名有焉。”意思是下德是通过追求得来的，是通过有为而成功的，是通过确立善行来管理事物，所以有有德之名。由此可见，“下德”是彪炳史册之德，虽不及上德，于世俗之人而言，亦足以称道。

“上德无为而无以为”，河上公注：“法道安静，无所施为也。言无以名号为也。”这是说上德效法道之安静，无所作为，没有什么名号能适合它。王弼注：“不求而得，不为而成，故虽有德而无德名也。”意思是不追求就能得到，无所作为就能成功，所以虽有德却没有有德的名声。这是说“上德”无为而成。

“下德无为而有以为”，河上公注：“言为教令，施政事也。言以为己取名号也。”这是说颁布教令，实施政事，用这些作为为自己谋取名号。王弼注：“求而得之，必有失焉。为而成之，必有败焉。”这是说，主动追求得到的，一定会有所丧失。通过有为而成功的，一定会有所败亡。这是说“下德”有求而得。

通过上述引证和分析，我们对“上德”和“下德”有了一定了解。

“上德”是“道”的体现，是“道”的产物。《韩非子·解老》说：“道有积而积有功，德者，道之功也。”意思是道是有所积聚的，积聚就有功效，德就是道之功效的体现。由此观之，德必然与道相一致，道法自然，德也必出于自然。只有无为而成、不以德为德者，才是“上德”，所以说“上德不德”。“上德”无须感恩、不要赞美，自然而然，不会给人以压力，甚至让人感受不到“德”的存在。春秋时期，齐景公执政时发生饥荒，晏子请求发放救济粮给灾民，景公不允许。恰逢景公修建路寝之台，晏子于是命令官吏提高修台工人的工钱，让工匠们住得离工地远一些，延缓竣工日期而不催促。三年后高台修成，民众也得到了赈济，因此君上对游览路寝之台感到高兴，民众也有了足够的粮食。君子说：“晏子的本意只是想发放粮食救济灾民而已，但主张不能实现时，就借助事物的变化而配合于政事。”齐国遭遇饥荒，救济百姓是国家责任，但景公不想救济，只想修筑高台满足个人享乐，于是晏子就借助修建高台之机，增加工匠工钱，放慢工程进度，让更多灾民能加入施工队伍中来。这样，既修建了高台，又救助了灾民，这是晏子的智慧。虽然当时没有谁对他感恩戴德，但他带给百姓的恩德却重于泰山，此为“上德”。因此，孔子评价晏子为“救民之姓而不夸，行补三君而不有”。意思是救助百姓生存而不自夸，以品行补正三个君主而不居功自傲。

“下德”也是一种德，这种德也有利于别人，但这种德是有目的性的，是希望彰显己德，是想以此邀取功名，非自然之道，是通过主动设计、争取而获得美名，这就让“德”的质量下降很多，故称“下德”，所以说“下德不失德，是以无德”。《三国志·魏书·武帝纪》载，建安十五年（210年）冬，曹操作铜雀台，在此讲了一段话，大致是说，自己最初“欲为一郡守，好作政教，以建立名誉，使世士明知之”，但未能如意。后征为都尉，升任典军校尉，后来统领兖州，破降黄巾、灭袁术、平袁绍、荡刘表，遂平天下。已经身为宰相，人臣之贵已极，不再有别的愿望。曹操接着说：“今孤言此，若为自大，欲人言尽，故无讳耳。设使国家无有孤，不知当几人称帝，几人称王。或者人见孤强盛，又性不信天命之事，恐私心相评，言有不逊之志，妄相忖度，每用耿耿。”在这段话里，最著名的就是“设使国家无有孤，不知当几人称帝，几人称王”。这是赤裸裸地彰显自己的德行与功劳，他所做的事情是否为自己着想，是否有异志，曹操本人是最清楚的。虽然曹操为当时天下安定做出了杰出贡献，但自彰己德就是“下德不失德”。

“上德”体现了“德”与“道”之间的关系，是“道”的客观规律，“德”是按客观规律办事，最后的收获是“上德”，是“不德有德”。否则念念于个人私欲，即便有德，也是“下德”。当然，在理解这一思想时，我们亦当虑及圣人之心终非凡人所能忖度。

十六、至誉无誉之境

这是继“上德”之后讲“至誉”，德出于己，誉自于人。“至誉无誉”是老子对如何看待荣誉问题的论断，至高荣誉不是靠别人歌功颂德得来的。

《道德经》第三十九章：“故贵以贱为本，高以下为基。是以侯王自称孤、寡、不谷。此非以贱为本邪？非乎？故至誉无誉。是故不欲琭琭如玉，珞珞如石。”意思是，贵要以贱为根本，高要以下为根基，因此侯王们自称为“孤”、“寡”、“不谷”（不事生产吃干饭、不善之人），这不就是以贱为根本吗？不是吗？所以最高的荣誉无须赞美称誉。所以不企求自己珍贵稀有如宝玉，而宁愿坚硬刚正像山石。

“故至誉无誉”，河上公注的版本为“故致数舆无舆”：“致，就也。言人就车数之，为辐、为轮、为毂、为衡、为轝，无有名为车者，故成为车。以喻侯王不以尊号自名，故能成其贵。”大意是说人们就车的构件来讲，有辐条，有轮子、有轮毂、有车辕端的横木、有车厢，没有一样东西叫车，合在一起成为车。用以告诫侯王不要自称尊号，所以才能成就自身的高贵。这与“至誉无誉”含义基本一致。

至誉无誉，就是最高荣誉是无须赞美称誉的，就是“不要人夸颜色好，只留清气满乾坤”。这种荣誉，没有称号、没有牌坊、没有勋章，它铭刻于人民的心中，历史越久远，荣誉越卓著。1940 年，毛泽东在《新民主主义论》中这样评价鲁迅：“鲁迅是中国文化革命的主将，他不但是伟大的文学家，而且是伟大的思想家和伟大的革命家。鲁迅的骨头是最硬的，他没有丝毫的奴颜和媚骨，这是殖民地半殖民地人民最可宝贵的性格。鲁迅是在文化战线上，代表全民族的大多数，向着敌人冲锋陷阵的最正确、最勇敢、最坚决、最忠实、最热忱的空前的民族英雄。鲁迅的方向，就是中华民族新文化的方向。”毛泽东还论述了鲁迅的三大特点，即政治远见、斗争精神和牺牲精神，及由此形成的伟大的“鲁迅精神”，号召共产党人和革命者学习鲁迅的精神，为中华民族的解放而奋斗。鲁迅所做的一切，是为国家民族计，从未考虑过个人荣辱得失，如果为个人利益，他就不会冒着生命危险与反动势力斗争；如果为个人利益，就不会被方志敏所信任，将《可爱的中国》与《清贫》托付于他（虽然最终因鲁迅逝世未果）。虽然他没有追求荣誉，但他的荣誉足以光耀史册、彪炳千秋。“两弹元勋”邓稼先为了中国的核事业，从1958年秋开始销声匿迹8年，曾冒着核辐射危险身抱原子弹碎片，不求任何回报，最终罹患癌症去世。但人民不会忘记他、历史不会忘记他，在他去世13年后，1999年国庆50周年前夕，党中央、国务院和中央军委又向邓稼先追授了金质的“两弹一星功勋奖章”，时至今日，国家愈强盛，人民愈加怀念他。

“至誉无誉”在有的《道德经》版本中叫作“数誉无誉”，也有其深刻道理，意思是三番五次地追求提高自己的名誉，反而会失去名誉，这同“益之而损”有异曲同工之妙。苏联领导人勃列日涅夫对于勋章有着一种近乎痴迷的爱好。勃列日涅夫一生至少获得过114枚勋章，他获得过次数最多的勋章是“列宁勋章”——共8次。外国政府为了讨好他，也给他送勋章，如“东德英雄”“古巴英雄”“保加利亚英雄”“捷克英雄”“蒙古英雄”“南斯拉夫之星”“胡志明勋章”。但得到了各种勋章并不代表他有那样的荣誉，1978年，勃列日涅夫获得了军队最高勋章“胜利勋章”，可是1989年苏联取消了他的这枚勋章资格。越是醉心于获取荣誉，越会被荣誉所抛弃，归根结底是被人民、被历史所抛弃。

《道德经》第三十九章中有“贵以贱为本，高以下为基。是以侯王自称孤、寡、不谷。此非以贱为本邪?”这里的贵贱、高下，还有老子强调的诸如智愚、刚柔、强弱、前后、大小等，都是对反而生，是一体两面。无贱则无贵，无下则无高，欲贵反而得贱，欲高反而获下。所以老子说的“至誉无誉”与第三十八章“上德不德”主旨一致。《庄子·齐物论》亦有言：“大道不称，大辩不言，大仁不仁，大廉不嗛，大勇不忮。道昭而不道，言辩而不及，仁常而不成，廉清而不信，勇忮而不成。”意思是大道不可名称，大辩不可言说，大仁无所偏爱，大廉不必谦让，大勇不会伤人。道一旦称说就不是道，言一旦争辩就有所不及，仁一旦偏爱就难以周全，廉过分谦让就不真实，勇一旦伤人就不成为勇。所以老子提出的目标是“不欲琭琭如玉，珞珞如石”。

宋仁宗皇祐二年（1050年），江浙一带遭遇大饥荒，饿死的尸体在路上随处可见。此时范文正（范仲淹谥文正）任浙西太守，救荒措施非常完备。当地人喜欢赛舟，好为佛事。范仲淹让百姓尽情赛舟，每天与同僚宴饮湖上，自春至夏，当地百姓空巷出游。范仲淹又召集各寺院住持，跟他们说：“灾荒之年工价最便宜，可以大兴土木之役。”于是各寺院工程兴起。之后，他又修缮粮仓、加固办公住房，每天使用的民工数以千计。监察官员发现后认为范仲淹不思救灾，吃喝玩乐，大兴土木，劳民伤财。范仲淹上奏：饮宴和兴造房舍，是要调发有余的钱财，来救济贫民。从事贸易、饮食、工技、劳力的人，都是仰仗官府、私家来养活的，每天可达几万人。救济灾荒的措施，没有比这一做法更好的了。这一年江浙灾区唯有浙西平安无事，这都是范文正公的恩惠。这种措施，既赈救了饥荒，又趁荒年替民间兴利，并且避免了以往救灾集中管理、不劳而食采取的弊端。范仲淹采取的一系列举措，既没有杀富济贫伤害富人，也没有发粟赈济惠及穷人，而是因其自然，范仲淹也未因此收获美名。但他带给百姓的恩德，愈久远愈厚重。

"至誉无誉""珞珞如石"，就是要求执政者不要成为荣誉的奴隶，要有正确的政绩观，不为荣誉追求"形象工程"，不为荣誉不顾民生，不为荣誉欺上瞒下，以脚踏实地的工作赢得人民的信任、历史的公论，这是真正的荣誉。

十七、甚爱必大费，多藏必厚亡

"甚爱必大费，多藏必厚亡"这一命题体现了老子的名利观。

《道德经》第四十四章："名与身孰亲？身与货孰多？得与亡孰病？甚爱必大费；多藏必厚亡。故知足不辱，知止不殆，可以长久。"意思是，声名和生命相比哪一样更亲？生命和财货相比哪一样更珍贵？得到和丢失相比，哪一个更有害？过分爱惜就必定要付出更多的代价；过于积敛财富，必定会招致更为惨重的损失。所以说，懂得满足就不会受到屈辱；懂得适可而止就不会遇见危险；这样才能保持长久平安。

"甚爱必大费"，河上公注："甚爱色，费精神；甚爱财，遇祸患。所爱者少，所亡者多，故言大费。"意思是说，过分贪色，就会耗费精神；过分贪财，就会遇到祸患。所贪爱的与所失去的东西两相比较，所失远远大于所得，所以叫作大费。

"多藏必厚亡"，河上公注："生多藏于府库，死多藏于丘墓。生有功劫之忧，死有掘冢探柩之患。"意思是说，人活着的时候多把财物藏在府库之中，死后多埋藏于坟墓之内。结果活着的时候有被人抢劫的忧患，死后有被人盗坟掘墓的危险。所以叫作厚亡。

"甚爱必大费，多藏必厚亡"，王弼注："甚爱，不与物通；多藏，不与物散。求之者多，攻之者众，为物所病，故大费厚亡也。"这是说甚爱财，就不懂物之功用；多藏物，就不会散与众人。请求他的人多，攻击他的人广，为物所累，所以叫作大费、厚亡。

“甚爱必大费，多藏必厚亡”所揭示的哲理是，过分地贪求物质与名利，必定使人劳心劳力，大费精神，结果贪求越多，损失越大，甚至让其身遭横祸。楚汉相争时，韩信曾投奔过项羽，因得不到重用，便背弃项羽投奔了刘邦。被拜为大将以后，刘邦向他求教，韩信说：“我曾在项王手下做过事，知道他的本事，也知道他的弱点。项王作战勇敢，待人温和，可是他不能接受别人的意见，不能重用有本领的将领，不过是匹夫之勇罢了。过分贪功而不愿分与他人，别人立了功，应当封爵位的，他不封；即使封了，他会拿着封爵位的印，左摩右摩，把印的四个角都磨光了，还舍不得交给别人。他的仁不过是妇人之仁。”韩信的话活生生刻画了项羽的“甚爱”，所以离开项羽不愿与其共谋大事的人越来越多，使其到最后成了孤家寡人。这就是“甚爱必大费”。

明朝末年，被封为楚王的宗室朱华奎，府内钱财堆积如山。崇祯十六年（1643 年）张献忠进攻武昌时，湖广地方大员齐聚楚王府，跪求朱华奎捐资助饷。朱华奎指着洪武朝所赐之裹金交椅，说道：“这把椅子可以充作军饷，别的东西没有！”令楚中大员失望至极。武昌被攻陷后，张献忠将其府中所有金银财宝劫掠一空，几百车都没有拉完。张献忠笑着说：“有这么多的财宝却不用人把守，朱胡子真是庸人！”随后把朱华奎掷入长江溺死。真可谓“生得糊涂，死得窝囊”。朱华奎过分贪恋钱财，一毛不拔，到最后丢掉的不仅是钱财，还有自己的性命。如果他能散些钱财鼓励将士，下场定然不会如此悲惨。这就是“多藏必厚亡”。

“甚爱”与“多藏”，所揭示的问题本质，是人们怎样去认识和把握名利与财富的度。作为世俗之人，名与货鲜有不爱，亦鲜有不藏，但要懂得“爱之勿甚，藏之勿多”，否则会反被伤害。严遵对此深有感慨：“甚爱其身，至建荣民，为之行之，力之劳之，强迫性情，以损其神；多积货财，日以憍盈，憍亡之道，货名俱终。”意思是说过分爱惜自身，精心保养、显耀于人，不厌其烦、精益求精，为此而改变性情、损伤精神；多积货物钱财，日益骄傲自满，骄傲自满是亡身之道，最终货与名尽皆丧失。

人本身生于物质，任何人都不能脱离物质而超然存在。但应取之有道、取之有度，如果一味“甚爱”“多藏”，不懂得“知足”“知止”，就可能“物极必反”，为物所害。

十八、正不谨为邪，善无道为恶

这一论断在《道德经》里被表述为“正复为奇，善复为妖”，揭示的是正邪与善恶之间的辩证关系：正如不谨复为邪，善若无道反为恶。

《道德经》第五十八章：“其政闷闷，其民淳淳；其政察察，其民缺缺。祸兮福之所倚，福兮祸之所伏。孰知其极？其无正也。正复为奇，善复为妖。”意思是说，政治宽厚清明，人民就淳朴忠诚；政治严厉苛刻，人民就狡黠、抱怨。祸与福互相依存，可以互相转化。谁能知道最后的结果呢？它们并没有确定的标准。正的可以转变为邪的，善的也可能转变为恶的。

“正复为奇”，河上公注：“奇，诈也。人君不正，下虽正，复化上为诈也。”意思是奇就是诈的意思，人君不正，大臣虽然正直，也会因为君主不正而改变成奸诈。王弼注：“以正治国，则便复以奇用兵矣，故曰正复为奇。”意思是以正治国，就要以奇用兵，所以说正的也会转变为诈的，因为用兵也是保国安民之要，光凭以正治国还不够。

“善复为妖”，河上公注：“善人皆复化上为妖祥也。”意思是臣民虽善，在君主影响下也会变为邪恶。王弼注：“立善以和万物，则便复有妖之患也。”意思是弘扬善道用来和顺万物，也照样会有妖邪之患的存在。因为福祸善恶相互依存，根本无法避免妖邪的产生。因此只有无为才能解决问题。这是王弼的观点。

“正复为奇，善复为妖”蕴含深刻的哲理，对此，苏辙《老子解》云：“若夫世人不知道之全体，以耳目之所知为至矣。彼方且自以为福，而不知祸之伏于其后；方且自以为善，而不知妖之起于其中。”意思是如果世人不懂得道的全貌，就会以耳目所见所闻为真理。他们自以为看到的是福，殊不知祸隐藏于后；他们自认为是善的，却不想邪恶源自其中。这告诉我们，正常与怪异可互相转变，善良与邪恶也能彼此循环。真理再向前迈一步就会变成谬误，一方面，真理是恰如其分的状态，增之一分或减之一分都会偏离实际；另一方面，随着时空的变化，原来是真理，变换时空之后可能就是谬误了。人类社会发展也是这样的：原始社会、奴隶社会、封建社会、资本主义社会，在其产生之初甚至在一段历史时期，都是进步的、都是促进社会发展的，这就是正、就是善；但随着生产力的发展，这些社会形态都无法适应生产力不断发展的要求，沦为社会发展的阻力，就是奇、是妖，阻碍了历史发展。除了资本主义社会还在苟延残喘之外，其他无一例外都被历史所淘汰。

就个体人来讲，也是正奇一体、善妖互换。南宋杨万里《过淮阴庙》一诗比较了韩信与张良：“少年胯下安无忤，老父圯边愕不平。人物若非观岁暮，淮阴何必减文成!”此诗讲到了两个典故，“少年胯下安无忤”是讲淮阴侯韩信少时曾受胯下之辱，人皆以为怯，而他因有远大的抱负，不与市井无赖少年一般见识，因而安然忍受没有发作。“老父圯边愕不平”是讲留侯张良年轻时在下邳的桥边遇到黄石公，黄石公故意多次将鞋丢到桥下让张良去捡，张良曾“愕然不平”，“欲殴之，为其老，乃强忍”。年少负气，似乎不及韩信。但反观他们的结局，韩信在建功立业、兵权在握后，却没能坚持“学道谦让，不伐己功，不矜其能”，而是“以市井之志利其身”，司马光在《资治通鉴》中批评他“失职泱泱，遂陷悖逆”。因为不满刘邦的安排，意图谋反，最后被吕后诛杀，令人惋惜。张良年少负气，但还是得到了《太公兵法》，辅佐刘邦“运筹帷幄之中，决胜千里之外”，屡建奇勋，最后审时度势，功成身退，死后被封文成侯。如果不看二人的结局，就不能得出韩信不如张良的结论。由此可见通观其全部历史对识别人才优劣的重要作用。所以白居易在《放言五首·其三》中说：“周公恐惧流言日，王莽谦恭未篡时。向使当初身便死，一生真伪复谁知?”

杜甫在《可叹诗》中说：“天上浮云似白衣，斯须改变如苍狗。”同一件事情，因情境不同，正可为奇、善可为妖。西汉景帝时，为维护中央集权，晁错坚定主张削藩，不仅有削藩的言论，而且参与了削藩的行动，得到了汉景帝的支持，这极大打击了既得利益集团，使得各地藩王诸侯与相关王公大臣惶惶不可终日。最终，晁错的激进引起朝野反对，“诛晁错，清君侧”成为共识，为稳住诸侯，团结大臣，景帝权衡利弊后，忍痛割爱，对斩杀晁错的奏章批曰“可”，但仍未阻止“七国之乱”的发生。晁错的是非得失，在历史的大潮中起落浮沉、任由评说。老子以“正复为奇，善复为妖”，揭示了一个深刻的道理——一切都在变化中，对一切事物、人都要用发展的眼光来看，而不应脸谱化、定式化。

同样，功臣和罪犯之间没有天然鸿沟，黄克功、刘青山、张子善，都曾参加长征，经历了生死考验，但最终沦为罪犯。江苏省镇江市国土资源局原副局长袁华荣曾参加过对越自卫反击战，先后荣立3次三等功、2次二等功、1次一等功，至今身上还残留弹片，还曾被中央军委授予“共和国卫士”荣誉称号，获得国家一级英模勋章，受到党和国家领导人接见。然而，他最终却因贪污受贿200万元被判处有期徒刑十一年，“闯过了枪林弹雨，却倒在糖衣炮弹之下”成为其人生结局（出自2015年4月29日《解放军报》第7版文章，题目《功臣和罪犯之间没有天然鸿沟》）。

萧天石对此深有感悟：“故凡事行其正必知其反，明其利必察其害，算其得必计其失，居其福必意其祸。善恶进退，治乱存亡之道，亦莫不互相为因，且亦互相为生，而亦互相对动而化成者也。切不可执滞于事物，困死于名相中。”反复品味，真如醍醐灌顶，洞悉为人为事之奥妙。

十九、重言慎患之道

这一命题就是老子所言的“轻诺必寡信，多易必多难”，这一论断明确了诺与信、难与易之间的辩证关系。

《道德经》第六十三章：“夫轻诺必寡信，多易必多难。是以圣人犹难之，故终无难矣。”轻易许诺必定缺少信用，越是把事情看得容易就会遇到越多的困难。因此，有道的圣人总是把困难看得很重，所以就没有困难了。

“轻诺必寡信”，河上公注：“不重言也。”意思是轻易许诺是不慎重自己的言语。

中国人自古以来就重信用，讲求“言必信，行必果”，对于言而无信的人是非常鄙视的，孔子曾说过：“古者言之不出，耻躬之不逮也。”意思是古人不轻易把话说出口，即不轻易许诺，为什么呢？就是耻于说出之后做不到。老子以其锐利的眼光，深刻洞察人性，一针见血地指出：“轻诺必寡信。”告诫我们不要被花言巧语所迷惑。

秦惠王十二年（公元前313年），秦国想要攻打齐国，忧虑齐、楚两国已缔结合纵联盟，于是便派张仪前往楚国游说楚怀王。张仪提出秦国以商於一带六百里的土地换取楚国和齐国解除盟约，楚怀王非常高兴，当即应允。大臣们都向楚怀王祝贺，唯独陈轸劝谏楚怀王不要轻信张仪，但楚怀王不听。当楚国和齐国断绝了关系、废除了盟约后，楚怀王派人到秦国去接收土地。张仪对楚国使者说：“我有秦王赐给的六里封地，愿把它献给楚王。”楚国的使臣无功而返，把张仪的话告诉了楚怀王，楚怀王一怒之下，兴兵攻打秦国，结果大败，楚国又割让两座城池和秦国缔结和约，结束战争状态。楚怀王相信张仪轻易许下的诺言，结果偷鸡不成蚀把米，沦为笑柄。在当今时代，对“轻诺”同样需要明察，对那些搞封官许愿、弹冠相庆者，要冷静对待，事出反常必有妖，言不由衷定有鬼。如果听信不着边际的承诺，就会在不知不觉中成为别人的棋子，最终沦为牺牲品。

历史上那些注重承诺的典范，历来被人们所推崇。秦国的商鞅为推进变法曾立木为信，他命人在城南放了一根木头，贴出告示：有谁能将其扛到北门，赏十金。百姓开始将信将疑，后将赏金提至五十金，有一人抱着试试看的态度将木头扛到北门，果得五十金，商鞅遂信义立、法令行。秦末有个叫季布的人，一向说话算数，信誉度非常高，《史记·季布栾布列传》中说："得黄金百斤，不如得季布一诺。"曾参杀猪以示不欺于子："母欺子，子而不信其母，非所以成教。"所以自古以来中华民族就将守信重诺作为美德，不做言而无信的轻薄之人。

"多易必多难"，河上公注："不慎患也。"意思是轻易行事是不慎重对待危险。

"多易"就是把事情看得太容易，轻易行事就会因大意懈怠而导致困难与失败。有的事情复杂难做，却能够干得圆满成功；有的事情，看似简单容易，却做得一塌糊涂。其中的缘由，就在于是否重视，是否慎重。唐代杜荀鹤的《泾溪》就道出了这样的真理："泾溪石险人兢慎，终岁不闻倾覆人。却是平流无石处，时时闻说有沉沦。"这首诗大意是，泾溪里石险浪急，人们通过时小心谨慎，所以终年听不到有人淹死于此的消息。恰恰是在水流缓慢没有礁石的地方，却常常听到有人被淹死的消息。

难易就是这样相反相成、互相转化，慎重对待，难也不难；轻忽蔑视，易也不易。马谡拒谏失街亭，是过于自信，轻视对手，以"多易"开始，以"多难"结束。关羽伐魏，围困樊城，水淹七军，兵锋所指，无不望风披靡，威震华夏。于是，关羽骄傲起来，放松戒备，疏于对东吴的防范，被吕蒙袭夺荆州，败走麦城，身首异处。

世上无顺事，事顺则藏险，如果居安不虑危，易中不思难，则是取败之道。可见，形成"多易"的主要原因就是懈怠麻痹、故步自封、虑事简单、心中无数，没有统筹兼顾、全面把握、因地制宜。如果不引以为戒，那么就会在更多的领域、更大的范围失去更多的"街亭"。所以老子提醒说："是以圣人犹难之，故终无难矣。"

严遵在《道德真经指归》里对"轻诺必寡信，多易必多难"有精辟的见解："言多诺者，事众而信不可然也；心多所易者，难积而变不可推也。"意思是说话到处许诺，承诺的事情多了不可能都办到；心里认为什么事情都容易，任由困难积累，最后必然会发生质变而无法化解。就如《周易·系辞传》所言："善不积不足以成名，恶不积不足以灭身。小人以小善为无益而弗为也，以小恶为无伤而弗去也，故恶积而不可掩，罪大而不可解。”实为至理之言。

二十、不为大而成其大之道

“圣人终不为大，故能成其大”，这一论断是老子对难与易、大与细的辩证关系所做出的结论。

《道德经》第六十三章：“图难于其易，为大于其细。天下难事，必作于易，天下大事，必作于细。是以圣人终不为大，故能成其大。”意思是，处理问题要从容易的地方入手，做大事要从细微的地方入手。天下的难事，一定从简易的地方做起；天下的大事，一定从微细的部分开端。因此，有“道”的圣人始终不贪图大功，所以才能做成大事。

“圣人终不为大”，河上公注：“处谦虚也。”说的是圣人虚心待人。“故能成其大”，河上公注：“天下共归之。”这是说圣人成为众望所归之人。河上公将这一命题解读为圣人因为谦虚待人，故而成为众望所归之人。这虽然有其道理，但仍觉不够透彻。

严遵《老子道德真经指归》对此做了深入剖析：“圣人之建功名也，微，故能显；幽，故能明；小，故能大；隐，故能彰；志在万民之下，故为君王。”意思是圣人建立功名，不拒微末，因而能够显扬；甘于幽暗，因而能够明亮；专注细小，因而能够成大；行事藏迹，因而能够彰明；心甘情愿在万民之下，所以才会成为君王。这就是以谦待人，天下共归之。第六十四章所说“九层之台，起于累土；千里之行，始于足下”也是这个意思，所谓大由小来，多由少积。

概括起来，“圣人终不为大，故能成其大”，其内涵有三：一是小处不可轻忽；二是积小可以成大；三是寻常之事不寻常。

小处不可轻忽，可以是“一枝一叶总关情”，可以是“勿以善小而不为”，也可以是“细节决定成败”。“纣为象箸而箕子怖，是畏其卒，故怖其始。”这是说箕子看到纣王做了一副象牙筷子，就知道这是奢靡之始，危亡之渐，故而害怕。陈蕃闲处一室，而庭宇杂乱无章，薛勤责之，陈蕃却说：“大丈夫处世，当扫除天下，安事一室乎?”薛勤教之“一室之不治，何以天下家国为?”一屋尚且不扫，何以能扫天下？令陈蕃大惭。张乖崖为崇阳令，管理钱库的小吏将库中一钱藏于头巾之内带出，乖崖命令对其杖责，小吏不服：“一钱何足道，你能杖责我，却不能斩我。”乖崖拿笔判道：“一日一钱，千日千钱；绳锯木断，水滴石穿。”亲自仗剑将其斩首，一文钱也不是小事。群众利益无小事，人民军队能够得到人民拥护，就是从“不拿老百姓一个红薯、上门板、捆铺草、说话和气、买卖公平、借东西要还、损坏东西要赔”这些关系群众切身利益的小事开始的。细微之处见风范，毫厘之间定乾坤，不虑于微，始成大患；不防于小，终亏大德。

积小可以成大，可以是“泰山不让土壤，故能成其大”，可以是“河海不择细流，故能就其深”，也可以是“不积跬步，无以至千里”。刘邦以亭长起事，不拒贤愚，不分亲疏，致天下豪杰咸归之，遂完成一统。曹操以孝廉入仕，团结宗族，招揽贤才，荡平北方军阀，始逐鹿天下。孔子以“三人行，则必有我师”自勉，曾向郯子请教官职、向苌弘请教古乐、向师襄学习弹琴、向老聃学习周礼，故孔子博古通今，成为圣人，即便在“空空如也”之下，也能“叩其两端而竭焉”，不放弃任何学习的机会，韩愈称之为“圣人无常师”。雷锋不过是普通战士，但处处践行为人民服务宗旨，理论上求之，实践上行之，有求必应，凡急必助，不以事小而不为，不以无利而弃之，遂成共产主义战士。

寻常之事不寻常。凡夫不为大亦能成其大，一个人能把寻常之事做到极致，就是不寻常，就能成其大。在荷兰，有一个初中毕业的青年农民，在一个小镇做给镇政府看门的工作。他在这个岗位上工作了60多年，一生没有离开过这个小镇。为了打发时间，他选择了打磨镜片当自己的业余爱好，就这样他一磨就是60年。他专注而细致、锲而不舍，技术居然已经超过专业技师，他磨出的复合镜片的放大倍数，比专业技师的都要高。借着他研磨的镜片，他发现了当时科技尚未知晓的另一个广阔的世界——微生物世界。从此他声名大振，只有初中文化的他，被授予了巴黎科学院院士的头衔。就连英国女王都到小镇拜会过他。创造这个奇迹的小人物，就是科学史上鼎鼎大名的荷兰科学家万·列文虎克。所以，不管是多么微不足道的小事情，只要我们持之以恒，也能够取得举世瞩目的成就。所以做事情需要的是脚踏实地，而不是好高骛远。

苏辙《老子解》云：“世人莫不畏大而侮小，难多而易少，至于难而后图，大而后为，则事常不济矣。”意思是世人没有不畏惧大而轻侮小，认为多者难而少者易，以至于很多事情弄到已经困难才去解决、已经势大才去作为，所以事情往往不成功。“圣人终不为大，故能成其大”启示我们，要勤勤恳恳、脚踏实地，不朝三暮四、不求全责备，不强为大、不求为大，最终也能成其大。

二十一、病病不病之道

这一命题是老子告诫世人不要以不知为知、不懂装懂。

《道德经》第七十一章：“知不知，上；不知知，病。圣人不病，以其病病。夫唯病病，是以不病。”意思是知道自己还有所不知，这是最高明的。不知却自以为知，这就是错误。有道圣人不会犯错误，因为他把错误当作错误。只有把错误当作错误，才不会犯错误。

要真正理解“夫唯病病，是以不病”的真谛，需要将这一章进行完整解读。

“知不知，上”，河上公注：“知道言不知，是乃德之上。”意思是本来知“道”仍说不知，是德中上品。另有解释为知道自己有所不知，是高明的。两解皆通，在上面译文中采用的是后解。

“不知知，病”，河上公注：“不知道言知，是乃德之病。”意思是不懂得“道”却说懂得“道”，是德中弊病。王弼注：“不知知之不足任，则病也。”意思是以不知为知就不值得信任，所以说是缺点或错误。

以上讲的是对知（“道”）的态度，一种是知“道”言不知（或是知道有所不知)，一种是不知“道”言知，或者不懂装懂。老子以知不知为上，以不知知为病。

“圣人不病，以其病病”，河上公注：“圣人无此强知之病者，以其常苦众人有此病。”意思是圣人没有这种不知“道”而言知的毛病，却经常忧虑世人多有此毛病。易言之，就是圣人不会犯错误，是因为他以错误为错误。

“夫唯病病，是以不病”，河上公注：“夫唯能病苦众人有强知之病，是以不自病也。”意思是只有能够苦恼众人有不知“道”而言知的毛病，自己才不会犯这样的错误。易言之，就是因为圣人以错误为错误，所以不会犯错误。

以“知不知，上”而言，如果解释为“本来知‘道’仍说不知，乃是德中上品”，那么这是在教人被褐怀玉，深藏不露，守智如愚，自隐无名，示人以不知，以知若无知。如果解释为“知道自己有所不知，是高明的”，那么这是在教人贵有自知之明，素位而行。孔子有言：“吾知乎哉？无知也。有鄙夫问于我，空空如也，我叩其两端而竭焉。”这是孔子能以不知而求知。《庄子·养生主》云：“吾生也有涯，而知也无涯。”人的生命是有限的，而知识是无限的，即便皓首穷经，也无法穷尽所有知识，因此庄子补充道：“以有涯随无涯，殆已！已而为知者，殆而已矣！”就是说，以有限的生命追求无尽的知识，必然会疲惫不堪，知道了这一点还这么做，会更加疲困不堪。所以知道并承认自己还有很多不知道的人，是有大智慧的人。

以“不知知，病”而言，相对好理解，就是人不知“道”而言知，或者不懂装懂。一个人不知却自以为知，是想掩饰自己的无知和炫耀自己的才能，这不仅是虚荣的问题，更是急功近利的问题，王弼认为这样的人不值得信任，是非常有道理的。因此老子教人一定要将“以不知为知”当作错误、当作毛病，去其想当然，止其所不知，化其虚荣，解其功利，则自然不病。“不知知，病”，有时也是经验主义的产物。经验丰富是优势，但经验也容易限制人的思维，让人机械呆板：不对具体事物进行调查研究，只是生搬硬套现成原则、概念处理问题；不是采取联系、发展、全面的观点，而是采取孤立、静止、片面的观点，从狭隘的个人经验出发。这是“不知知，病”的现实表现。

对“不知知”之“病”，圣人能引以为戒，不会犯这种错误，但对世人常有此错误，深为忧虑，因此提出“夫唯病病，是以不病”。

“夫唯病病，是以不病”——只有把错误当作错误，才不会犯错误。这就是说要正视错误、纠正错误，敢于刀刃向内、敢于刮骨疗毒，以实事求是的态度辨明是非善恶。周处少时以凶强侠气而为三害之首，后受教于陆云而改过自新，终成忠臣，此为病病，是以不病。

赵襄子饮酒，连续五日五夜还不停下，对侍者说：“我的确是人才啊！饮酒五日五夜，尚无醉意。”艺人优莫说：“您再努力吧，跟纣王相比还差两天。纣王喝了七日七夜，您才喝了五日。”襄子害怕，对优莫说：“我这不是要灭亡了吗?”优莫说：“不能灭亡。”襄子问：“比纣王只差两天，不灭亡还等什么?”优莫说：“桀纣之所以灭亡，是遇到了商汤、周武，现在天下都是夏桀之类的人，而您如商纣，桀纣并立于世，谁又能灭掉谁呢，但也很危险了。”优莫是真正能够“病病”之人，赵襄子听了优莫之言，能够害怕，离“病病”亦不远矣。

“圣人不病，以其病病。夫唯病病，是以不病”，也有版本为“圣人之不病也，以其不病，是以无病也”，这颇有忍辱负重之意，韩非子就是这个观点。《韩非子·喻老》中说“越王之霸也不病宦，武王之王也不病詈。故曰：‘圣人之不病也，以其不病，是以无病也。’”意思是说，越王之所以能称霸，是因为并不以屈身事吴为屈辱；武王之所以能称王，是因为并不以“王门之辱”为屈辱（王门之辱：商纣王时代，周文王被拘于羑里，其间曾在“王门”被辱骂，文王忍辱求全，后被放归。武王即位后，不忘王门之辱，但仍屈身事纣，十二年后兴兵伐纣，灭商建周）。他们能忍辱负重，最终成功。这一解释虽有标新立异之嫌，但与老子思想也不相悖，与“曲则全，枉则直，洼则盈，蔽则新”前后呼应，也是能够说通的。

二十二、兵强则灭，木强则折

“兵强则灭，木强则折”这一论断是老子柔弱胜刚强思想的反面结论。

《道德经》第七十六章：“人之生也柔弱，其死也坚强。万物草木之生也柔脆，其死也枯槁。故坚强者死之徒，柔弱者生之徒。是以兵强则灭，木强则折。强大处下，柔弱处上。”这一章的核心是阐明强与弱的关系，前面已经讲过，在此不再赘述。

在这里我们只就“兵强则灭，木强则折”来探讨不可一味示强的道理。这两句话的意思是用兵逞强就会遭到灭亡，树木强大了就会遭到摧伐。

“兵强则灭”，河上公注：“强大之兵轻战乐杀，毒流结怨。众弱为一，强故不胜。”意思是强大的军队容易轻率出战、乐于杀戮，毒害流传、结下怨仇，众多弱者结为一体、同仇敌忾，强大的军队也不能战胜他们。王弼注：“强兵以暴于天下者，物之所恶也，故必不得胜。”意思是强大军队以暴虐横行于天下，是民众所厌恶的，所以一定不会获得胜利。在这个问题上，河上公和王弼意见基本一致。强大之兵，由于没有本着应天顺人、锄强扶弱、救民水火的宗旨，倚仗兵多势众，贪名好利，侵伐土地，劫掠财物，杀人性命，灭人宗庙。所以天下民众会同仇一心，同忧共谋，强大之兵虽有强大之名，一旦被人民包围，也是不可能胜利的。由此可见，“兵强则灭”所阐明的道理是得民心者得天下。刘邦进咸阳以“约法三章”得人心，遂败强横之项羽；李自成进北京以腐化堕落失民心，最终土崩瓦解命殒九宫山。近代以来，即便中国积贫积弱，日本军队武器精良、训练有素，但陷入人民战争的汪洋大海，最后同样夹着尾巴逃回本土。所以，当今世界的个别国家，以为凭借先进武器和科技就能够为所欲为的思想是极其错误的。

“木强则折”，河上公注：“木强大枝弱，共生其上也。”王弼注：“物所加也。”将二人注解合而言之，是说虽然树干强大、树枝柔弱，但众多树枝压在树干上，树干也会不堪重负，最后折断。由此可见，“木强则折”告诉我们，树干即使再强大，也有不胜其力之时。河上公只说了树干压力来自树本身，其实来自外部的压力同样也是致命的。在非洲、大洋洲和南美洲有一种鸟叫织巢鸟，它们会使用草和其他东西编织巢穴，共同筑巢，一起觅食，爱好交际。它们会将巢织在树干粗壮、枝条茂盛的大树上，将巢织满整个大树。时间久了，大树也承受不了，尤其是在大雨过后，在鸟巢和雨水的重压之下，加之树根被雨水浸泡松软，大树就垮掉了。苏辙《老子解》对“木强则折”的解释是“木自拱把以上，必伐矣。”意思是说树的径围大如两手合围之上的，必被砍伐。这讲的是有用之祸，在某种程度上，有用也是“强”的表现。这一解释源自庄子的思想。《庄子·人世间》云：“山木自寇也，膏火自煎也。桂可食，故伐之；漆可用，故割之。”意思是山木自讨砍伐，膏火自讨燃烧。桂树可以食用，因而招致砍伐，漆树可以取汁，因而招致刀割。庄子由是感慨人皆知有用之用，而莫知无用之用。

有一个成语叫“鞭打快牛”，快牛是强者。越是走得快的牛，越是用鞭子打它，让它走得更快。而那些“慢牛”，往往不被鞭策，长此以往，“快牛”会变成“慢牛”“病牛”，甚至“死牛”。《后汉书·黄琼传》中有言：“峣峣者易折，皦皦者易污。阳春之曲，和者必寡；盛名之下，其实难副。”有的人喜欢以强者示人，从不接受妥协，再苦再难也要坚强，打掉牙往肚子里咽，各种压力自己一力承担，生怕别人说自己半个“不”字，犹如上足了发条的机器，永远紧张没有松懈的时候。纵然是铁人也要有休息的时候，这种人是极易受损的，因此，强大的外表之下也要有一颗柔弱的心。

老子最后的结论是“强大处下，柔弱处上”。严遵《道德真经指归》总结深刻：“神明之道、天地之理，小不载大，轻不载重。故强人不得为王，强木不得处上。何则？强人为王，万国忧愁；强木处上，则根木枯槁。众人为大故居下，圣人为小故居上。”此处讲得非常透彻，并且也容易理解，所以不做过多解释。

这就是“兵强则灭，木强则折”所蕴含的道理。

二十三、舟舆不乘、甲兵无陈之道

这一命题是老子理想国家蓝图的一部分。这样的社会，没有强权暴力、没有欺骗和恶行，民风淳朴、生活安定。

《道德经》第八十章：“虽有舟舆，无所乘之；虽有甲兵，无所陈之。使民复结绳而用之。”意思是虽然有船只车辆，却没有必要乘坐它；虽然有武器装备，却没有必要使用它。使人民重新使用结绳记事的方法。

“虽有舟舆，无所乘之”，河上公注：“清静无为，不作烦华，不好出入游娱也。”意思是秉持清静无为，不兴劳烦奢华之事，不好出入游玩娱乐。

“虽有甲兵，无所陈之”，河上公注：“无怨恶于天下。”意思是在天下没有结怨交恶者，所以没有刀兵之灾。

王弼对上述论断的解释是“无所欲求”。

老子这一思想旨在说明，圣人治国，国虽大，仍然以小处之，务简约而不奢侈；百姓虽众，仍不敢使之劳烦。百姓各安其业，互不侵扰，畜积充裕，衣食有余，民风淳厚，温俭恭让。在这种社会中，虽然没有钟鼓之乐，但物产丰饶，百姓和睦相处，君臣上下和谐，文臣武将聪明睿智，帝王君主正道而行，法律严明、民俗有效，国家上下一心，百姓不令而从，不战而屈人之兵。因此，虽然家有舟舆，而无所运乘之用；虽然户有甲兵，但无有施力之所。

老子的这一思想，其基础是小国寡民，这是我国历史上宗法制的显著特点，小国并非是国，而是宗族部落。对于“小国寡民”的认识，河上公认为“圣人虽治大国，犹以为小”；王弼认为“国既小，民又寡，尚可使反古，况国大民众乎?”也就是说，老子并非要让人类回到小国寡民的时代，而是告诉我们，小国寡民尚可无为而治，何况是大国呢！“虽有舟舆，无所乘之；虽有甲兵，无所陈之”，是老子根据自己所处时代提出的主张，即便在今天，仍是让人感到它穿越时空，具有强大的生命力。

以“虽有舟舆，无所乘之”来看，随着飞机、高铁、私家车、地铁等交通工具迅猛发展，人们的出行越来越快捷。但必须看到的是，互联网、数字化的发展让人生活更加便利。在当今社会，只要有一部智能手机，几乎可以解决所有问题：从衣食住行到学习工作、从社交到娱乐，无一不能解决，并有效缓解了交通拥堵。尤其是在“新冠疫情”期间，互联网更是发挥了无可替代的作用，甚至可以远程治病、会诊。在学校无法正常开课的情况下，学生照样可以按照正常开学的节奏在网上上学。坐在家里，天下大事尽在眼前，即便即时发生的事情，也可以马上看到直播。《道德经》第四十七章云：“不出户，知天下；不窥牖，见天道。”以当今时代观之，大多数人做到了这一点。真的是实现了老子的交通工具“无所乘之”的预言。

以“虽有甲兵，无所陈之”来看，随着时代的发展，武器装备的威慑作用会越来越强。冷兵器时代，人们操持大刀长矛、背负弓弩箭矢，争城以战，杀人盈城，争地以战，杀人盈野；到了热兵器时代，坚船利炮成为主角，在杀人方面更具杀伤力，甚至让死者尸骨无存。第一次世界大战的凡尔登战役，德、法两国投入 100 多个师兵力，死亡超过 25 万人，50 多万人受伤，被称为“凡尔登绞肉机”。这是以武力杀戮征服敌人。随着科技不断进步，又有了最先进的武器——原子弹、氢弹、化学武器。这些武器的威慑力要远远大于实战力，美俄两国的核武库可以将人类毁灭几十次，这些武器的使用，意味着人类的灭亡，所以核武器的存在，抑制了世界大战爆发的可能性，是为当代的“虽有甲兵，无所陈之”。同时，武器再厉害，在自然面前也是极其渺小的，且不说行星之间的相撞，就是地震、海啸、火山喷发带来的灾难，远胜于原子弹。当人类破坏地球的时候，地球本身不会遭受什么伤害，而破坏的，是适合人类生存的环境，即便人类消失，地球也会迅速自我修复，照样会郁郁葱葱，一片生机，只不过那不是人类的生机而已。所以，甲兵陈之可也，不可轻易示人。

“虽有舟舆，无所乘之”“虽有甲兵，无所陈之”，是老子以最简练的语言穿透时空、横绝历史，几千年来的人类历史，无不是从正反两面印证了老子的论断。时至今日，人类社会以前所未有的加速度飞速前进，人类创造了空前的文明与科技，在人类充分享受现代文明的同时，也面临着空前的天灾与人祸。如何趋利避害，“制天命而用之”、让文明不要沦为倒持之太阿，老子的思想给了我们无穷的启示。

第三节／弱者道之用——为事之道的柔性思维

权力者往往迷恋强权，力大者往往迷信武力，他们忽视甚至轻视柔性的力量。用弱就是以柔性将问题解决而无须强力。“齿坚易折，舌柔长存”，说的就是强力代价大且难长久，而柔性具有神奇的功效。在用弱方面，老子用了一系列形象化的概念：水、柔弱、守雌、守黑、守辱、曲则全、枉则直、洼则盈、敝则新、大直若屈、大巧若拙、大辩若讷、哀者胜、不武等。用弱的实质是用软实力。软实力的核心魅力，就是靠自身的吸引力发挥作用，而不是通过强制力发挥作用，其基本特点是“同化的力量”和“感化的作用”，“不战而屈人之兵”是其最高境界。软实力是创造力，软实力是竞争力，软实力是凝聚力，软实力是亲和力。软实力是润物无声，是春风化雨，是水到渠成。软实力不靠强迫，而是凭借吸引；不是强制霸权、强买强卖，而是让人心悦诚服、心服口服。在老子的思想里，将其概括为“弱者道之用”。

一、至善如水，谦下不争

“上善若水”这一命题蕴含的哲理就是至善如水，谦下不争，至柔而能容天下。

《道德经》第八章：“上善若水。水善利万物而不争，处众人之所恶，故几于道。”这是说，最善的人好像水一样。水善于施利给万物而不与万物相争，居处众人都不喜欢的低洼之地，所以最接近于“道”。

“上善若水”，河上公注：“上善之人，如水之性。”意思是上善之人，具备水的特性。

“水善利万物”，河上公注：“水在天为雾露，在地为泉源。”意思是水在天上就会成为雾水、露水，在地上就是河流源头。

“处众人之所恶”，河上公注：“众人恶卑湿垢浊，水独静流居之。”王弼注：“人恶卑也。”意思是众人都厌恶低洼潮湿污秽之处，而水却能安然处之。

“故几于道”，河上公注：“水性几与道同。”王弼注：“道无水有，故曰几也。”意思是水的特性几乎与道是一样的。

老子以水来喻道，以水喻德，水滋养万物、包容万物，但从不居功自傲；水居处卑下，看似藏污纳垢，但本质净明，晶莹剔透；水无形而有形，柔弱而有力，善于包容，随遇而安。

水柔而不弱。“天下莫柔弱于水，而攻坚强者莫之能胜”，世上没有比水更柔软的东西了，它处方则方、处圆则圆，可饮可食、可浇可灌，可洗可濯、可要可弃。可弄于股掌之间，可蓄于大泽之内；寒则千里冰封，热则云蒸霞蔚；可云腾致雨，可露结为霜。但要战胜它却不容易，水中蕴含无穷的力量，以小言之，滴水穿石；以大言之，无坚不摧；淫雨霏霏令日月不明，暴风骤雨则所向披靡；三尺冰面千钧不为重，高温蒸汽百吨亦能驱；堰塞湖犹如定时炸弹，地上河好似高悬利剑。水之柔而不弱，可知焉。

水流低处下。《周易·乾卦·文言传》曰：“水流湿，火就燥。”水不会停留在高处，停于高处也不会久留，正所谓云上于天，化雨而降；冰雪在山，融化而下；瀑布飞流，百川归海。水甘于卑处，不计明暗，可于低洼之处，可在洞穴之中，可居于山重水复，可处于柳暗花明，不与山岳争高下，不与日月斗画长，映带漂流，随遇而安，自然无为，与世无争。

水善于迂回。水不会居于一潭，死水一潭不仅缺乏生机，且有溃堤之险。“流水不腐，户枢不蠹”，只有流水才有生命。水流动时，不会一味向前、横冲直撞，而是善于迂回，进退自如，动静相得；遇到障碍，绕而行之；遇到坑洼，填而过之；一丝缝隙不为小，江宽水阔不为大；前进就有生命，有生命便要前进，不归大海绝不罢休。

水最能奉献。水有能融万物之污、能生万物之命、能养万物之灵的美德。水以液、固、气三态存在，故能德布天下而无所遗。水是生命之源，无水则生命不复存在。烈日炎炎，骄阳似火，原野枯黄焦躁，生命危如累卵，雷雨作而甘霖降，万物振而沛然解。以小言之，小德川流，滋养生命；以大言之，大德敦化，孕育文明。水能载舟送行人，亦能灌溉浇良田；以清净融解污浊，能循环自净清澄；因简约而易再生，以廉价而供万物。水之无私可见矣。

对于“水”的研究和崇拜，并不仅限于道家，儒家也有深刻认识。《孔子家语·三恕》中，孔子讲了一个“水有九德”的故事：孔子正在观看东流的河水。子贡问道：“君子遇到大水一定要观看，这是为什么呢?”孔子回答说：“因为大水流动不息，并且将恩惠给世间万物却不图回报。水就像人的美德，它流向低下的地方，河流或直或曲，必定遵循其地势之理，犹如人之‘义’；水势浩大没有枯竭的时候，这犹如人之‘道’；它奔流投入百仞的深谷而不惧怕，这犹如人之‘勇’；它是最好的衡量工具，必然做到公平，这犹如人之‘法’；水虽多而不会有过量的时候，这犹如人之‘正’；它柔弱却能通达于细微之处，犹如人之‘察’；它流出源头必定向东，这犹如人之‘志’；水出入于世间，万物就可以得到净化，这犹如人之善于教化。水之德有这么多优点，所以君子见到它一定会观看。”

自古以来，人们就一直在认知水、效法水、利用水。鲧治水，不疏导河道，水无归宿，功用不成，水害不息，是逆水之德。禹治水，挖渠开山，疏导河道，河水顺畅，滚滚东流，是顺水之德。李冰父子知水之性，集中智慧修建都江堰，至今滋润天府之国的万顷良田。郑国入秦，因水之利，修建“郑国渠”，关中为沃野，秦以富强，卒并诸侯。三峡坝成，能防洪抗旱，可航运发电，能调节气候，可改善生态。南水北调，能化南涝北旱，能助中华复兴。项羽借水，志在破釜沉舟，背水一战，终获全胜；关公放水，意在罾口之“鱼”，水淹七军，威震华夏。荀子由水领悟“君者，舟也；庶人者，水也。水则载舟，水则覆舟”。杜甫感慨“好雨知时节，当春乃发生。随风潜入夜，润物细无声”。陆游希望“不雨珠，不雨玉，六月得雨真雨粟”。三十六计以“水”为计有三：瞒天过海、隔岸观火、浑水摸鱼；二十四节气观“水”知节有七：雨水、谷雨、白露、寒露、霜降、小雪、大雪。

水，蕴含生命、创造生命、养育生命，处卑下而无怨，利万物而不争，其道千转不穷，其益万用无绝。无论珍惜、浪费、重视、轻视，它都安之若素、静处超然，不喜不悲、不卑不亢，老子赞曰：“上善若水。”

二、至柔驰骋至坚之道

“天下之至柔，驰骋天下之至坚”，这一论断是老子以“至柔”喻“无为”，显“至柔”藏“无为”。

《道德经》第四十三章：“天下之至柔，驰骋天下之至坚。无有入无间，吾是以知无为之有益。不言之教，无为之益，天下希及之。”意思是，天下最柔弱的东西，能够穿行于最坚硬的东西中。无形的力量可以穿透没有间隙的东西。我因此认识到“无为”的益处。没有言语的教导，无所作为的益处，普天之下少有能赶上它的了。

“天下之至柔，驰骋天下之至坚”，河上公注：“至柔者水，至坚者金石，水能贯坚入刚，无所不通。”意思是，天下最柔弱的是水，最坚硬的是金石，水能够穿透金石进入其中，没有什么东西它穿透不了。王弼注：“气无所不入，水无所不经。”意思是空气无孔不入，水无处不在。在这里，河上公和王弼都是以客观存在的水与空气，具体解释了为什么“天下之至柔，驰骋天下之至坚”。

“无有入无间”，河上公注：“无有，谓道也。道无形质，故能出入于无间，通神群生也。”意思是无就是道。道没有躯体，所以能出入于一切，连通神明与万物。王弼注：“虚无柔弱，无所不通。无有不可穷，至柔不可折。”意思是道柔弱，能够通达一切，“无有”不能穷尽，“至柔”不可折断。

“天下之至柔，驰骋天下之至坚”，是在刚强中游刃有余的一种状态。它是一个更高的境界，以无有入于无间：没有形状的真实存在，可以进入没有空间的实体物质之间，以无入有，则无有不入。气为至柔而无形，但无孔不入；热为能量而无形，但无坚不入；光为至明而无形，可穿透玻璃；磁场为媒介之无形，可以穿透任何物体；电为能源之无形，可以于导体中传递；水为至柔而无形，但穿山入地，浸润万物，无所不至。凡此种种，而攻坚强者，则莫之能御。故曰：天下之至柔，驰骋天下之至坚。

苏秦不过是一介书生，手无寸铁、身无分文，可以称得上是“至柔”，燕、赵、韩、魏、齐、楚六国，兵甲以百万计、山河险固、精英云集，可称“至刚”。苏秦以三寸不烂之舌、两行伶牙俐齿，说服六国君王合纵抗秦，以苏秦为纵约长，兼任六国的相国，配六国相印，被奉为上宾。可谓“天下之至柔，驰骋天下之至坚”。

至柔驰骋至坚，是因为至柔之中，积聚有人们看不到的巨大能量，即使最坚强的东西也无法抵挡。天下最柔和的莫过于气，天朗气清之时，人们看不到，也不会关注气的存在，心安理得享受它带来的舒适。当狂风大作之时，它就会无孔不入、横扫一切，可谓摧枯拉朽、荡涤尘埃。因此说，天地之气虽无形，能贯通金石；日月之光虽无质，能穿透草屋。

“至柔”怎样才能将它的作用发挥出来，从而“驰骋天下之至坚”呢？老子认为在于“无为”。至柔不可折，无有不可穷，不言不可测，无为不可御。所以老子说“吾是以知无为之有益”。这个无为，就是不言之教、无为之益。淙淙溪水，能送万里行舟；六尺之辔，能驭千里之马。改革开放，我国“韬光养晦”，以道家思想来看，其实质就是“无为”。但我们在“韬光养晦”后面加了四个字——“有所作为”。这包括两方面：一方面是“韬光养晦”，就是收敛锋芒，不去树敌，绝不当头，不干涉别国内政，融入国际社会，遵循国际规则；另一方面是“有所作为”，就是聚精会神搞建设，一心一意谋发展。几十年来，我国以低调之“至柔”，“驰骋”于复杂的国际体系之“至坚”，大国地位日益彰显。由此可见，我们一直在讲的“无为”，其实是有所不为、有所必为。

苏辙《老子解》云：“以坚御坚，不折则碎；以柔御坚，柔亦不糜，坚亦不病。”意思是用坚强抵御坚强，即使不折断也会碎裂；用柔弱抵御坚强，柔弱的不会烂，坚强的不会损。因此“天下之至柔，驰骋天下之至坚”是以至柔御至刚，以无有入无间。这是“柔之胜刚，弱之胜强”的重要组成部分，是老子无为思想的重要体现。

三、坚强者死，柔弱者生

这是承接“天下之至柔，驰骋天下之至坚”，继续讲“坚强”和“柔弱”的关系，与前面不同的是，这一论断是从坚强和柔弱的结果来讲的。老子说，“坚强者死之徒，柔弱者生之徒”“强梁者不得其死”。

《道德经》第七十六章：“人之生也柔弱，其死也坚强。万物草木之生也柔脆，其死也枯槁。故坚强者死之徒，柔弱者生之徒。是以兵强则灭，木强则折。强大处下，柔弱处上。”意思是，人活着的时候身体是柔软的，死了之后身体就变得僵硬。草木生长时是柔软脆弱的，死了以后就变得干硬枯槁。所以坚强的东西属于死亡的一类，柔弱的东西属于生长的一类。因此，用兵逞强就会遭到灭亡，树木强大就会遭到砍伐摧折。凡是强大的，总是处于下位，凡是柔弱的，反而居于上位。

“人之生也柔弱，其死也坚强”，河上公注：“人生含和气，抱精神，故柔弱也；人死和气竭，精神亡，故坚强也。”意思是，人活着的时候内有元气，抱持精气、元神，所以柔弱；人死之后元气枯竭，精气、元神消亡，所以僵硬。再结合“草木之生也柔脆，其死也枯槁”，就知道坚强的东西属于死亡的一类，柔弱的东西属于生长的一类。

刘向《说苑·敬慎篇》有一段故事：韩平子问叔向：“刚与柔哪个更厉害？”叔向说：“我已经八十了，牙齿不断掉落而舌尚存。老聃有言曰：‘天下之至柔，驰骋天下之至刚’；又曰：‘人之生也柔弱，其死也刚强；万物草木之生也柔脆，其死也枯槁。’因此观之，柔弱者生之徒，刚强者死之徒。人活着的话身体受伤了会恢复，人死了的话身体受伤会腐烂更快，我以此知道柔弱胜刚强。”韩平子说：“那么您如何行事呢？”叔向说：“我以柔处事，怎么能用刚呢？”韩平子说：“柔不是太脆弱了吗？”叔向说：“柔，扭不折，割不断，怎么是脆弱呢？天意的安排是柔弱的最终取得胜利。所以两军交战，柔弱的一方胜利；两仇互相争利，柔弱的一方获利。”

柔弱是柔韧而不软弱，能够随时而动、顺势而为，故得生。井冈山时期，毛泽东和朱德提出“敌进我退，敌驻我扰，敌疲我打，敌退我追”的十六字诀，“敌进我退”是“诱敌深入”，是战术而不是软弱，在敌人松懈的时候，进行“敌驻我扰，敌疲我打，敌退我追”，从而取得最终胜利。

因此，金属太坚则易折，皮革太硬则易裂，国君太刚国易亡，人臣太强则无友。《易经》上说：“二人同心，其利断金；同心之言，其臭如兰。”这是因为去刚取柔。

这一论断中，老子还谈到了“强梁者不得其死”。《道德经》第四十二章：“强梁者不得其死，吾将以为教父。”意思是勇武有力的人死无其所，我把这句话当作施教的宗旨。

“强梁者不得其死”，河上公注：“强梁，谓不信玄妙（天道），背叛道德，不从经教，尚势任力也。不得其死者，为天所绝，兵刃所伐，王法所杀，不得以寿命死也。”意思是说“强梁”就是不信天道，背叛道德，不服从经典教化，崇尚强势任用武力的人。“不得其死”就是为天道所不容，为兵刃所杀伐，为王法所杀戮，不能够尽天年。

什么是强梁？违背自然是强梁，暴饮暴食是强梁，倒行逆施是强梁，恃强凌弱是强梁，好勇斗狠是强梁，凡此种种，皆无善终。我国历史上这样事情也很多。张飞雄壮威猛，敬君子却不体恤小人，刘备曾经告诫他："你刑杀太重，每天鞭挞士卒，又让他们在你身边，这是取祸之道。"但张飞仍我行我素，最终被手下范强、张达所杀。严遵在《道德真经指归》里说："强秦大楚，专制而灭；神汉龙兴，和顺而昌。故强者离道，梁者去神，生主已退，安得长存？"意思是强大的秦国和西楚（项羽政权），因专制强势而灭亡；大汉兴起，是因和谐柔顺而昌隆。所以强劲者离经叛道，凶暴者丧失元神，生的主宰已经退去，怎么能长存呢？也是说"强梁者不得其死"的道理。苏辙《老子解》总结："强梁，妄之极也。人知强梁之不免于死，则知妄之不可为；知妄之不可为，而后可与语道矣。"意为强梁是狂妄至极，人们如果知道强梁者不免于死，就会明白狂妄不可为；知道狂妄不可为，才能跟他谈论大道。

"坚强者死之徒，柔弱者生之徒""强梁者不得其死"，是老子对"坚强"和"柔弱"在结果上的深入剖析，我们要结合"柔之胜刚，弱之胜强"和"天下之至柔，驰骋天下之至坚"这些思想从整体上进行比较，理解会更为深刻。

四、果而勿强之道

这一论断是老子对战争的态度，即"善有果而已，不敢以取强"。战争从来不是用来逞强的，即使胜利，也不能耀武扬威。

《道德经》第三十章："善有果而已，不敢以取强。果而勿矜，果而勿伐，果而勿骄，果而不得已，果而勿强。"意思是善于用兵的人，只要胜利了就可以了，并不以兵力强大而逞强好斗。胜利了不自高自大，胜利了不自我夸耀，胜利了不骄傲自满。这是因为战争是不得已的事情，不敢因胜利而逞强。

"善有果而已，不敢以取强"，河上公注："善兵者，当果敢而已，不敢以果敢取强大之名。"意思是善于用兵的人，只是取得了战争胜利罢了，不要以取得胜利来博得强大之名。王弼注："言善用师者，趣以济难而已矣，不以兵力取强于天下也。"意思是说善于用军队的人，只是急于帮助天下解救危难罢了，不会以兵力逞强于天下。河上公与王弼的解释大致相同，都强调不要以武力逞强；有差异的地方是，河上公认为善于用兵的目的是要取胜，王弼主张善于用兵的目的解救天下危难。

周文王欲讨伐崇国，先布告说："我听说崇侯虎对父兄轻慢，对长老不尊，断案不公，分财不均，令百姓疲惫、衣食无着。我来讨伐他，是为民讨伐无道，就是要禁止杀人、毁坏房屋，禁止填没水井，禁止乱砍滥伐，禁止伤害六畜，如果不执行这一命令，杀无赦。”崇国人听说了，就都投降了。这是以有道伐无道，救民于危难。

抗美援朝战争我们都熟悉，它也诠释了“善有果而已，不敢以取强”的道理。“二战”后，朝鲜半岛分裂为两个相互对立的国家，南北双方都试图通过武力实现，民族的统一。1950 年 6 月，朝鲜战争爆发，韩军溃败，向美求救。1950 年 9 月，美军在仁川登陆，此后美军迅速越过“三八线”，占领平壤，将战火烧到鸭绿江边。中国在向美国一再警告无效的情况下，于 1950 年 10 月组成志愿军赴朝作战，战争从 1950 年 10 月打到 1953 年 7 月。中国志愿军的武器装备与后勤补给远远落后于“联合国军”，没有制空权，凭着坚定的信念和坚强的意志，打败了以美国为首的“联合国军”，让美国代表坐到了谈判桌前，朝鲜一战奠定了我国的大国地位。我们的志愿军付出巨大牺牲，以坚定的信念和坚强意志取得战争胜利，就是“善有果而已”；战争胜利后不驻守朝鲜，全部撤回中国，成就了仁义之师，就是“不敢以取强”。今天，我们的人民军队保家卫国、海上护航、国际维和，处处展现了威武之师、文明之师、和平之师的形象，也是老子这一思想的当代诠释。

苏辙对“善有果而已，不敢以取强”的观点是：“果，次也。德所不能绥，政所不能服，不得已而后以兵次之耳。”苏辙的意思是取得战争的胜利不是上策。是德不能安抚、政不能宾服的情况下，不得已用兵征伐的取胜办法。苏辙的见解非常独到，也很深刻，体现了“上兵伐谋”思想。如果“伐谋”不成，在不得已的情况下，出兵以有道伐无道，不仅展示威武之师的形象，而且能获得人心，人心是最大的政治，是最大的力量，所以胜利的根本在于赢得人心。

“善有果而已，不敢以取强”，具有深刻的道家思想的烙印，但也需要辩证认识。不炫耀武力固然可取，但忽视武力亦是败亡之道。《说苑 · 指武篇》的论述值得思考：“司马法曰：‘国虽大，好战必亡；天下虽安，忘战必危。’易曰：‘君子以除戎器，戒不虞。’夫兵不可玩，玩则无威；兵不可废，废则召寇。昔吴王夫差好战而亡，徐偃王无武亦灭。故明王之制国也，上不玩兵，下不废武。”这段论述，首先用司马法的观点——“国虽大，好战必亡；天下虽安，忘战必危”、《周易》的观点——君子要修治好兵器，以防不测，来说明武力不可以玩弄、不可以废弛。然后用夫差好战、徐偃王废武导致灭亡，再一次强调要“上不玩兵、下不废武”。因此，不炫耀武力并不意味着放弃武力威慑。

五、积坚者败，体柔者胜

“弱之胜强，柔之胜刚”这一论断所揭示的就是柔弱胜刚强的哲理。

《道德经》第七十八章：“天下莫柔弱于水，而攻坚强者莫之能胜，以其无以易之。弱之胜强，柔之胜刚，天下莫不知，莫能行。”意思是天下没有比水更柔弱的东西了，而攻坚克强却没有什么东西可以胜过水。柔弱胜刚强，天下没有人不知道，但是没有人能实行。

“天下莫柔弱于水”，河上公注：“圆中则圆，方中则方，拥（通‘壅’）之则止，决之则行。”意思是把水置于圆形的容器中，它就是圆的，置于方形的容器中，它就是方的，堵塞它就会停止，疏通它就会前行。

“攻坚强者莫之能胜”，河上公注：“水能怀山襄陵，磨铁消铜，莫能胜水而成功也。”意思是水能包围山陵、漫上丘陵，磨砺钢铁、溶化铜器，没有谁能够战胜水的。

“以其无以易之”，河上公注：“夫攻坚强者，无以易于水。”王弼注：“言用水之柔弱，无物可以易之也。”意思是水的柔弱的价值，没有任何东西可以替代。这说的就是柔弱胜刚强。严遵《道德真经指归》说：“积坚者败，体柔者胜，万物之理，自然之称也。”意思是一味示强必定失败，身体柔软的会胜利，这是万物固有的道理，自然本来的面目。章鱼和螃蟹遭遇到底谁会战胜谁？很多人认为应该是螃蟹胜利。恰恰相反，螃蟹会被章鱼生吞而毫无脾气！既然螃蟹战胜不了大个子的章鱼，那一定会战胜小个子的水蛭吧？同样不能。水蛭身体柔软而有韧性，它一直在寻找螃蟹的弱点，终于发现了它的腹部有缝隙，于是水蛭钻进螃蟹的肚子里吸光血液，让它剩下一具空壳！

“弱之胜强”，河上公注：“水能灭火，阴能消阳。”火逢水则灭，这比较好理解。阴能消阳，当阳极盛之时，便是一阴复生之际，自夏至日至冬至日，是阴长阳消过程。

“柔之胜刚”，河上公注：“舌柔齿刚，齿先舌亡。”

“天下莫不知，莫能行”，河上公注：“知柔弱者长久，刚强者折伤也。耻谦卑，好强梁。”意思是人们都知道柔弱者长久，刚强者折损，但人们仍然耻于谦卑，喜好勇武。知而不能守，这是天下人的通病。

《周易·坤卦·文言传》云：“坤至柔而动也刚，至静而德方。后得主而有常，含万物而化光。坤道其顺乎？承天而时行。”坤之德性极为柔顺，但变动时则显出刚强；虽然极为安静，但德行端正。后来主持万物而能遵循规律，能包容万物并帮助它们生长壮大。大地的属性太伟大了，秉承天的意志而顺时运行。坤道就是柔道，它所蕴含的能量、带给万物的利益，绝不弱于乾道，况且独阳不长、天生地成。《道德经》第八章讲“水善利万物而不争，处众人之所恶”，圣人不争众人之所利，而乐居众人之所恶，故几于道。这是老子首次言及“柔弱胜刚强”之道；在其第四十三章指出：“天下之至柔，驰骋天下之至坚”；在其第七十六章说：“坚强者死之徒，柔弱者生之徒”；在其第七十八章做出结论：“弱之胜强，柔之胜刚”。《说苑·君道》所言为君之道皆为柔道。其中有一则故事讲楚庄王：楚庄王见国家没有出现灾祸之事，便祈求山川神灵说：“上天难道忘了我吗?”这是求过于天。求过于天之人一定不会拒绝臣民的谏言，是柔弱之道。而汤武亦言之：“万方有罪，在予一人。”这都是以身处下，以柔弱赢天下。1970 年 12 月 7 日，勃兰特访问波兰期间，特意来到华沙犹太隔离区起义纪念碑前，一时间百感交集，双膝弯下跪在了冰冷的阶梯上。勃兰特惊世一跪成就了德国，引起世界各国爱好和平人士的一致称赞，从此德国获得了欧洲的谅解。这与有的国家在“二战”期间犯下滔天罪行却不肯认罪，一直不能成为正常国家，形成了鲜明的对比。

柔弱不是软弱无能，柔弱胜刚强也是有条件的。

首先，要客观看待柔弱，要承认强大的力量。天下大势，浩浩荡荡，顺之者昌，逆之者亡，这是强大的力量。进步战胜保守、民主代替独裁、文明代替野蛮等，这是规律，不能违背。老子是肯定“强”的价值的，比如“强行者有志”“胜人者有力”“自胜者强”等。

其次，“柔弱胜刚强”的前提是“柔弱”同样要有力量。如果“柔弱”没有力量、没有韧性，同样是无法战胜刚强的，章鱼死后身体也是柔软的，难道死章鱼能战胜活螃蟹？当然是不可能的。所以“柔弱”要想取胜，就要有与“刚强”相抗衡的资格，能够以柔克刚、挽强为弱。

再次，“柔弱胜刚强”是艺术。是“寓柔弱于刚强”，是刚柔并济。软实力是以硬实力为后盾。毛泽东评价邓小平是“柔中寓刚、绵里藏针”，但毛泽东更认为邓小平是“钢铁公司”（出自《历史选择了邓小平》一书，武汉出版社，第 30 页。毛泽东原话：“柔中寓刚、绵里藏针，外面和气一点，内部是钢铁公司。”）。所以用柔要以强大为后盾。共产党领导的红军在弱小的时候能够五次被“围剿”而不灭、万里长征更坚强，就是因为有坚定的信念、坚强的组织，所以不断发展壮大，夺取最后的胜利。

最后，“柔弱”要有原则性才能“胜刚强”。也就是说，用“柔”不能失去原则。如果失去原则，就不存在用“柔”的问题，而是“软”的问题，当然不可能胜刚强。近代中国积贫积弱，在西方列强的侵略面前软弱无能，签订无数不平等条约；蒋介石政府在日本侵略者面前一味撤退、放弃抵抗，可谓软矣、弱矣。中华民族百年屈辱就在软弱，教训深刻。

“弱之胜强，柔之胜刚”是老子一系列思想发展的结论，也是老子思想的重要方面，在学习、认识、运用的时候，也需要以辩证的思维来对待它，这也是继承和发展的问题。

六、不行不见不为之道

这一论断是老子哲学上的认识论。老子认为，认识事物要靠内在的自省，下功夫进行自我修养，才能领悟天道、认识规律。在认识上，单纯依靠感情经验是立不住的。

《道德经》第四十七章：“不出户，知天下；不窥牖，见天道。其出弥远，其知弥少。是以圣人不行而知，不见而明，不为而成。”意思是不出大门，就能了解天下事理；不望窗外，就能知晓自然规律。走得越远，知得越少。所以，圣人不外出却能够了解事理，不亲自看却能明了自然规律，不必作为却能有所成就。

“不出户，知天下”，河上公注：“圣人不出户以知天下者，以己身知人身，以己家知人家，所以见天下也。”意思是圣人不出门户而能知晓天下事理的原因，是能推己及人、推己家知人家，所以能够看见天下。王弼注：“事有宗而物有主，途虽殊而同归也，虑虽百而其致一也。”意思是事有宗旨而物有主使，虽然路径不同但目的一致，虽然思虑种种，但道理相同。

“不窥牖，见天道”，河上公注：“天道与人道同，天人相通，精气相贯。人君清净，天气自正，人君多欲，天气烦浊。吉凶利害，皆由于己。”意思是天道与人道相同，天与人相通，精与气相互贯通。君主清静，天中之气自然清正；君主多欲，天中之气烦乱浑浊。吉凶利害这些情况，都是由自己造成的。王弼注：“道有大常，理有大致，执古之道，可以御今。虽处于今，可以知古始，故不出户窥牖而可知也。”天道有其基本规律，常理有其基本标准，执守古之法则，可以管理当今之事。虽然处于当今时代，但仍可以知晓“道”之端始，所以说不出户、不窥牖可以知天下、见天道。河注前半部分尚好，王注更为透彻。

“其出弥远，其知弥少”，河上公注：“谓去其家观人家，去其身观人身，所观益远，所见益少也。”这是说离开自家观人家，离开自身观人身，所观对象越远，所见的就越少。王弼注：“无在于一，而求之于众也。道视之不可见，听之不可闻，搏之不可得，如其知之，不须出户。若其不知，出愈远愈迷也。”意思是无本来在于“一”，却到众人之处去寻找。道视之不可见，听之不可闻，搏之不可得，如果知道它，不必出门户；如果不知道它，走得越远越迷惑。两者解释基本一致，将“其出弥远，其知弥少”的原因基本解释清楚了。

规律是客观的，不以人的主观意志为转移，这一点中国古代的哲学家已经洞察，这是非常了不起的，我们的文化自信就是由这样的认知逐步积累起来的。所以客观现象并不是见到就是事实，不见就一无所知。河、王之注都关注了这一点，万事有其内因，天下殊途同归，推己可以及人，推家可以知天下，天下大同，古今如一，不出户、不窥牖，天下天道了然于胸。所以道在自心，走得越远，离道越远，就越迷惑。苏辙在《老子解》中总结说：“性之为体，充遍宇宙，无远近古今之异。古之圣人，其所以不出户牖而无所不知者，特其性全故耳。世之人为物所蔽，性分于耳目，内为身心之所纷乱，外为山河之所障塞，见不出视，闻不出听，户牖之微，能蔽而绝之，不知圣人复性而足，乃欲出而求之，是以弥远而弥少也。”意思是作为天性自身来讲，充斥整个宇宙，没有远近古今之别。古代圣人，之所以能不出家门而无所不知，就是保全了天性的缘故。当今世人被外物蒙蔽，天性被耳目嗜欲所分散，内被身心不宁所扰乱，外被山河叠嶂所阻塞，眼看不见，耳听不闻，户牖虽小，却能将他隔绝，浑然不知圣人恢复天性就能做到，却想出外求得，所以走得越远知道得越少。苏辙之见极为犀利透彻，世俗之人之所以不知天下、不懂天道，是因为被嗜欲声色所束缚，迷失了人本来的天性，不反求自身而求之于外，就会“其出弥远，其知弥少”。

“是以圣人不行而知，不见而明，不为而成”，河上公注：“圣人不上天，不入渊，能知天下者，以心知之也。上好道，下好德；上好武，下好力。圣人原小知大，察内知外。上无所为，则下无事，家给人足，万物自化就也。”意思是圣人不用上天、不必入水就能知晓天下道理，这是因为圣人用心来了解。君主喜好道，则民众就喜好德；君主喜好武，则民众就喜好力。圣人能够由小知大、察于外而知于内。君主实行无为，民众就没有事情，家给自足，那么万物就会自然化育成功。王弼注："得物之致，故虽不行，而虑可知也。识物之宗，故虽不见，而是非之理可得而名也。明物之性，因之而已。故虽不为，而使之成矣。"意思是，懂得事物内在的规律，虽不远行，思虑也可知晓天下之事。认识事物的宗旨，眼虽不见，是非的道理也能得到并讲出来。明白事物的本性，只不过是遵循其规律而已。因此虽然不为，也能使事情成功。

"不行而知，不见而明，不为而成"，其实质是顺应天性，根据万物本性，顺其自然，不加施为自然成功。所以庄子云："闻在宥天下，不闻治天下。"只听说宽容顺应天下，没听说治理天下。让人自在，是因为害怕扰乱人们的本性；让人宽容，是因为害怕改变人的德行。君主治理国家，应当处以无为之事，遵行不言之教，守清静而不劳民，法度适宜不轻变，顺应自然，国治而不劳烦。当初孙叔敖恬淡静卧，使楚国不动兵刃就能为霸；楚国勇士宜辽面对威吓，泰然自若玩弄球丸，在两家战乱中独善其身。身披铠甲、怒目扼腕，以此御敌，这就太危险了；以契据束帛、刑罚斧钺来解决争端，其可能性太小了。蘧伯玉在卫国为相，子贡前往学习，问道："您用什么治国?"蘧伯玉回答："以无为治之。"赵简子欲伐卫，派史黯先行前往卫国侦察。史黯回来报告说："蓬伯玉在卫国为相，不可以攻打。"由此看来，坚固的要塞和险峻的关隘怎么能有这种效果呢?

"不行而知，不见而明，不为而成"作为老子哲学上的认识论，与他的"治人事天莫若啬""不以智治国，国之福；以智治国，国之贼"等思想密切沟通，合而观之，更能体会其中深意。

七、昭昭昏昏，察察闷闷

"俗人昭昭，我独昏昏；俗人察察，我独闷闷"，这一论断是老子思想中的自处与处人哲理。

《道德经》第二十章："俗人昭昭，我独昏昏；俗人察察，我独闷闷。澹兮其若海，飂兮若无止。众人皆有以，而我独顽似鄙。我独异于人，而贵食母。"意思是众人光亮耀眼，唯独我黯淡无光；众人那么精明严苛，唯独我淳厚宽宏。飘忽不定如大海没有穷极；若飞若扬漂泊无定。世人都想得以施展本领，唯独我无所作为好似笨拙。只有我与众不同，关键在于我重视"道"。

"昭昭"，河上公注："明且达也。"意思是睿智通达。王弼注："耀其光也。"意思是光亮耀眼。

"昏昏"，河上公注："如暗昧也。"意思是隐晦不明。

“察察”，河上公注：“察察，急且疾也。”意思是察察就是迫切而快速。王弼注：“分别、别析也。”意思是区分、辨析。

“闷闷”，河上公注：“闷闷，无所割截。”意思是闷闷就是不知从何处截取。

“俗人昭昭，我独昏昏；俗人察察，我独闷闷”这一观点的前提是“绝学无忧”。严遵《道德真经玄德纂疏》对此解释是：“俗学则尊辩贵知，群居党议，吉人得之以益，凶人得之以损。天地之内吉人寡而凶人众，故学之为利也浅而为害也深。”意思是世俗之人以辩为尊、以智为贵，喜欢聚众议论，这样的话善人为学会有好处，不善人为学会有坏处。天下善人少、不善人多，所以为学好处少、坏处多。这与庄子掊击圣人的初衷是一样的：天下善人少而不善人多，圣人之利天下也少而害天下也多。《诗经》上说：“上帝临汝，毋二尔心。”意即“上帝降临到你面前，你要忠心耿耿、不能有二心”。所以圣人能够素其位而行，任凭穷通得丧，任何情况下都能怡然自得、“昏昏”、“闷闷”，所以称作“无忧”。

在俗人“昭昭”“察察”之时，我能做到“昏昏”“闷闷”，其根本在于人有为而我无为。从表面看，俗人都是昭昭然无事不详，而我却昏昏然一无所识；俗人都是察察然无事不晓，而我却闷闷然一无所明。难道我真的是昏聩无知、闷而不觉吗？当然不是，“昭昭”“察察”者恐不明，“昏昏”“闷闷”者恐最察。《三国演义》第六十九回，耿纪、韦晃等造反，放火焚烧许都，曹操很快平定这次事件。事后曹操召集许都官员，说你们这些人有出来救火的，也有闭门不出的，救火的，站到红旗下面，没有救火的，站到白旗下面。众官自思救火的一定无罪，于是多奔红旗之下。只有三分之一的人站在白旗下面。曹操下令把立于红旗下面的全部拿下，众官纷言无罪。曹操说：“你们当时的想法，并不是救火，而是想帮助叛贼。”众官不再争辩，只能受死。有的人本来没出来救火，却站在红旗之下，本想浑水摸鱼，太过昭昭察察，看似聪明，但却丢了性命。

“昏昏”“闷闷”的实质是晦迹韬光，寓精明于浑厚，隐荣华于市井；寓昭昭于昏昏，隐察察于闷闷。只不过从表象看，世人都在积极试图有用于世，而“昏昏”“闷闷”者却愚顽而鄙陋。但就其实质来说，“昏昏”“闷闷”者其实是胸怀锦绣，腹有诗书，远为常人所不及。这是因为一般人注重外在功用，忽视了本来天性；而圣人注重内在涵养，保住了他本来天性。管宁是东汉末年至三国时期著名隐士，与华歆、邴原并称为“一龙”，华歆为龙头，邴原为龙腹，管宁为龙尾。管宁一生经历丰富：游学他乡、避乱辽东、屡辞辟命、高节始终，在乱世中注入一股清流，身得善终，流誉后世。所以孟子曾说："学问之道无它，求其放心而已矣。"意即学问之道没有别的什么，就是把那失去了的本心找回来罢了，概言之叫"求放心"。知道了这个道理，我们就"能闲世人之所忙者，方能忙世人之所闲"。

所以，在老子的思想中，"闷闷""昏昏"是智慧、是德行、是无为、是境界，它超越了世俗的简单的入世之学，是韬光厚积，是绝学无忧，是水到渠成，是为事之道的大智慧。

八、政闷民淳，政察民缺

"其政闷闷，其民淳淳；其政察察，其民缺缺"，这一论断是老子对两种治国方针的态度。老子主张宽厚无为的方针，反对严苛有为的方针。

《道德经》第五十八章："其政闷闷，其民淳淳；其政察察，其民缺缺……是以圣人方而不割，廉而不刿，直而不肆，光而不耀。"意思是国家政治宽厚，人民就淳朴善良；国家政治严苛，人民就狡黠争夺……所以有道的圣人方正而不会割伤人，有棱角而不会刺伤人，直率而不放肆，光亮而不刺眼。

"其政闷闷，其民淳淳"，河上公注："其政教宽大，闷闷昧昧，似若不明。政教宽大，故民醇醇富厚，相亲睦也。"意思是政治教化大度，宽厚隐晦，好像不彰明。政治教化宽宏大度，百姓就会淳朴富裕，相互亲爱和睦。王弼注："言善治政者，无形无名，无事无政可举，闷闷然，卒至于大治，故曰其政闷闷也。其民无所争竞，宽大淳淳，故曰其民淳淳也。"意思是善于治理国家的人，不为名、不为利，没有什么政事可做，非常宽厚，以至于达到大治，所以叫作"其政闷闷"；没有什么可以让百姓竞争，大家都大度淳朴，所以叫作"其民淳淳"。

"其政察察，其民缺缺"，河上公注："其政教急疾，言决于口，听决于耳也。政教急疾，民不聊生，故缺缺日以疏薄。"意思是政治教化过于急躁，施政就会简单粗暴，以口断言，以耳断闻，不会冷静思考。政治教化过于操切，百姓就会无以为生，所以就会日益相互疏远、薄情、奸诈、虚伪。王弼注："立刑名，明赏罚，以检奸伪，故曰察察也。殊类分析，民怀争竞，故曰其民缺缺也。"意思是治国制定刑法，明确赏罚，用以辨明真伪，所以叫作"察察"；将不同类别分开（就会出现等级），百姓就会心怀竞争，所以叫作"其民缺缺"。

借助河上公和王弼的解释，可以更加明晰老子的这一主张。在老子看来，统治者把治理国家的法律、制度、规章制定得详细周密，把各种事情处理得明明白白、严丝合缝，好像是井井有条，但实际上会激起民众的逆反情绪，他们会开动智慧，想出应对统治者的办法，就会上有政策、下有对策，这就是狡诈。如果统治者不过于较真，以宽大为怀，让利于民，不与百姓斤斤计较，矛盾就会减少，百姓就会淳朴富裕，相互亲爱和睦，不会把精力用在如何对付统治者上，就能够达到大治。《说苑·理政》对此解释更为透彻："水浊则鱼困，令苛则民乱，城峭则必崩，岸竦则必阤。故夫治国，譬若张琴，大弦急则小弦绝矣，故曰急辔御者非千里御也。有声之声，不过百里；无声之声，延及四海。故禄过其功者损，名过其实者削。"意为水浑浊鱼就会陷入困境，法令苛刻百姓就会混乱，城墙陡峭必然崩塌，河岸竦立必然塌陷。治国犹如调琴，大弦太紧小弦必然会断，所以说快马加鞭不能行千里。声音再大传不过百里，无声恩泽可传遍天下。因此禄位超过功劳反而有害，名分超过实际反而会被削弱。这就是"其政闷闷"与"其政察察"的区别，在老子看来，是提倡"闷闷"，反对"察察"的。

但是，在一定程度上"其政闷闷"与"其政察察"也不能截然分开，只不过这超出了老子思想的本意，可以说是这一思想的当代发展。在这里，"闷闷"是要求执政者宽宏大度，无为而为；"察察"是要求执政者体察民情，以百姓心为心。郑国人喜欢到乡校游玩，并在这里议论执政者的得失。然明（郑国大夫鬷 zōng 蔑）对子产（郑国大夫公孙侨）说："为什么不毁弃乡校呢？"子产说："为什么要这样？人们早、晚在此游玩，顺便议论一下执政者的得失。他们认为好的政令，我就去推行；他们认为不好的政令，我就去改正。乡校实际上是我的老师，怎么能毁弃呢？我听说用忠信治国就会减少怨恨，没听说用威势来杜绝怨恨。这就如防范决堤，大的决堤伤人必然很多，这个我无法阻止。倒不如开个小缺口来引导，让我知道他们的诉求以便采取相应的办法。"然明说："我今天算是知道您是值得信赖并可以辅助的人。我实在太鄙陋，若能如此，这真是郑国坚实的依靠，就不必只依赖于几个重臣了。"子产的理念，就包含了"闷闷"和"察察"，但这是以百姓心为心的"闷闷"和"察察"。

随着时代的发展，我们要从客观的视角来审视老子这一思想。在当今时代，"其政闷闷"，恐怕也不一定"其民淳淳"；"其政察察"，也未必"其民缺缺"。在现代法治社会中，其政必须"察察"，复杂的社会构成必须以完备的法律法规体系来维护，如果法律法规体系不完备，一味“其政闷闷”，治国必定陷入混乱之中。社会越发展，法律就越应当完备。以我们最为熟悉的网络空间为例，在网络空间中，每一个人既是接受者，也是传播者，如果没有限制，任意散播各种信息，社会就会乱作一团，正常的社会秩序就会失去。所以，对网络空间的监督一定要“察察”。

当然，“其政察察”也不能完全否定“其政闷闷”的作用。在很多具体工作中，我们也要认真思考“其政闷闷”。以税收工作为例，现在国家税收法律法规、征管体系都已经日益完备，纳税人想偷逃税款已经非常困难。如果国家税负相对较重，过重的税负严重影响企业的进一步发展，减轻企业负担、涵养税源也是税收工作的内容之一。为达到这个目的，税务部门需要“其政闷闷”，为企业做好税收筹划，在应收尽收的同时，防止过度征收。这样才会出现社会和谐繁荣、百姓淳朴富裕的局面。

“其政闷闷，其民淳淳；其政察察，其民缺缺”，是老子非常重要的政治思想，在今天仍有其现实意义，我们要学习运用。这一思想也对统治者提出了要求，这就是“方而不割，廉而不刿，直而不肆，光而不耀”——既坚持原则，又实事求是；既不掩盖矛盾，也不回避问题；既严肃认真，又亲近群众。这也是以人民为中心的体现。

九、挫锐解纷、和光同尘之道

“挫其锐，解其纷，和其光，同其尘”，这一命题是老子的处世哲学。“挫其锐，解其纷”，就是用虚柔不盈的方式来化解纷扰；“和其光，同其尘”，就是不露锋芒，与世无争的平和处世方法。

《道德经》第五十六章：“知者不言，言者不知。塞其兑，闭其门，挫其锐，解其纷，和其光，同其尘，是谓玄同。故不可得而亲，不可得而疏；不可得而利，不可得而害；不可得而贵，不可得而贱。故为天下贵。”意思是，聪明的人不多说话，到处说长论短的人不聪明。塞堵住嗜欲的孔窍，关闭住嗜欲的门径，挫去其锐气，解除其纷扰，收敛其光芒，混同其尘俗，这就是与天同道。（达到“玄同”境界的人），已经超脱亲疏、利害、贵贱的世俗困扰，所以就为天下人所尊重。

“挫其锐”，河上公注：“情欲有所锐为，当念道无为，以挫止之。”意思是，人在情欲上是不断索取、没有满足的，但念及大道无为，就要想办法抑制它。

“解其纷”，河上公注：“纷，结恨不休，当念道淡泊，以解释之。”意思是，纷就是结下仇恨没有化解，应当思虑大道淡泊名利，以化解仇恨。

“和其光”，河上公注：“虽有独见之明，当和之使暗昧，不使曜乱。”意思是，即使有超人的光亮，也要不显露出来，不让它去扰乱别人。

“同其尘”，河上公注：“不当自别殊也。”意思是不应当与众不同。王弼注：“无所特贱，则物无所偏耻也。”意思是没有高低贵贱等级之分，万物就不会有自惭形秽的现象。

塞兑闭门，是探究事物本原以杜绝外界的诱惑；挫锐解纷，是革除智慧让万物归于纯朴；和光同尘，是消弭差别让万物达到统一。如《庄子·天地》所言：“天地虽大，其化均也；万物虽多，其治一也；人卒虽众，其主君也。”意为天地虽然很大，但它们的运动和变化却是均衡的；万物虽然纷杂，但它们各得其所，归根结底却是同一的；百姓虽然众多，但他们的主宰者却都是国君。苏辙将其解为“塞兑闭门以杜其外，挫锐解纷和光同尘以治其内”，这是说塞兑闭门是防患于外部，挫锐解纷、和光同尘是修养内在。“挫其锐，解其纷，和其光，同其尘”，不仅仅是针对执政者而言的，其中处事为人的哲理对世间所有人都有意义。它要求人们加强自我修养，除去私欲，不露锋芒，摆脱纷争，混同世俗，超越亲疏、利害、贵贱，以开阔的心胸和公正的心境去对待一切人和物。

解缙是明初著名才子，明太祖特别喜爱他，让他每天在自己身边，待之如家人父子。解缙受宠日深，又自负才高，给朱元璋上了一封万言书，指出朱元璋许多毛病，还提出分封亲王恐会危及后世朝廷。解缙所言无不深中朱元璋的弊病，后来成祖朱棣起兵燕京，夺了皇位，可谓是解缙的先见之明。虽然解缙犯了朱元璋的大忌，但朱元璋却体谅他的忠心，不但没有怪罪，还对左右侍臣连声夸赞解缙“高才”。但朱元璋也怕解缙再闹下去，激化皇家矛盾，于是便让解缙的父亲把他领回家，再读书十年，然后回朝做官。明成祖朱棣夺取政权后，解缙是第一位内阁首辅，并成为《永乐大典》的总编官，然而解缙依然放言无忌。一次朱棣让解缙品评几位大臣短长，解缙直言无隐。这些大臣知道后，对解缙恨之入骨，总在朱棣面前指摘解缙的过失，结果是众口铄金，积毁销骨。永乐八年（1410 年），因解缙私自拜见太子，而没有拜见成祖，再加上其他人的诬陷，被逮捕入京，投入诏狱，五年后，被处死，年仅四十七岁，令人扼腕。解缙的悲剧在于他只盯着“锐、纷、光、尘”，喜欢求异，而不注重“挫锐、解纷、和光、同尘”，不喜欢求同。

有人认为，锐、纷、光、尘属于对立的范畴；挫锐、解纷、和光、同尘属于统一的范畴，这是非常有道理的。尖锐的东西易折，把尖锐磨去，可以避免断折的危险；各人坚持已见，是非纷纭，便无所适从，解纷的办法在于放弃片面的意见；只看到阳光的一面，忽略了阴暗的一面，是不算真正懂得光的运用之法的，只有把“负阴”“抱阳”统一起来，才能懂得“用其光，复归其明”的道理；超脱尘世是不现实的，众人皆浊我独清是行不通的，这就是对立统一的道理，“同其尘”，是对立的统一道理的高明运用。

从全章来看，“挫其锐，解其纷，和其光，同其尘”的前提，是“知者不言，言者不知”；它的结果是“不可得而亲，不可得而疏；不可得而利，不可得而害；不可得而贵，不可得而贱”。这是前因后果连贯的统一体。

从前提看，“知者不言”，是说知道万物变化无穷无常的人，也就知道不能描述其本质，故而不言。“言者不知”，是说能描述出来道理的人，还是没有了解大道之变化无穷的本质。因此，能够做到“挫其锐，解其纷，和其光，同其尘”的人，一定是智者。老子认为，智者不是说教者，而是通过自我修养，达到言行一致、豁达大度，从而得到人们尊崇的人。

从结果看，一个人一旦能用虚柔不盈的方式来化解纷扰，不露锋芒，与世无争，必然能超脱亲疏、利害、贵贱的世俗困扰。

明代大才子杨慎在《韬晦术》中说：“东坡曰：‘古之圣人将有为也，必先处晦而观明，处静而观动，则万物之情，毕陈于前。’”意思是，苏东坡说过，古代圣人将有所作为的时候，一定先处在暗处观察明处，处在静处观察动处，那么一切事情就都呈现在面前了。接着又讲：“夫藏木于林，人皆视而不见，何则？以其与众同也。藏人于群，而令其与众同，人亦将视而不见，其理一也。木秀于林，风必摧之；人拔乎众，祸必及之，此古今不变之理也。”意思是把树藏在森林里，人们都会视而不见，这是为什么呢？是因为这棵树与其他树是一样的。把一个人藏在人群里，让他与众人一样，人们也会视而不见，道理是一样的。一棵树高出于树林，大风必然把它吹折；一个人鹤立鸡群，祸患也必然降到他身上。这是从古至今不能改变的道理。

挫锐解纷、和光同尘，这一命题从本意讲是老子的处世哲学，是以虚柔不盈化解纷扰、是不露锋芒与世无争的处世方法，但在当代为政为事之中，让全体人民共享繁荣富强，是和光同尘在新时代的发展。当前，我们正在为“两个百年”目标奋斗，要将国家改革开放的成果惠及全体人民，“发展成果由人民共享”是“和光同尘”的一种体现，能够消解社会矛盾、凝聚国家力量，这是“挫锐、解纷、和光、同尘”在更高层次的应用。

十、处下“三守”之道

这一命题是老子思想的处下哲学，即按照知雄守雌、知白守黑、知荣守辱的原则去从事政治、参与社会。

《道德经》第二十八章：“知其雄，守其雌，为天下溪。为天下溪，常德不离，复归于婴儿。知其白，守其黑，为天下式。为天下式，常德不忒，复归于无极。知其荣，守其辱，为天下谷。为天下谷，常德乃足，复归于朴。”意思是，知道什么是雄强的，却安守雌柔的地位，甘愿做天下的溪涧。甘愿作天下的溪涧，永恒的德性就不会离失，回复到婴儿般单纯的状态。知道什么是明亮的，却安于暗昧的地位，甘愿做天下的榜样。甘愿做天下的榜样，永恒的德行就不会差失，恢复到不可穷极的真理。知道什么是荣耀的，却安守卑辱的地位，甘愿做天下的川谷。甘愿做天下的川谷，永恒的德性才能够充足，回复到自然纯朴的状态。

“知其雄，守其雌，为天下溪”，河上公注：“雄以谕尊，雌以谕卑。人虽自知其尊显，当复守之以卑微，去雄之强梁，就雌之柔和，如是则天下归之，如水流入深溪也。”意思是雄是用来说明尊贵的，雌是用来说明卑下的。一个人虽然知道自己处于尊贵显耀的地位，但仍以卑微自处，除去雄强的勇武有力，靠近雌弱的柔和顺随，这样天下就会归附他，就像涓涓泉水流入深溪一样。

“知其白，守其黑，为天下式”，河上公注：“白以谕昭昭，黑以谕默默。人虽自知昭昭，明白当复守之以默默，如闇昧无所见，如是则可为天下法式，则德常在。”意思是，白用来说明明亮，黑用来说明沉静。一个人虽然知道自己有光泽，却知道应当守之以沉静，就如在黑暗之中不被发现，这样才可以成为天下榜样，德行才会长存。

“知其荣，守其辱，为天下谷”，河上公注：“荣以谕尊贵，辱以谕污浊。人能知己之有荣贵，当复守之以污浊，如是则天下归之，如水流入深谷也。”意思是，荣是用来说明尊贵的，辱是用来说明污浊的。一个人知道自己身处荣华富贵，却仍守之以污泥浊淖，这样天下人就会归附他，就如泉水流入深谷。

在“守雌”“守辱”“守黑”三者中，“守雌”比较抽象，但容易被接受；“守辱”比较具体，可以感知，但身在屈辱极为痛苦，需要压抑自己、平复心绪才能忍而不发；“守黑”就不容易了，面对大逆己心甚至奇耻大辱能够做到充耳不闻、平心静气，非大智大勇则不能。《说苑·君道》有赵简子的故事：有人对赵简子说："您为什么不改过呢?"简子说："好，我改。"左右的人问道："您没有过错，改什么呢?"赵简子说："我答应这个人，并非我真的有过。我这么做是求得进谏者，如果我拒绝了他，是拒绝进谏之人，进谏之人就不会来了，我离出过错也就不远了。"赵简子的虚心求谏可以称得上是"守雌""守辱""守黑"。

老子处在春秋末年，这一时期政治混乱、社会动荡、诸侯相争，兼并不断，恃力恃强成为主要竞争手段，面对这样的社会现实，老子反其道而行之，提出了"守雌、守黑、守辱"的处世原则。他认为，只要这样，就能返璞归真，天下大治。在这里我们还应注意，"守雌、守黑、守辱"的主体是特殊主体，是处于尊位之人，且知道自己处于"雄、白、荣"之中，在这种情况下，仍坚持守在"雌、黑、辱"的一方，这是大德大智。如果一个人处于"雌、黑、辱"之中，同时又能坚持守在"雌、黑、辱"之中，这叫作安之若素，不能称为"守雌、守黑、守辱"。

据《明史》记载，元末起义军四处揭竿而起，当时占据浙江、四川、湖广的张士诚、陈友谅、方国珍等已纷纷称王称帝。尽管朱元璋有了一定的实力，但他深知称王只会引来别人的嫉妒不满，容易受到周围的起义军及元军的进攻；不称王、缓称王，可避免其他势力注意，使其他势力关注于争夺未知的虚名，互相消耗实力，自己则避之。所以朱元璋接受了朱升的"高筑墙，广积粮，缓称王"的建议，并在这一方针下，一步步完成统一中国的帝业。从现实上讲，当时朱元璋的实力绝不比张士诚、陈友谅、方国珍差，甚至在他们之上，是处于"雄、白、荣"地位。这时对朱元璋来说，称王是"雄"，不称王是"雌"；称王是"白"，不称王是"黑"；称王是"荣"，不称王是"辱"。但他韬光养晦，甘居人后，放弃了看似"有"而实"无"的虚名，转而实实在在地壮大实力，最终赢得了胜利。

孔子将"守雌、守黑、守辱"喻为"土"。子贡问孔子说："我想学习处下之道，但不知怎样去做。"孔子说："想为人下，就像土一样：种植则得五谷，掘之则得甘泉；可生草木，可育禽兽；生人可立于上，死人可入于下。功多而不言。想为人下，就要像土一样。"

孔子的见解独到而精辟！由是观之，"守雌、守黑、守辱"的思想，不是消极的，而是积极的，具有进取的主宰性意识，不仅"知雄、知白、知荣"，更能"守雌、守黑、守辱"。

十一、曲全枉直、洼盈敝新之道

这一论断在老子这里用“曲则全，枉则直，洼则盈，敝则新”来阐明，这是对老子辩证思想的又一深刻揭示。对很多事情而言，忍一时风平浪静，退一步海阔天空。

《道德经》第二十二章：“曲则全，枉则直，洼则盈，敝则新，少则得，多则惑。是以圣人抱一为天下式。”意思是，委曲便会保全，弯曲便会直伸；低洼便会充盈，陈旧便会更新；少取便会获得，贪多便会迷惑。所以有道之人把坚守这一原则作为天下事理的模式。

“曲则全”，河上公注：“曲己从众，不自专，则全其身也。”意思是，委屈自己顺从众人，不独断专行，就能保全自身。“少年胯下安无忤”是曲则全；“勉从虎穴暂栖身”是曲则全；“羑里之囚”是曲则全；“卧薪尝胆”是曲则全。以韩信而言，他忍受胯下之辱，就是胸怀大志，委屈自己，不与市井之徒相争，保全有用之身，以至“连百万之兵，战必胜、攻必取”，成为汉初三杰之一。在现实中，“曲”也蕴含着大容量、大智能，用“曲”之处比比皆是，比如，盘山之路九曲回肠，否则就无法到达山顶；直尺的长度限度是很小的，最长不过 1 米，卷尺的长度限度就很大，布卷尺甚至达到 50 米。

河上公注：“枉屈己而伸人，久久自得直也。”意思是，弯屈自己而伸展别人，长此以往自己也能够伸展。韩信被贬为淮阴侯之后，刘邦曾经问韩信：“像我能带多少兵?”韩信回答：“陛下带兵最多不能超过十万。”刘邦问：“你能带多少兵呢?”韩信回答：“多多益善。”刘邦笑着问：“你多多益善，却为什么被我所擒?”韩信回答：“陛下不能带兵，但善于带将，这就是我被陛下所擒的原因。”这其中道理就是“枉则直”——“枉”于刘邦而“直”于功名。不仅是韩信，包括萧何、张良、郦食其等人在内，他们之所以竭力辅佐刘邦，在刘邦面前不惜委屈自己，是因为只有刘邦具有一统天下的能力，他们的人生价值和功名富贵与刘邦是紧密联系在一起的，当刘邦成就帝业的时候，他们就不失拜相封侯，功成名就，到那时自然直在其中。

“洼则盈”，河上公注：“地洼下，水流之；人谦下，德归之。”意思是，地势低洼，水就会流进去；人谦和处下，德就会归附他。这就比较好理解了，平地是存不住水的，只有洼地才能存住水，并且洼地越深，存水就越多，洼浅而望水多是不可能的。庄子《逍遥游》云：“且夫水之积也不厚，则其负大舟也无力。覆杯水于坳堂之上，则芥为之舟；置杯焉则胶，水浅而舟大也。”只有浅浅一洼水，浮一片树叶尚可，若是放入一个杯子，则不胜其力。那些大才高德之人如深洼之地，水深丰盈，越是谦下大家就越尊敬他。周恩来是我党重要领导人，新中国成立后长期担任国务院总理，一生为党和人民建立了不可磨灭的丰功伟绩，但他从不谈论自己的功绩，却常常自我批评。他一生生活简朴，仅有的几套料子服装，大都穿了几十年；饮食也很简单。周恩来严于律己，清正廉洁，不求索取，但求奉献，把一切献给了党和人民。周恩来特有的人格魅力，赢得了人民衷心的爱戴和钦佩，许多国外的领导人也为之折服，俨然一座铭刻着中国共产党人光辉形象和浩然正气的丰碑。

“敝则新”，河上公注：“自受弊薄，后己先人，天下敬之，久久自新也。”意思是，甘愿接受破败之物，先人后己，那么天下人都会敬重他，随着时间的推移成就自己的德行。“敝则新”，从自然现象看，草木凋敝之后，必然会有复苏之时。从人类社会看，任何事情都不可能一帆风顺，每一个阶段都会遇到特有的问题和困难，需要学会归零，每一次归零的过程，就是草木凋敝一次的过程，都会使自己焕发出更大的生机活力，就会日有新得，不断进步。“敝则新”还有一种理解，那就是器物是要使用的，不用就没有价值，即使是新的器物，如果未被使用、没有发挥价值，也是要折旧的。器物用旧了，如果有维修的价值，就会加以维修而让其重新焕发生命；如果丧失功用不具有维修价值，就会用新的器物来替代它——即“旧去新来”。一成不变就意味着被淘汰，万物皆有“敝”时，不想“敝”则必“日新”。梁丘据曾跟晏子说：“吾至死也不及您啊。”晏子说：“我听过，为者常有所成，行者常有所至，我并非有异于常人，不过是常为而不闲置，常行而不休息罢了，因此让人感觉难以赶上。”这是晏子以“日新”不断超越自我，引领时代。

“曲则全，枉则直，洼则盈，敝则新”，是不容易做到的，它不但需要对“曲”“枉”“洼”“敝”有正确的认识，同时还要善于克制自己，要有持之以恒的毅力，不能有丝毫懈怠。当今时代，要做到这些，要有百折不挠的奋斗精神，要有孜孜以求的进取精神。

十二、蔽不新成之道

这一命题是善为士者的处世之道，是“持而盈之，不如其已”的思想的延续，同样要求“去甚，去奢，去泰”，但在这里更进一步指出，“夫唯不盈，故能蔽不新成”。

《道德经》第十五章：“孰能浊以止？静之徐清；孰能安以久？动之徐生。

保此道者不欲盈。夫唯不盈，故能蔽不新成。”意思是谁能使浑浊之水停下来？安静下来就能慢慢澄清。谁能让国家安然永久？搅动这种安静的状态慢慢让它显出生机。保持这个“道”的人不会追求满盈。正因为他从不追求满盈，所以能够蔽护不盈，从而新物不断生成。

本章前半部分列举了善为士者的诸多品行，包括“豫兮”“犹兮”“俨兮”“涣兮”“敦兮”“旷兮”“混兮”等；后半部分先讲了善为士者执守之道：静之徐清，动之徐生，然后得出结论，不盈方能蔽不新成，这也是治世方法。

“夫唯不盈，故能蔽不新成。”河上公注：“夫唯不盈满之人，能守蔽不为新成。蔽者，匿光荣也。新成者，贵功名。”意思是只有不追求满盈之人，能够隐匿光荣，不贵功名。王弼注：“蔽，覆盖也。”在这里，最核心的问题是对“蔽不新成”的解释。河上公认为，蔽，是隐匿光荣之意；新成是贵功名之意。王弼认为，蔽是覆盖之意。河上公的解释虽然符合老子无为的思想，但在这里联系上文，不够连贯，所以在这里取王弼的解释。对于“蔽不新成”这一句，历史上各个版本之间差异较大：河上公本、王弼本、范应元本作“蔽不新成”；傅奕本、帛书老子本作“蔽而不成”；想尔本、景龙本、遂州本、李荣本均作“蔽而复成”。在此取“蔽不新成”。“夫唯不盈，故能蔽不新成”可以解释为，只有不追求满盈的人，才能“蔽不盈而新成”，即蔽护不盈状态，使新物不断得以生成。比如韭菜割而复生，割一茬长一茬，不割反而老而不可食。再比如，在资源的开发利用上，要制定计划循序渐进去开发利用，并与生态恢复、科技研发相结合，保证在资源尚未耗尽时，替代品就会出现，而不能去竭泽而渔、杀鸡取卵，这就是不盈状态，并且还有“新成”。关于“不盈”，第四章云“道冲，而用之或不盈”，这是说，道是虚无之状，与万物相合，无所不在，故似不盈。这又与第二十二章老子的“曲则全，枉则直，洼则盈，敝则新，少则得，多则惑”相沟通。

“夫唯不盈，故能蔽不新成”是有条件的，这个条件就是“保此道者不欲盈”，“此道”就是本章中所讲的“静之徐清”与“动之徐生”。

“静之徐清”与“动之徐生”是不盈之道的重要方法。

“孰能浊以止？静之徐清”，河上公版为“孰能浊以静之，徐清”。

河上公注：“孰，谁也。谁能知水之浊止而静之，徐徐自清也。”意思是谁能知道怎样使水之混浊停止并清静呢？不动慢慢就会自然清静。

“孰能安以久？动之徐生”，河上公注：“谁能安静以久，徐徐以长生也。”意思是谁能安静并能持久？宽缓就可以长生。

王弼对“静之徐清”与“动之徐生”的观点是：“夫晦以理物则得明，浊以静物则得清，安以动物则得生，此自然之道也。孰能者，言其难也。徐者，详慎也。”意思是晦暗用以治民则可以明察，浑浊静止就会清澈，安宁发动就会充满生机。这是自然之道。

“静之徐清”“动之徐生”，一静一动，相反相成。

以“静之徐清”而言，从自然现象看，搅动一池春水，必然淤泥泛起，池水浑浊，要想恢复清净，唯有静止下来，耐心等候，才能够徐徐澄清；从社会现象看，当社会动荡不安、一片混乱时，会有杰出人物带领民众制止动荡，动荡制止后，并不能马上恢复社会秩序，需要休养生息，慢慢才能让社会安定下来，然后逐渐恢复河清海晏。

以“动之徐生”而言，从自然现象看，流水不腐——流动的水不会腐臭，只有流动之水才会充满生机，这叫作“问渠那得清如许，为有源头活水来”；从社会现象看，改革开放之前，由于以“阶级斗争为纲”、实行严格公有制，社会经济没有活力，人民生活极其困难，以邓小平为核心的第二代中央领导集体，拨乱反正、“以经济建设为中心”，实行改革开放、破解“姓社姓资”“姓公姓私”难题，经济发展逐渐恢复生机活力，到现在，国家富强、人民富裕成为现实。

“静之徐清”“动之徐生”，是保证吐故纳新、永葆活力的根本方法，体现在当今社会生活的方方面面。

总之，处世不盈之道体现了谨慎、警惕、融合、旷达等品行，同时又有微而不显、藏而不露、居安思危和以盈为戒的智慧。

十三、正之若反之象

“大直若屈，大巧若拙，大辩若讷”，这一论断揭示的是表象与本质的辩证关系：“若屈”是表象，“大直”是本质；“若拙”是表象，“大巧”是本质；“若讷”是表象，“大辩”是本质。表象可以迷惑人，也可以引导我们认识事物，老子告诉我们不要只凭表象妄下结论。

《道德经》第四十五章：“大成若缺，其用不弊。大盈若冲，其用不穷。大直若屈，大巧若拙，大辩若讷。”意思是，最完满的东西，好似有残缺一样，但它的作用永远不会衰竭；最充盈的东西，好似是空虚一样，但是它的作用是不会穷尽的。最正直的东西，好似有弯曲一样；最灵巧的东西，好似笨拙一样；最卓越的辩才，好似不善言辞一样。

在这一章中，老子通过“大成若缺，其用不弊。大盈若冲，其用不穷”引出“大直若屈”“大巧若拙”“大辩若讷”。

“大成若缺”，河上公注：“谓道德大成之君也。若缺者，灭名藏誉，如毁缺不备也。”意为大成是说道德完备的君主；若缺是说道德完备的君主隐匿姓名、藏匿荣誉，君主的形象好似破损不完整一样。

“大盈若冲”，河上公注：“谓道德大盈满之君也。若冲者，贵不敢骄也，富不敢奢也。”意为大盈是说道德极盛的君主；若冲是说道德极盛的君主虽贵不敢骄傲、虽富不敢奢侈。依照河上公的解释，“大成若缺”“大盈若冲”都是对君主而言的。这在齐桓公身上有所体现。晋平公曾问叔向：“从前齐桓公九合诸侯，一匡天下，这是君主的功劳呢，还是大臣的功劳呢？”叔向回答说：“管仲善于裁剪，隰朋善于缝制，宾胥无善于修饰，齐桓公只是把衣服穿上而已。是大臣的功劳。”师旷当时在侧，说道：“我想用烹制菜肴来做比喻：管仲善于切割食材，隰朋善于烹饪食材，宾胥无善于调理佐料。菜肴做好后，奉送到齐桓公面前，如果君主不想吃，谁能勉强他，所以说也是君主的功劳。”师旷的评价是极其恰当的，叔向没有认清齐桓公大成若缺、大盈若冲的表象和内里，大臣能力出类拔萃，倘若辅佐非人，亦难成功业。

“大直若屈”，河上公注：“大直谓修道法度正直如一也。如屈者，不与俗人争，若可屈折。”意为大直是说修行大道、遵循法度，公正刚直始终如一；如屈是说大直之人不与世俗之人争夺，好像可以委屈其身。“大直若屈”在一般性问题、非原则性问题上不会计较、非常大度，会“不争”、会“屈己”。但在原则性问题上，是一定会争、一定会不屈的。《史记·匈奴列传》中记载，有一个匈奴君主叫冒顿，他初当单于时，东胡强大，东胡国君想得到头曼（冒顿的父亲）时期的千里马，冒顿问群臣，群臣都说不要给，冒顿说：“为什么吝惜一匹马呢？”于是就把千里马给了东胡。过了一段时间，东胡想要单于的一个阏氏，冒顿又问群臣，群臣皆怒，请求出兵攻打东胡，冒顿说：“为什么吝惜一个女人呢？”于是就把自己喜爱的阏氏送给了东胡。东胡王愈来愈骄傲，想要两国之间一千多里的空地，冒顿征求群臣意见，群臣说给不给都可以，冒顿大怒，说：“土地，是国家的根本，怎可给他们！”于是冒顿向东袭击，消灭了东胡。东胡王向冒顿索要千里马和美女的时候，表面看冒顿屈己逢迎，似乎被东胡王玩弄于股掌之间。但在冒顿看来，千里马和美女不是国家根本，所以在这个问题上可以忍让。而土地是国家根本，在这个问题上他选择了寸土不让，展现了强劲的本原、大直的本质。

“大巧若拙”，河上公注：“大巧谓多才术也。若拙者，亦不敢见其能。”意思是大巧就是多才多艺；若拙就是虽然多才多艺，也不敢表露自己的才艺。“大巧若拙”是说，看似最简单、最朴实的，往往蕴含大智慧。《晏子春秋》载，齐景公好捕鸟，让烛邹为自己管理这些鸟，结果烛邹不小心把鸟弄飞了。景公大怒，下令让有司杀烛邹。这时晏子说：“烛邹有三条罪，请让我数落完之后再杀他。”景公说：“可以。”于是晏子把烛邹叫到景公跟前，数落他说：“烛邹，你为我们国君管理鸟却让鸟飞走了，是罪一；让我们国君因为鸟而杀人，是罪二；如果传到诸侯那里，他们会以为我们国君重视鸟、轻视人，是罪三。”数落完烛邹罪名之后，请景公杀之。景公说：“不要杀了，我明白了你的教诲。”晏子以退为进，看似数落烛邹，但实际是劝诫齐景公不要贪图享乐，更不要因贪图享乐而滥杀无辜，方法十分巧妙，可谓“大巧若拙”。我党大革命失败后，在革命道路的选择上出现了分歧：有人仍然推崇苏联经验，坚持城市斗争。毛泽东主张走农村包围城市、武装夺取政权的道路，这条道路看似笨拙费力，但符合中国的国情。在中国，不发动农民，中国革命是不会取得胜利的，发动农民才是真正的大巧。实践证明了毛泽东的正确性。以城市为中心的革命看似取巧，但当时中国工人阶级力量极其薄弱，根基不稳，无法立足，依靠城市斗争是无法夺取政权的。

“大辩若讷”，河上公注：“大辩者，智无疑。若讷者，口无辞。”意为大辩是说智慧不用怀疑；若讷是说虽有智慧却口无言辞。“大辩若讷”并不是茶壶煮饺子——肚有倒不出，而是不屑言辞。不善辩的人看似嘴拙，实际是出言持重，不露锋芒。战国时期吴起在魏国声望很高，魏国设置相位，任命田文担任国相。吴起很不高兴，对田文说：“请允许我与您比一比功劳，行吗？”田文说：“行啊。”吴起说：“统率三军，让士兵乐意为国战死沙场，敌国不敢对魏国有所图谋，咱俩比，谁更厉害？”田文说：“我不如您。”吴起又说：“管理文武百官，让百姓亲附，使府库充实，咱俩比，谁行？”田文说：“我不如您。”吴起又说：“拒守西河而秦国的军队不敢侵犯，让韩、赵服从归顺，您能比得上我吗？”田文说：“比不上您。”吴起又说：“这几方面您都不如我，可是您的职位却在我上面，是什么道理呢？”田文说：“国君还年轻，国人疑虑不安，大臣不亲附，百姓不信任，正当处在这个时候，是把政事托付给您呢，还是应当托付给我？”吴起沉默了许久，说：“应该托付给您啊。”田文说：“这就是我的职位比您高的原因啊。”吴起这才明白自己不如田文。在这个故事里，吴起咄咄逼人，足智善辩，田文唯唯诺诺，不去辩驳，会让人认为吴起确实遭遇不公。但田文一个问题就让吴起哑口无言，如孔子所讲，“夫人不言，言必有中。”所以“若讷”者并非不善言辞，而是不屑言辞。

苏辙《老子解》云：“直而不屈，其直乂折；循理而行，虽曲而直。巧而不拙，其巧乂劳；付物自然，虽拙而巧。辩而不讷，其辩铃穷；因理而言，虽讷而辩。”意思是如果只直不屈，这种直容易折；如果遵循道理而行，虽然弯曲也能直。如果只取巧不守拙，这种巧会很辛苦；任物而自然，即便笨拙也有巧处。如果口齿善辩不休，也会如铃铛有不响之时；讲话遵循道理，即便语言迟钝，也是善于辩论。老子用“大直若屈，大巧若拙，大辩若讷”来告诫我们，不要逞一时之能，图一时之快，要放眼风物，敛迹藏形，做厚德载物之人。

十四、哀兵必胜之道

“抗兵相加哀者胜”这一论断讲的是哀兵必胜的道理。

《道德经》第六十九章：“祸莫大于轻敌，轻敌几丧吾宝。故抗兵相加，哀者胜矣。”意思是祸患没有比轻敌再大的，轻敌几乎会丧失我的生命。势均力敌的两军相战时，充满激愤的一方，有必死决心，故能制敌取胜。

老子言道不言兵，强调“兵者，不祥之器，不得已而用之”；《司马法》云“天下虽平，忘战必危”；《南史·陈暄传》云：“兵可千日而不用，不可一日而不备。”欲保天下之安，可以百年无战，而不可一日无兵。兵强则国强，兵弱则国弱，能战方能止战，敢战方能言和，有主动权才有话语权。

在这一章的前半部分，老子讲了用兵之道，“吾不敢为主而为客；不敢进寸而退尺。”意思是我不敢主动进犯，而采取守势；不敢前进一步，而宁可后退一尺。老子认为，战争中的主动权，不在于谁先发起战争、谁先进攻，而在于谁能取得胜利。“能自保而全胜”是真正的胜利，“杀敌一千自损八百”不算是全胜，所以不主动进犯，而采取守势。老子认为，侵犯别人境界、劫夺别人财宝为进，闭门守城为退，只知道进攻，不懂得防守，必败；只知道防守，不知道进攻，必不胜。先发则有行迹而泄机会导致失败，所以不敢“进寸”；无行迹则无可察便无机可乘就不会失败，所以“退尺”。

“祸莫大于轻敌，轻敌几丧吾宝”，这里有一个逻辑关系，就是轻敌则凌敌，凌敌则侵扰，侵扰则伤财害命，伤财害命就会激起反抗。这就引出了“抗兵相加哀者胜”这一论断。

“抗兵相加，哀者胜矣”，河上公注：“两敌战也。哀者胜矣，哀者慈仁，士卒不远于死。”意思是两兵相战，哀兵会获胜，这样的军队慈善仁爱，士卒作战会奋不顾身。王弼注：“抗，举也。加，当也。哀者，必相惜而不趣利避害，故必胜。”意思是，抗就是举的意思，加就是相当的意思。哀就是在作战时互相爱惜而不趋利避害，必能勇往直前，所以一定会胜利。

结合河上公和王弼的解释，“抗兵相加”就是发起战争的双方实力相当；“哀者胜”就是充满慈善仁爱的军队在作战时会奋不顾身，勇往直前，就会取得胜利。而我们现在的通解是，充满激愤的一方，有必死决心，故能制敌取胜。这两种解释是相通的，因为“哀兵”在作战时能够做到同仇敌忾，所以会取得胜利。苏辙《老子解》说：“两敌相加，而吾出于不得已，则有哀心。哀心见，而天人助之，虽欲不胜，不可得矣。”

在官渡之战前，袁绍集团的实力远在曹操集团之上，曹营很多人被吓破了胆，不主张与袁绍作战。曹操也犹豫不决。这时郭嘉向曹操进言，论断曹操十个方面胜于袁绍，包括道胜、义胜、治胜、度胜、谋胜、德胜、仁胜、明胜、文胜、武胜。郭嘉所总结的这十个方面，包括了政治措施、政策法令、组织路线及个人的思想修养、心胸气量、性格、文韬武略等多种因素，无论战术层面还是政治层面，都是“哀兵”姿态，最终曹操以哀兵之势取得了官渡之战的胜利。

“战士军前半死生，美人帐下犹歌舞”的军队是没有战斗力的。“葡萄美酒夜光杯，欲饮琵琶马上催。醉卧沙场君莫笑，古来征战几人回。”这首《凉州词》抒发的是反战的哀怨，所揭露的是自有战争以来生还者极少的悲惨事实。诗人透过这种貌似豪放旷达的胸怀，更加看清了军人们心灵深处的忧伤与幻灭——可怜无定河边骨，犹是春闺梦里人。参与战争的人不知道为谁而战、不知道为什么而战，就不是“哀兵”，就无法赢得战争的胜利。

《周易·乾卦·文言传》云：“夫‘大人’者，与天地合其德，与日月合其明，与四时合其序，与鬼神合其吉凶。先天而天弗违，后天而奉天时。天且弗违，而况于人乎！况于鬼神乎！‘亢’之为言也，知进而不知退，知存而不知亡，知得而不知丧。其唯圣人乎？知进退存亡而不失其正者，其唯圣人乎！”意为九五爻辞所讲的“大人”，他的德行与天地相匹配，他的光明与日月相辉映，他的政令与四季相协调，他的赏罚与鬼神相配合。他的行动先天而发，但上天不会背弃他；他的行动后天而发，那是奉天时行事。上天尚且不背弃他，更何况人呢？更何况鬼神呢？“亢”的意思是说，只知道进取而不知退守，只知道生存不懂得灭亡，只知道得到不懂得失去。也许只有圣人才了解进退存亡的相互联系，恰当地把握它们互相转化的关系而不失正道，能做到这一点的，恐怕只有圣人吧！这段话，在一定程度上深刻诠释了“哀兵必胜”与“骄兵必败”的道理。因此，能够做到“抗病相加哀者胜”的，其唯圣人乎！

十五、善士不武之道

“善为士者不武”这一命题讲的是老子战略战术的原则。他要求在作战时不逞勇武，不轻易被激怒，避免与人正面冲突，充分发挥人的才智，善于利用别人的力量，以达到不战而屈人之兵的目的。

《道德经》第六十八章：“善为士者不武；善战者不怒；善胜敌者不与；善用人者为之下。”意思是善于带兵打仗的将帅，不好武力；善于打仗的人，不轻易被激怒；善于战胜敌人的人，不跟敌人争斗；善于用人的人，会对别人表示谦下。

“善为士者不武”，河上公：“言贵道德，不好武力。”意思是重视道德，不崇尚武力。王弼注：“士，卒之帅也；武，尚先陵人也。”着重解释了两个字：士，就是兵卒的统帅；武，崇尚先侵犯别人。二人的注释差别不大，“善为士者不武”就是善于统兵的将帅，重视德而不崇尚武力。战争是国家综合国力的较量，也是智慧的较量。“武”“怒”是军事指挥者暴烈、失去理智的表现，是无法克敌制胜的。因此，“明主任计不任怒，闇主任怒不任计。计胜怒者强，怒胜计者亡。”这是说，贤明的君主用谋略而不用愤怒，暗昧的君主用愤怒而不用谋略。谋略胜过愤怒者强，愤怒胜过谋略者亡。军事上如此，为政、人生也是这样，遇事不要急躁、不要冲动，平心静气认真思考，综合分析客观现象，就能找到问题的症结，从而找到正确的解决方法。

不武，是不以武为上。《孙子兵法》有言：“兵者，国之大事，存亡之道，死生之地，不可不察也。”孔子亦言：“必也临事而惧，好谋而成者也。”老子告诫“兵者不祥器，不得已而用之”。因此以兵战为手段来解决争端，是下下之策。善为士者不武必是“感而后应，迫而后动，不得已而后起”。《说苑·指武》有言：春秋记国家存亡，以察来世。虽有广土众民，坚甲利兵，威猛之将，士卒不亲附，不可以战胜取功。晋侯获于韩、楚子玉得臣败于城濮、蔡不待敌而众溃，故语曰：“文王不能使不附之民；先轸不能战不教之卒；造父王良不能以弊车不作之马，趋疾而致远；羿逄蒙不能以枉矢弱弓，射远中微；故强弱成败之要，在乎附士卒，教习之而已。”这是说，《春秋》记载国家兴亡之事，用来垂鉴后世。虽然领土广大、人民众多，武器精良、士兵精锐，将帅勇猛善战，但如果士兵不亲近依附，就不能打胜仗，立战功。晋侯被韩侯擒获、楚将子玉在城濮之战中被晋军打败、蔡国士兵不战而溃，因此俗话说："周文王也驱使不了不亲附的民众；先轸也不能率领乌合之众；造父、王良也不能赶着破车劣马疾驰行远；后羿、逢蒙也不能用低劣的弓矢射中很小的目标。所以强弱成败的关键，就在于使士卒依附、经常训练罢了"。这是极其深刻的道理。

《战国策》中记有"唐雎不辱使命"一事。唐雎以"善为士者不武"的智慧与勇气，保全安陵，使弱国安陵能够在外交上战胜强秦，使秦王发出"夫韩、魏灭亡，而安陵以五十里之地存者，徒以有先生也"的感慨。《晏子春秋·内篇谏下·第二十四》有"二桃杀三士"之事。春秋时代齐景公帐下有三员大将：公孙接、田开疆、古冶子，他们战功彪炳，但也因此恃功而骄。晏子为避免造成未来可能的祸害，建议齐景公早日消除祸患。晏子设了一个局：让齐景公把三位勇士请来，要赏赐他们三位两颗珍贵的桃子，而三个人无法平分两颗桃子，晏子便提出协调办法——三人比功劳，功劳大的就可以取一颗桃。公孙接与田开疆都先报出他们自己的功绩，各拿了一个桃子。古冶子认为自己功劳更大却拿不到桃子，极为气愤。当公孙接与田开疆听到古冶子报出的功劳后，自觉不如，羞愧之余便将桃子让出并自尽。古冶子对先前羞辱二人、吹捧自己以及让别人为自己牺牲感到羞耻，因此也拔剑自刎。只用两颗桃子，兵不血刃地去掉三个威胁。这是晏婴的"善为士者不武"。

"善为士者不武"的最高境界，就是善于化敌为友。一次，林肯总统遇到某议员。该议员批评林肯总统对敌人的态度："你为什么要试图跟他们做朋友呢？你应当试图去消灭他们。"林肯回答："难道我不是在消灭我的敌人吗？特别是当我使他们变成朋友的时候。"毛泽东也曾精辟指出，政治就是"要把我们的人搞得多多的，把敌人的人搞得少少的"。也就是说，消灭敌人不是简单地从肉体上让他们消失，而是让敌人变成我们的人或成为我们的朋友。这才是大智慧，才是"善为士者不武"的最高境界。

十六、治国无为之道

"治大国若烹小鲜"这一命题是老子"无为而治"思想的一个形象比喻。

《道德经》第六十章："治大国若烹小鲜。"字面意思是治理大国就像烹调小鱼小虾一样。而就其见解，概括起来有三种，一是治理大国就好像烹调小鱼，极为简单，举重若轻；二是治理大国应该像烹调小鱼小虾一样，要掌握火候、注意佐料；三是治理大国要像煮小鱼小虾一样，不能多加搅动，否则易烂，治大国应当无为。

河上公注："鲜，鱼（也）。烹小鱼不去肠、不去鳞、不敢挠，恐其糜也。治国烦则下乱，治身烦则精散。"意思是，鲜，就是鱼。烹制小鱼时不能去除鱼肠、鱼鳞，也不敢搅动，害怕鱼碎烂。治国扰民就会天下大乱，修身急躁精神就会涣散。

王弼注："不扰也。躁则多害，静则全真，故其国弥大，而其主弥静，然后乃能广得众心矣。"意思就是不扰民。急躁会产生很多危害，安静会保全淳朴，所以国家越大，作为君主来讲就越需要安静，然后才能广泛获得民心。在王弼这里，躁即是有为，静即是无为。

《韩非子·解老》篇解释说："事大众而数摇之，则少成功；藏大器而数徙之，则多败伤；烹小鲜而数挠之，则贼其泽；治大国而数变法，则民苦之。是以有道之君贵静，不重变法。故曰：'治大国者若烹小鲜。'"意思是，治理民众而屡屡让他们变来变去，功效就会很小；收藏贵重器物而屡屡挪动，就会造成很大伤害；烹煮小鱼而屡屡加以翻动，就伤害它的光泽；治理大国而屡屡改动法令，百姓就会受到坑害。因此懂得治国原则的君主重视安定，不轻易变法。所以《老子》说："治理大国就像烹煮小鱼一样。"

综合上述观点，结合老子无为而治的思想，"治大国若烹小鲜"在这里我们采用第三种观点，即治理大国要像煮小鱼小虾一样，不能多加搅动，否则易烂，治大国应当无为。

杨朱是道家学派的代表人物之一，他也主张无为，提出了"人人不损一毫，人人不利天下，天下治矣"的观点。《说苑·政理》中有关于这一思想的记载。杨朱见梁王，说治理天下就像运转于手掌之上。梁王说："你只有一妻一妾都不能搞好关系，三亩的园地都不能耕耘，但是却说治理天下像运行之于掌上，为什么呢？"杨朱回答说："你没有看见过放羊的人吗？放 百只羊，让五尺高的小孩拿棍子，羊群想往东就往东，羊群想往西就往西。假如让尧牵一只羊，舜拿着棍子在后面赶，就乱套了……要处理大问题的人不理会细节，要成大功业的人不苛责于小事，就是这个道理。"杨朱用"童子牧羊"的故事告诉梁王，童子在牧羊过程中，给羊群以"欲东而东，欲西而西"的充分自由，作为象征统治者、管理者的"童子"，只是"荷杖随之"，并不乱加干涉。这是亚当·斯密"看不见的手"的比喻以及国家"守夜人"的观点的朴素表达。

苏辙的观点近似于韩非子，他在《老子解》中说："烹小鲜者，不可挠；治大国者，不可烦。烦则人劳，挠则鱼烂。"吕吉甫（惠卿）也说："得有国之母以治国，虽大无难也。烹鱼者不可以烦，而烹小鲜者，尤当全之而不割者也。治大国者，亦若是而已，烹而割之则伤矣。"

汲黯是汉武帝时的大臣，主张"学黄老之言"，即道家思想，认为"治务在无为而已，弘大体，不拘文法"。他的主张主要体现在两个方面：一是在高层辅政上，他认为大政方针应当相对稳定；二是在郡县治理上，治官理民，应当清静无为，选任好官员，只抓大事，不苛责于小事。《史记》说汲黯出任淮阳太守"如故治，淮阳政清"。就是按照自己一贯主张治理淮阳，使淮阳政治清明，堪称"卧而治之"。武帝元狩四年（公元前 119 年），淮阳一带偷铸五铢钱者十分猖獗，社会秩序非常混乱，于是就任命汲黯为淮阳郡太守。汲黯到淮阳后，以道家无为而治的思想治官理民。选择清正廉洁的郡丞和下属官吏，郡中事务委派他们去干，自己督促，不到一个月时间，就处理了前任遗留下来的二十多起积案。又发布公告：百姓进衙告状，任何人不得阻拦，可直接到他病榻前当面陈述；他还经常微服出访，体察民情。他惩办贪官污吏，罢黜无能官佐，任用廉洁之士；处决私铸五铢钱的要犯，清除劣迹斑斑的衙役，这一切，使淮阳的社会风气大变，官民关系很快和解。汲黯在淮阳当了 10 年的太守，史书对他的评价是四个字：淮阳政清。后人为了弘扬汲黯的美德，在太守府院内兴建了"卧治阁"。之后"卧阁清风"则成为古陈州七台八景之一。

"天下神器，不可为也，不可执也。为者败之，执者失之。"改革开放以来我国逐渐改变了原有的完全计划经济体制，"发挥市场在配置资源中的决定性作用，更好发挥政府作用"，这一理念在一定程度上也是对"治大国，如烹小鲜"的运用。

十七、未雨绸缪、未兆易谋之道

"为之于未有，治之于未乱"，这一论断讲的是老子的未雨绸缪、未兆易谋的道理。小的问题不注意，或视而不见，或处理不当，就会引发大的事端，造成大的危害。这是告诫人们要见微知著，在险情发生之前采取措施，防微杜渐。

《道德经》第六十四章："其安易持，其未兆易谋。其脆易泮，其微易散。为之于未有，治之于未乱。"意思是，局面安定时容易把握，事情尚未显露迹象时容易图谋；事物脆弱时容易消解；事物细微时容易散失。做事情要在它尚未发生时就处理妥当；治理国政，要在祸乱没有产生时就早做准备。

“为之于未有”，河上公注：“欲有所为，当于未有萌芽之时塞其端也。”意思是要想有所作为，就要在事物还没有萌芽的时候就堵住它的源头。

“治之于未乱”，河上公注：“治身治国于未乱之时，当豫闭其门也。”意思是修身治国要在还没有出现混乱之时，应当预先准备关闭其入口。

老子认为，大的事物总是从小的东西发展起来的，任何事物的出现都会有自身生成、变化和发展的过程，人们应该了解这个过程，对于在这个过程中事物有可能发生祸患的环节给予特别注意，杜绝它的出现，尤其是源头的预防。严遵《道德真经指归》对此解释说：“未疾之人，易为医也；未危之国，易为谋也；萌芽之患，易事也；小弱之祸，易忧也。”意思是没有生病的人非常好医治，没有危险的国家是非常好谋划的，刚刚出现的危险是很好处理的，非常微小的祸患是很容易忧虑到的。这些只要及时解决，就不会出问题。严遵又举了几个例子来说明这个问题，比如一枚鸟卵没有孵化的时候，只要一根手指头就可以戳破它，等到孵化后长成飞鸿，一飞冲天，什么网也网不住它；一只刚出生的动物幼崽，只要一根绳子就能制服它，等到它成年了，捕兽网也奈何它不得。这些都极其形象而深刻。

孔子于《周易·系辞传》中说：“危者安其位者，亡者保其存者，乱者有其治者也。是故君子安而不忘危，存而不忘亡，治而不忘乱，是以身安而国家可保也。”意思是凡遭遇危险的，都是因为曾经安享其位；凡是灭亡的，都是因为曾经自以为可以长久统治的；凡是混乱的，都是曾经自以为天下大治的。所以君子安而不忘危，存而不忘亡，治而不忘乱，这样才能自身安全、国家可保。《说苑·敬慎》载，鲁哀侯弃国逃奔至齐国。齐侯问：“你为什么年纪轻轻就丢弃了国家呢？”鲁哀侯说：“我当初做太子的时候，人们都规劝我，我只是听听却不实行；人们都喜爱我，我也只是喜爱他们却不亲近他们。所以内无谏言，外无辅佐，就如秋天的蓬草，枝叶虽美但根已枯萎，秋风一吹，就被连根拔起了。”与之相反，陶侃是晋朝有名的将军，在平定苏峻之乱以后，在广州做了地方官。日子一久，陶侃觉得再这样养尊处优，身体就荒废了，于是开始每天做两次他自己设计的独特运动：早晨把一百块砖运到书房的外边，傍晚又把它们运回书房里。别人问他这样做的缘故，他回答说：“我正在致力于收复中原失地，过分悠闲安逸，唯恐不能承担大事，所以才使自己辛劳罢了。”陶侃时刻准备为国家建功立业，不敢有丝毫的松懈，这就是“为之于未有”。如果一天天混日子，等要被任用时，才发现“虽尚善饭，然顷之三遗矢矣”，就一切都来不及了。因此，苏辙《老子解》感慨：“方其未有，持而谋之足矣。及其将然，非浮而散之不去也，然犹愈于既成也。故为之于未有者上也，治之于未乱者次也。”意思是当事情还没有发生的时候，是容易图谋的。当事情马上要发生的时候，不消散它就不能解决问题，但还是强于事情已经发生。所以说“为之于未有”是上策，“治之于未乱”是下策。苏辙不但解释了“为之于未有”“治之于未乱”的含义，还将它们做了比较，将老子的这一思想向前推进。

我们党现在在监督执纪方面坚持“纪在法前、纪严于法”，归结起来就是“小惩大诫”，也就是老子所讲的“治之于未乱”。它反映出中国哲学是特别注重时间的哲学，主张在时间流中去探讨事物的衍生规律，获得处理问题的智慧。比如，中医讲究“治未病”，病要在未得时医治，等显现出来已经晚了一步；主张要有忧患意识，居安思危；主张凡事预则立，不预则废；处理问题，治国理政，要学会“下先手棋”；等等。这也是对“为之于未有，治之于未乱”的诠释。

附:《道德经》全文

第一章

道可道，非常道；名可名，非常名。无名，天地之始；有名，万物之母。故常无欲，以观其妙；常有欲，以观其徼。此两者，同出而异名，同谓之玄。玄之又玄，众妙之门。

第二章

天下皆知美之为美，斯恶已。皆知善之为善，斯不善已。故有无相生，难易相成，长短相形，高下相倾，音声相和，前后相随。是以圣人处无为之事，行不言之教。万物作焉而不辞，生而不有，为而不恃，功成而弗居。夫唯弗居，是以不去。

第三章

不尚贤，使民不争；不贵难得之货，使民不为盗；不见可欲，使民心不乱。是以圣人之治，虚其心，实其腹，弱其志，强其骨，常使民无知无欲，使夫智者不敢为也。为无为，则无不治。

第四章

道冲，而用之或不盈。渊兮，似万物之宗。挫其兑，解其纷，和其光，同其尘。湛兮似或存。吾不知谁之子，象帝之先。

第五章

天地不仁，以万物为刍狗；圣人不仁，以百姓为刍狗。天地之间，其犹橐籥乎？虚而不屈，动而愈出。多言数穷，不如守中。

第六章

谷神不死，是谓玄牝。玄牝之门，是谓天地根。绵绵若存，用之不勤。

第七章

天长地久。天地所以能长且久者，以其不自生，故能长生。是以圣人后其身而身先，外其身而身存。非以其无私邪？故能成其私。

第八章

上善若水。水善利万物而不争，处众人之所恶，故几于道。居善地，心善渊，与善仁，言善信，政善治，事善能，动善时。夫唯不争，故无尤。

第九章

持而盈之，不如其已；揣而锐之，不可长保。金玉满堂，莫之能守；富贵而骄，自遗其咎。功遂身退，天之道。

第十章

载营魄抱一，能无离乎？专气致柔，能婴儿乎？涤除玄览，能无疵乎？爱民治国，能无为乎？天门开阖，能为雌乎？明白四达，能无知乎？生之畜之，生而不有，为而不恃，长而不宰，是谓玄德。

第十一章

三十辐共一毂，当其无，有车之用。埏埴以为器，当其无，有器之用。凿户牖以为室，当其无，有室之用。故有之以为利，无之以为用。

第十二章

五色令人目盲；五音令人耳聋；五味令人口爽；驰骋畋猎令人心发狂；难得之货令人行妨。是以圣人为腹不为目，故去彼取此。

第十三章

宠辱若惊，贵大患若身。何谓宠辱若惊？宠为上，辱为下，得之若惊，失之若惊，是谓宠辱若惊。何谓贵大患若身？吾所以有大患者，为吾有身，及吾无身，吾有何患？故贵以身为天下，若可寄天下；爱以身为天下，若可托天下。

第十四章

视之不见名曰夷，听之不闻名曰希，搏之不得名曰微。此三者，不可致诘，故混而为一。其上不皦，其下不昧，绳绳不可名，复归于无物。是谓无状之状，无物之象，是谓惚恍。迎之不见其首，随之不见其后。执古之道，以御今之有。能知古始，是谓道纪。

第十五章

古之善为士者，微妙玄通，深不可识。夫唯不可识，故强为之容：豫兮若冬涉川；犹兮若畏四邻；俨兮其若客；涣兮若冰之将释；敦兮其若朴；旷兮其若谷；混兮其若浊。孰能浊以止？静之徐清；孰能安以久？动之徐生。保此道者不欲盈。夫唯不盈，故能蔽不新成。

第十六章

致虚极，守静笃，万物并作，吾以观复。夫物芸芸，各复归其根。归根曰静，静曰复命，复命曰常。知常曰明，不知常，妄作，凶。知常容，容乃公，公乃王，王乃天，天乃道，道乃久，没身不殆。

第十七章

太上，不（下）知有之；其次亲而誉之；其次畏之；其次侮之。信不足焉，有不信焉。悠兮其贵言。功成事遂，百姓皆谓我自然。

第十八章

大道废，有仁义；智慧出，有大伪；六亲不和，有孝慈；国家昏乱，有忠臣。

第十九章

绝圣弃智，民利百倍；绝仁弃义，民复孝慈；绝巧弃利，盗贼无有。此三者以为文不足。故令有所属：见素抱朴，少私寡欲，绝学无忧。

第二十章

唯之与阿，相去几何？善之与恶，相去若何？人之所畏，不可不畏。荒兮，其未央哉！众人熙熙，如享太牢，如春登台。我独泊兮，其未兆，如婴儿之未孩，儽儽兮，若无所归。众人皆有余，而我独若遗，我愚人之心也哉！沌沌兮。俗人昭昭，我独昏昏；俗人察察，我独闷闷。澹兮其若海，飂兮若无止。众人皆有以，而我独顽似鄙。我独异于人，而贵食母。

第二十一章

孔德之容，惟道是从。道之为物，惟恍惟惚。惚兮恍兮，其中有象；恍兮惚兮，其中有物。窈兮冥兮，其中有精；其精甚真，其中有信。自今及古，其名不去，以阅众甫。吾何以知众甫之状哉？以此。

第二十二章

曲则全，枉则直，洼则盈，敝则新，少则得，多则惑。是以圣人抱一为天下式。不自见，故明；不自是，故彰；不自伐，故有功；不自矜，故长。夫唯不争，故天下莫能与之争。古之所谓曲则全者，岂虚言哉！诚全而归之。

第二十三章

希言自然。故飘风不终朝，骤雨不终日。孰为此者？天地。天地尚不能久，而况于人乎？故从事于道者，道者同于道，德者同于德，失者同于失。同于道者，道亦乐得之；同于德者，德亦乐得之；同于失者，失亦乐得之。信不足焉，有不信焉。

第二十四章

企者不立；跨者不行；自见者不明；自是者不彰；自伐者无功；自矜者不长。其在道也，曰余食赘形。物或恶之，故有道者不处。

第二十五章

有物混成，先天地生。寂兮寥兮，独立而不改，周行而不殆，可以为天地母。吾不知其名，字之曰道，强为之名曰大。大曰逝，逝曰远，远曰反。故道大，天大，地大，王亦大。域中有四大，而王居其一焉。人法地，地法天，天法道，道法自然。

第二十六章

重为轻根，静为躁君。是以君子终日行不离辎重。虽有荣观，燕处超然。奈何万乘之主，而以身轻天下？轻则失本，躁则失君。

第二十七章

善行无辙迹；善言无瑕谪；善数不用筹策；善闭无关楗而不可开；善结无绳约而不可解。是以圣人常善救人，故无弃人；常善救物，故无弃物。是谓袭明。故善人者，不善人之师；不善人者，善人之资。不贵其师，不爱其资，虽智大迷，是谓要妙。

第二十八章

知其雄，守其雌，为天下溪。为天下溪，常德不离，复归于婴儿。

知其白，守其黑，为天下式。为天下式，常德不忒，复归于无极。知其荣，守其辱，为天下谷。为天下谷，常德乃足，复归于朴。朴散则为器，圣人用之，则为官长，故大制不割。

第二十九章

将欲取天下而为之，吾见其不得已。天下神器，不可为也，不可执也。为者败之，执者失之。是以圣人无为，故无败；无执，故无失。

夫物或行或随，或嘘或吹，或强或羸，或挫或隳。是以圣人去甚，去奢，去泰。

第三十章

以道佐人主者，不以兵强天下，其事好还。师之所处，荆棘生焉。大军之后，必有凶年。善有果而已，不敢以取强。果而勿矜，果而勿伐，果而勿骄，果而不得已，果而勿强。物壮则老，是谓不道，不道早已。

第三十一章

夫兵者，不祥之器，物或恶之，故有道者不处。君子居则贵左，用兵则贵右。兵者不祥之器，非君子之器，不得已而用之，恬淡为上。胜而不美，而美之者，是乐杀人。夫乐杀人者，则不可得志于天下矣。

吉事尚左，凶事尚右。偏将军居左，上将军居右，言以丧礼处之。杀人之众，以悲哀莅之，战胜以丧礼处之。

第三十二章

道常无名，朴虽小，天下莫能臣也。侯王若能守之，万物将自宾。天地相合，以降甘露，民莫之令而自均。始制有名，名亦既有，夫亦将知止，知止可以不殆。譬道之在天下，犹川谷之于江海。

第三十三章

知人者智，自知者明。胜人者有力，自胜者强。知足者富，强行者有志。不失其所者久，死而不亡者寿。

第三十四章

大道泛兮，其可左右。万物恃之以生而不辞，功成而不有。衣养万物而不为主，常无欲，可名于小；万物归焉而不为主，可名为大。以其终不自为大，故能成其大。

第三十五章

执大象，天下往。往而不害，安平泰。乐与饵，过客止。道之出口，淡乎其无味，视之不足见，听之不足闻，用之不足既。

第三十六章

将欲歙之，必固张之；将欲弱之，必固强之；将欲废之，必固兴之；将欲取之，必固与之。是谓微明。柔弱胜刚强。鱼不可脱于渊，国之利器不可以示人。

第三十七章

道常无为而无不为。侯王若能守之，万物将自化。化而欲作，吾将镇之以无名之朴。无名之朴亦将不欲。不欲以静，天下将自正。

第三十八章

上德不德，是以有德；下德不失德，是以无德。上德无为而无以为；下德无为而有以为。上仁为之而无以为，上义为之而有以为，上礼为之而莫之应，则攘臂而扔之。故失道而后德，失德而后仁，失仁而后义，失义而后礼。夫礼者，忠信之薄而乱之首。前识者，道之华，而愚之始。是以大丈夫处其厚，不居其薄；处其实，不居其华。故去彼取此。

第三十九章

昔之得一者：天得一以清，地得一以宁，神得一以灵，谷得一以盈，万物得一以生，侯王得一以为天下贞。其致之，天无以清，将恐裂；地无以宁，将恐发；神无以灵，将恐歇；谷无以盈，将恐竭；万物无以生，将恐灭；侯王无以贵高，将恐蹶。故贵以贱为本，高以下为基。是以侯王自称孤、寡、不谷。此非以贱为本邪？非乎？故至誉无誉。是故不欲琭琭如玉，珞珞如石。

第四十章

反者道之动，弱者道之用。天下万物生于有，有生于无。

第四十一章

上士闻道，勤而行之；中士闻道，若存若亡；下士闻道，大笑之，不笑，不足以为道。故建言有之：明道若昧，进道若退，夷道若颣，上德若谷，大白若辱，广德若不足，建德若偷，质真若渝，大方无隅，大器晚成，大音希声，大象无形，道隐无名。夫唯道，善贷且成。

第四十二章

道生一，一生二，二生三，三生万物。万物负阴而抱阳，冲气以为和。人之所恶，唯孤、寡、不谷，而王公以为称。故物或损之而益，或益之而损。人之所教，我亦教之。强梁者不得其死，吾将以为教父。

第四十三章

天下之至柔，驰骋天下之至坚。无有入无间，吾是以知无为之有益。不言之教，无为之益，天下希及之。

第四十四章

名与身孰亲？身与货孰多？得与亡孰病？甚爱必大费；多藏必厚亡。故知足不辱，知止不殆，可以长久。

第四十五章

大成若缺，其用不弊。大盈若冲，其用不穷。大直若屈，大巧若拙，大辩若讷。躁胜寒，静胜热。清静为天下正。

第四十六章

天下有道，却走马以粪。天下无道，戎马生于郊。祸莫大于不知足；咎莫大于欲得。故知足之足，常足矣。

第四十七章

不出户，知天下；不窥牖，见天道。其出弥远，其知弥少。是以圣人不行而知，不见而明，不为而成。

第四十八章

为学日益，为道日损。损之又损，以至于无为，无为而无不为。取天下常以无事，及其有事，不足以取天下。

第四十九章

圣人无常心，以百姓心为心。善者吾善之，不善者吾亦善之，德善。信者吾信之，不信者吾亦信之，德信。圣人在天下，歙歙为天下浑其心，百姓皆注其耳目，圣人皆孩之。

第五十章

出生入死。生之徒，十有三；死之徒，十有三；人之生动之死地，亦十有三。夫何故？以其生生之厚。盖闻善摄生者，陆行不遇兕虎，入军不被甲兵。兕无所投其角，虎无所措其爪，兵无所容其刃。夫何故？以其无死地。

第五十一章

道生之，德畜之，物形之，势成之。是以万物莫不尊道而贵德。

道之尊，德之贵，夫莫之命而常自然。故道生之，德畜之，长之育之，亭之毒之，养之覆之。生而不有，为而不恃，长而不宰。是谓玄德。

第五十二章

天下有始，以为天下母。既得其母，以知其子；既知其子，复守其母，没身不殆。塞其兑，闭其门，终身不勤。开其兑，济其事，终身不救。见小曰明，守柔曰强。用其光，复归其明，无遗身殃，是为习常。

第五十三章

使我介然有知，行于大道，唯施是畏。大道甚夷，而民好径。朝甚除，田甚芜，仓甚虚；服文采，带利剑，厌饮食，财货有余，是为盗竽。非道也哉！

第五十四章

善建者不拔，善抱者不脱，子孙以祭祀不辍。修之于身，其德乃真；修之于家，其德乃余；修之于乡，其德乃长；修之于国，其德乃丰；修之于天下，其德乃普。故以身观身，以家观家，以乡观乡，以国观国，以天下观天下。吾何以知天下然哉？以此。

第五十五章

含德之厚，比于赤子。蜂虿虺蛇不螫，猛兽不据，攫鸟不搏。骨弱筋柔而握固。未知牝牡之合而朘作，精之至也。终日号而不嗄，和之至也。知和曰常，知常曰明，益生曰祥，心使气曰强。物壮则老，谓之不道，不道早已。

第五十六章

知者不言，言者不知。塞其兑，闭其门，挫其锐，解其纷，和其光，同其尘，是谓玄同。故不可得而亲，不可得而疏；不可得而利，不可得而害；不可得而贵，不可得而贱。故为天下贵。

第五十七章

以正治国，以奇用兵，以无事取天下。吾何以知其然哉？以此：

天下多忌讳，而民弥贫；民多利器，国家滋昏；人多伎巧，奇物滋起；法令滋彰，盗贼多有。故圣人云：我无为而民自化，我好静而民自正，我无事而民自富，我无欲而民自朴。

第五十八章

其政闷闷，其民淳淳；其政察察，其民缺缺。祸兮福之所倚，福兮祸之所伏。孰知其极？其无正也。正复为奇，善复为妖。人之迷，其日固久。是以圣人方而不割，廉而不刿，直而不肆，光而不耀。

第五十九章

治人事天，莫若啬。夫唯啬，是谓早服；早服谓之重积德；重积德则无不克；无不克则莫知其极；莫知其极，可以有国；有国之母，可以长久；是谓深根固柢，长生久视之道。

第六十章

治大国若烹小鲜。以道莅天下，其鬼不神；非其鬼不神，其神不伤人；非其神不伤人，圣人亦不伤人。夫两不相伤，故德交归焉。

第六十一章

大国者下流，天下之牝，天下之交也。牝常以静胜牡，以静为下。

故大国以下小国，则取小国；小国以下大国，则取大国。故或下以取，或下而取。大国不过欲兼畜人，小国不过欲入事人。夫两者各得其所欲，大者宜为下。

第六十二章

道者，万物之奥，善人之宝，不善人之所保。美言可以市尊，美行可以加人。人之不善，何弃之有？故立天子，置三公，虽有拱璧以先驷马，不如坐进此道。古之所以贵此道者何？不曰以求得，有罪以免邪？故为天下贵。

第六十三章

为无为，事无事，味无味。大小多少，报怨以德。图难于其易，为大于其细。天下难事，必作于易，天下大事，必作于细。是以圣人终不为大，故能成其大。夫轻诺必寡信，多易必多难。是以圣人犹难之，故终无难矣。

第六十四章

其安易持，其未兆易谋。其脆易泮，其微易散。为之于未有，治之于未乱。合抱之木，生于毫末；九层之台，起于累土；千里之行，始于足下。为者败之，执者失之。是以圣人无为故无败，无执故无失。民之从事，常于几成而败之。慎终如始，则无败事。是以圣人欲不欲，不贵难得之货，学不学，复众人之所过，以辅万物之自然而不敢为。

第六十五章

古之善为道者，非以明民，将以愚之。民之难治，以其智多。故以智治国，国之贼；不以智治国，国之福。知此两者亦稽式。常知稽式，是谓玄德。玄德深矣、远矣，与物反矣，然后乃至大顺。

第六十六章

江海之所以能为百谷王者，以其善下之，故能为百谷王。是以圣人欲上民，必以言下之；欲先民，必以身后之。是以圣人处上而民不重，处前而民不害。是以天下乐推而不厌。以其不争，故天下莫能与之争。

第六十七章

天下皆谓我道大，似不肖。夫唯大，故似不肖。若肖，久矣其细也夫！我有三宝，持而保之：一曰慈，二曰俭，三曰不敢为天下先。慈故能勇，俭故能广，不敢为天下先，故能成器长。今舍慈且勇，舍俭且广，舍后且先，死矣！夫慈，以战则胜，以守则固。天将救之，以慈卫之。

第六十八章

善为士者不武；善战者不怒；善胜敌者不与；善用人者为之下。是谓不争之德，是谓用人之力，是谓配天古之极。

第六十九章

用兵有言：吾不敢为主而为客；不敢进寸而退尺。是谓行无行，攘无臂，扔无敌，执无兵。祸莫大于轻敌，轻敌几丧吾宝。故抗兵相加，哀者胜矣。

第七十章

吾言甚易知，甚易行，天下莫能知，莫能行。言有宗，事有君。夫唯无知，是以不我知。知我者希，则我者贵，是以圣人被褐而怀玉。

第七十一章

知不知，上；不知知，病。圣人不病，以其病病。夫唯病病，是以不病。

第七十二章

民不畏威，则大威至。无狎其所居，无厌其所生。夫唯不厌，是以不厌。是以圣人自知不自见；自爱不自贵。故去彼取此。

第七十三章

勇于敢则杀，勇于不敢则活。此两者，或利或害。天之所恶，孰知其故？是以圣人犹难之。天之道，不争而善胜，不言而善应，不召而自来，繟然而善谋。天网恢恢，疏而不失。

第七十四章

民不畏死，奈何以死惧之？若使民常畏死，而为奇者，吾得执而杀之，孰敢？常有司杀者杀。夫代司杀者杀，是谓代大匠斫。夫代大匠斫者，希有不伤其手矣。

第七十五章

民之饥，以其上食税之多，是以饥。民之难治，以其上之有为，是以难治。民之轻死，以其上求生之厚，是以轻死。夫唯无以生为者，是贤于贵生。

第七十六章

人之生也柔弱，其死也坚强。万物草木之生也柔脆，其死也枯槁。故坚强者死之徒，柔弱者生之徒。是以兵强则灭，木强则折。强大处下，柔弱处上。

第七十七章

天之道，其犹张弓与？高者抑之，下者举之；有余者损之，不足者补之。天之道，损有余而补不足。人之道则不然，损不足以奉有余。

孰能有余以奉天下，唯有道者。是以圣人为而不恃，功成而不处，其不欲见贤。

第七十八章

天下莫柔弱于水，而攻坚强者莫之能胜，以其无以易之。弱之胜强，柔之胜刚，天下莫不知，莫能行。是以圣人云：受国之垢，是谓社稷主；受国不祥，是为天下王。正言若反。

第七十九章

和大怨，必有余怨，安可以为善？是以圣人执左契，而不责于人。有德司契，无德司彻。天道无亲，常与善人。

第八十章

小国寡民。使有什伯之器而不用，使民重死而不远徙。虽有舟舆，无所乘之；虽有甲兵，无所陈之。使民复结绳而用之。甘其食，美其服，安其居，乐其俗。邻国相望，鸡犬之声相闻，民至老死，不相往来。

第八十一章

信言不美，美言不信。善者不辩，辩者不善。知者不博，博者不知。圣人不积，既以为人己愈有，既以与人己愈多。天之道，利而不害；圣人之道，为而不争。